가족끼리 왜 이래

판결문으로 본 우리 시대 혈연 해체와 가족 위기

가족끼리 왜 이래

박민제 지음

동아시아

일러두기

- 본문에서 단행본은 『 』, 저널·신문은 《 》, 논문·보고서는 「 」, 영화·방송 프로그램은 〈 〉로 구분했다.
- 책에 나오는 사례는 모두 가명·익명을 사용했다. 판결문은 사건번호 대신 선고 시점과 법원명만 표기했다.

차 례

2. 혹 떼려다 혹 붙이는 유언장

3. 가족 소송계의 끝판왕, 부양료 소송

2부. 부부의 해체

프롤로그

"요즘 집에 뭔 일 있어?"

사회부에서 법원 취재를 주로 했던 2014년 어느 날. 친하게 지내던 한 변호사가 반주를 겸한 저녁 자리에서 내 얼굴을 물끄러미 바라보며 걱정스러운 말투로 물었다.

"전혀 없는데요? 곧 있으면 아들도 태어나고 요즘 완전 살 맛 나요." 내 답변에 상대도 크게 웃으며 말했다.

"아니, 요즘 하도 이혼, 상속 분쟁 판결 기사를 많이 써서 뭔 일 있는 게 아닌가 걱정돼서 그랬지. 하하하."

아닌 게 아니라 그간 정말 많이 쓰긴 많이 썼다. 책 집필 과정에서 내가 쓴 기사를 검색해보니 이혼·상속 관련 키워드로 검색되는 기사가 전체 기사 중 약 12%를 차지했다. 가정법원 키워드가 들어간 기사만 해도 100건이 넘었다. 한창 법원 출입할 때는 동료 기자들 사이에서 농담처럼 이혼·상속 전문 아니냐는 얘기를 들었는데, 표현은 안 했지만 내심 기분은 좋았다.

왜 그렇게 그쪽 분야를 좋아하냐고 묻는다면 딱히 대답할 말은 없다. 그냥 저 멀고 먼 권력 상층부의 누군가가 비리를 저질러 수사받고 잡혀 들어가는 스토리보다, 내 주변에 흔히 보는 사람들이 겪는 이야기를 들여다보는 데 더 흥미를 느꼈을 뿐이다. 더구나 나는 가족관계도 원만하고 화목하다(고 생각한다). 내가 처한 현실적 문제 때문에 이 분야에 천착해 글을 쓰는 것은 아니란 얘기다. 굳이 몇 가지 설명을 덧붙이자면 그냥 체질적으로 거대 담론보다는 생활밀착형 아이템에 더 끌리기 때문이라고는 얘기할 수 있겠다. 영화를 봐도 묵직한 질문을 던지는 사회 고발물보다는 로맨틱 코미디와 SF를 선호하고, 책을 읽어도 정의를 논하는 어려운 사회과학서보다는 킬킬거리며 웃을 수 있는 소설과 만화책을 좋아한다면 어느 정도 설명이 될까.

더구나 한국사회에서 이혼·상속 관련 분쟁은 나날이 증가추세다. 대표적인 가족 간 소송인 유류분, 상속재산분할 청구, 부양료 심판청구만 해도 2016년 한 해 2,584건이 제기됐다. 하루 일곱 건꼴이다. 이 밖에 유언무효, 명도, 대여금, 사해행위 취소 소송 등 원피고가 가족 간인지 특정이 안 되는 각종 민사소송까지 합치면 그 숫자는 상상 못 할 정도로 커진다. 이혼 소송 역시 한 해 3만여 건 이상 꾸준히 제기된다. 우리는 역사상 형제자매, 부모, 배우자와 법정에서 원피고로 만날 위험이 가장 높은 시기에 살고 있는 것이다. 한때 금쪽같았던 내 가족이 어느 순간 불구대천의 원수가 돼, 온갖 시시콜콜한 과거 얘기를 생면부지의 판사에게 줄줄이 읊어대며 맹비난을 퍼붓는 일이 결코 드라마 속 일만이 아니란 얘기다.

그래서다. 내가 이 주제로 기사를 넘어 책까지 쓰게 된 것은. 소송은 말 그대로 마지막 수단이다. 돈도 많이 들고 마음고생도 심하고 문제를 해결하기보다는 갈등을 키우는 부작용이 더 크다. 오죽하면 법률가들조차 "법대로 하자는 것은 상대방과의 공존과 상생은 개뿔, '널 반드시 박멸시키겠다'라는 말의 우회적 표현이기도 하다. 그러기 때문에 법에 의한 분쟁 해결은 궁극적인 해결책이 되기보다 새로운 분쟁과 갈등을 낳는 경우가 많다. … (중략) … 모든 소송의 승자는 언제나 법률가이다"(김웅 지음, 『검사내전』, 부키, 2018, 274쪽)라 말하겠는가. 그럼에도 2018년 현재 수많은 한국 가족은 남남이 될 각오를 하고 피 터지게 법정에서 싸우는 쪽을 택하고 있다.

왜 그럴까? 복잡한 얘기겠지만 거칠게 요약하자면, 지난 수십 년간 잠복해 있던 사회 구조적·문화적 갈등요인이 폭발하는 시기에 우리가 살고 있기 때문이라고 생각한다.

이 책에서 나는 판결문 속에 나온 소송 당사자의 개인 사정을 날줄과 씨줄로 엮어 이들이 가족 간 소송이라는 극단적 선택을 하게 된 사회적 사정을 집중적으로 파헤쳐 보여줄 예정이다. 기본재료는 최근 10년 사이 법원에서 선고된 총 909건의 판결문(유류분 138건, 부양료 269건, 간통 92건, 사실혼 부당파기 손해배상 141건, 상속재산분할 청구 54건, 유언 무효 39건, 부정행위(불륜) 손해배상 157건, 관련 대법원 판례 19건)이다. 판결문에 나온 정보를 추출해 통계를 냈으며 법조계 안팎의 전문가들을 다수 취재해 판결의 함의와 이를 둘러싼 사회적 맥락을 설명했다. 다만 개인정보 노출을 막기 위해 책에 언급되는 모든 사례는 가명·익명을 사용했고 사건번호 대신 판결 선고 시점과 법원명만 표기한 점 양해 바란다.

누구나 숨기고 싶은 비밀이 있다(Everyone has a little dirty laundry). 십수 년 전 즐겨 본 막장 드라마의 원조 격 미드 <위기의 주부들>에 나오는 오프닝 대사다. 겉으로는 행복해 보이는 가족도 내부에는 남들에게 숨기고 싶은 비밀 한 가지씩 갖고 있다는 설정의 이 드라마는 덕후들을 쏟아내며 공전의 히트를 기록했다. 겉으로는 멀쩡하고 화목해 보여도 가족 내부를 들여다보면 나와 다를 게 없구나 하는 공감을 산 덕분이다. 이 책에서 다루는 내용들도 그런 견지에서 이해해줬으면 한다. 갈등을 겪지 않고 있는 이들이라면 가족 간 소송으로 인한 가족 해체라는 비극적 결말을 피하기 위해서 어떻게 해야 하는지 조그만 단서라도 얻어 가기를, 지금 갈등을 겪고 있는 독자라면 나만 그런 게 아니라는 위안이라도 얻어 갔으면 하는 바람이다. 장황하게 설명했지만 우리 중 누구라도 가족 간 법률 분쟁에 맞닥뜨릴 수 있다는 점이 핵심이다. 지금부터 우리 이웃들이 숨겨온 속사정을 한번 들어보자.

1부

혈연의 해체

1

혈연 해체의 화약고, 유류분 소송

유류분은 기름값이 아니다

2007년 12월의 어느 날. 마감을 끝내고 오후 6시가 다 될 무렵 판결문을 읽으러 법원장실로 향했다. 전자소송이 일반화되기 전에는 기자들이 그날 선고된 주요 판결문들을 일부 읽을 수 있었다. 민사 판결문 뭉치를 들고 한참을 뒤적거린 나는 생전 처음 보는 소송을 발견했다. 유류분 소송이었다. "뭐지? 기름값 내라는 소송인가?" 당시 태안 앞바다에서 발생한 원유 유출 사고 때문에 기자들의 관심사가 온통 기름에 쏠려 있을 때였다. 하지만 한참을 읽어 내려가니 내 무식함에 웃음이 나왔다. 정말 기름과는 아무 상관이 없는 소송이었다.

유류분은 자기 법정상속분의 절반을 말한다. 우리 민법은 자녀(공동상속인) 중 한 명이 법정상속분의 절반만큼도 재산을 물려받지 못했다면 다른 자녀에게 소송을 내 유류분만큼을 되찾아 올 수 있게 권리를 보장하고 있다. 부모가 자녀 중 일부에게만 재산을 몰아줘도 나머지 자녀들이 생계를 유지하는 데 문제가 없게 하기 위한 규정이다. 아버지가 사망하면서 두 형제에게 재산 1억 원을 남겼는데 유언으로 형에게만 1억 원을 전부 물려준 상황을 가정해보자. 동생은 자신의 원래 법정상속분(5,000만 원)의 절반보다 더 적게 재산을 받았으므로 형에게 유류분으로 2,500만 원을 달라고 소송을 낼 수 있다는 의미다.

유류분 제도는 1979년 1월 1일부터 시행됐다. 아버지가 재혼했을 때 전처나 전처 소생 자녀들이 상속에서 제외되는 부당한 경우가 빈번하게 발생했던 시대 상황을 고려한 입법이었다. 누구나 자신의 재산을 자유롭게 처분할 자유가 있지만, 가까운 친족의 생활을 보장해줄 필요도 컸기 때문이다. 또 농업 중심 사회에서는 온 가족이 농사에 동원되기 때문에 비록 아버지 명의의 재산이더라도 배우자나 자녀들의 기여도를 무시할 수 없단 점도 감안한 조항이었다. 도입 당시 보도된 기사를 읽어보면 입법자들이 왜 이 같은 조문을 만들었는지 이해할 수 있다.

> 유언절대자유주의는 그동안 많은 가정문제를 빚어왔다. 농촌 할머니 김 모 씨(72세)의 경우 30여 년간을 남의 집 머슴살이를 하는 남편을 따라 누에치기와 온갖 품삯일을 다 해내면서 조금씩, 조금씩 땅을 사뒀다. 2남 2녀 자녀들에게 학교교육도 제대로 시키지 못하고 오직 일에만 열중하여 이들을 출가시킬 때마다 "훗날 재산이 모아지면 다 나눠주겠다"고 약속을 했다.
>
> 지난 72년 고속도로 개통과 함께 경기도의 김 할머니네 집이 택지로 선정돼 하루아침에 김 할머니 집은 억대 부자로 올라섰다. 그러나 서울 복덕방에서 김 씨의 남편 강 모 씨(76세)를 아예 서울로 모셔가서 땅 흥정을 벌이기 시작했고 그 틈에 강 씨는 서울의 술집 아가씨와 살림을 차렸다. 그런데 작년 겨울 강 씨가 갑자기 사망하자 서울의 술집 아가씨가 공증인이 작성한 유언장을 들고 들이닥쳐 "당신 집의

모든 재산은 내 것"이라고 했다. 강 씨가 이 여자 사이에서 아기를 얻자 그만 유언장을 마음대로 써준 것이다. 결국 김 씨는 한 푼도 못 받고 지금 살고 있는 집에서까지 쫓겨날 처지여서 이를 고칠 방법이 없느냐고 법률구조단체에 호소해왔으나 소용이 없었다.

이와 같은 경우가 각 여성단체 법률 상담기관에 언제나 줄을 잇고 있다. 유언은 자기 재산을 자기 마음대로 처분한다는 명분을 갖고 있지만 대부분이 재산을 만들기까지 가족의 노력을 인정받아야 한다는 점에선 상당한 모순을 갖고 있었다.

이번 가족법 개정에서는 유류분 제도를 신설, 이런 '유언절대자유'에 쐐기를 박았다. 즉, 유산을 나눔에 있어 일정 비율의 액수를 자동적으로 상속인들에게 분배되도록 하는 제도이다. … (중략) … 결국 이 유류분 제도의 신설은 지금까지 인정받지 못했던 (재산 형성에 대한) 가족의 노력을 평가하는 것이며 한 가정에 대한 경제적 보장을 목적하는 것이다._1977년 12월 21일, 《중앙일보》 5면, "재산상속과 유류분 제도" 기사 중

막상 도입은 됐지만 실제로 이용하는 사람은 많지 않았다. 가부장제 문화의 영향으로 가장의 재산분배 결정에 반기를 들기는 쉽지 않은 일이었다. 또 재산을 대부분 물려받은 장남이 부모 부양을 주로 전담하는 점도 다른 자녀들의 반발을 억눌렀다. 재산을 물려받은 대신 부모 부양을 책임진다는 일종의 대가관계가 성립했기

■ 유류분 소송 접수 건수

※자료: 대법원 사법연감

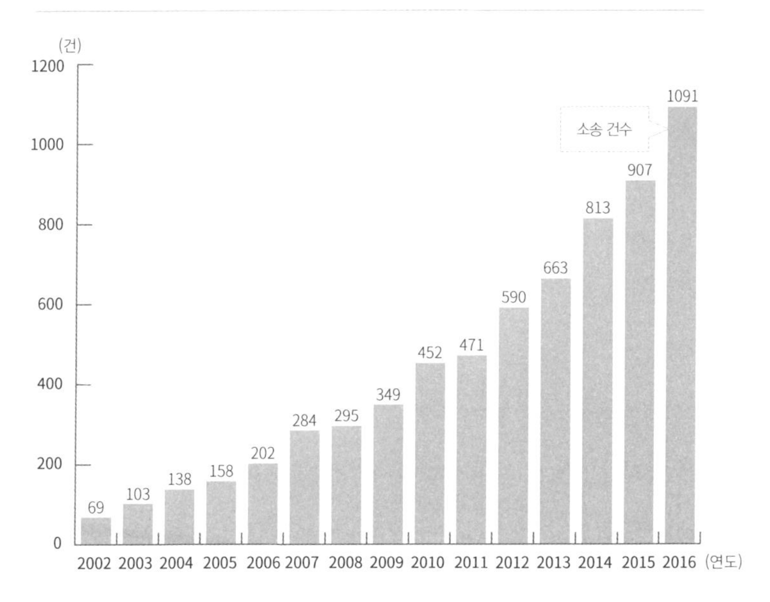

때문이다. 도입 이후 수십 년간 유류분 조항을 활용한 소송은 기껏해야 한 해 열 건 남짓 제기되는 정도였다.

하지만 2000년대에 들어서면서 사문화(死文化)됐던 유류분 규정을 근거로 소송을 내는 이들이 점차 늘었다. 대법원 통계에 따르면 2002년 한 해 69건 접수됐던 유류분 소송은 2016년 1,091건으로 늘었다. 14년여 만에 15배가 늘어난 것이다. 이 같은 급증 추세는 형제자매끼리 부모 사망 후 상속재산을 분배하는 과정에서 합의를 못 했을 때 법원에 내는 상속재산분할 심판청구에 있어서도 비슷하게 나타난다. 2012년 594건이었던 상속재산분할 심판청구는 2016년 1,223건으로 급증했다. 5년이라는 짧은 시간 동안 단일 항목의 소송 건수가 이렇게 늘어난 것은 상당히 이례적인 일이다. 출입 기자 입장에서 처음 유류분 소송을 알게 된 때만 해도 유별난 가족의 소송 정도로만 생각했지만, 점차 급증하는 판례 건수를 보며 일종의 사회현상으로서 이 사안에 대해 관심을 갖게 됐다.

딸들의 이유 있는 반란

경기도에 사는 40대 김 모 씨는 2012년 두 명의 가족을 한꺼번에 잃었다. 3월에 아버지가 돌아가신 데 이어 그해 6월 법원 서류 한 장이 집으로 날아오면서 막내 여동생과 절연 상태가 됐다. 서울중앙지법 소인이 찍힌 서류에는 유류분 반환청구라는 소송명이 선명하게 적혀 있었다. 원고는 여동생, 피고는 어머니와 김 씨를 포함한 세 명의 오빠였다. 여동생은 소장에 오빠들이 물려받은 재산을 총망라했다.

> 큰오빠는 아버지 생전에 경기도 소재 토지 300평을 받았습니다. 미국에 있을 때 집 사는 데 쓰라고 1억 몇천만 원을 받기도 했죠. 둘째 오빠는 서울 강남에 다세대 건물을 받았습니다. 지금 시세만 20억 원이 넘는 걸로 알고 있습니다. 막내 오빠는 식당을 열 때 아버지가 수억 원을 지원해줬으며 지방에 있는 작은 집 몇 채를 나눠줬습니다. 반면 저는 경기도에 있는 분양가 1억 원이 조금 넘는

빌라 한 채를 받은 게 전부입니다. 오빠들이 침해한 제 유류분만큼 재산을 돌려주길 청구합니다.

오빠들이 소송을 취하하라고 설득했지만 여동생은 완강했다. 오빠들은 법정에서 "우리는 대학도 장학금 받고 다녔지만 여동생은 미국 유학을 가면서 생활비뿐 아니라 학비까지 전액 지원받았다. 결혼할 때도 아버지가 재산을 많이 나눠준 것으로 알고 있다. 오히려 우리가 더 받아야 한다"라고 항변했다. 1년간의 법정 다툼 끝에 2013년 법원은 "오빠들이 동생에게 4,000만 원을 주라"라고 강제조정 결정을 내렸다. 그러자 이번에는 오빠들이 반격에 나섰다. "버르장머리를 고쳐놓겠다"라며 조정 결정을 받아들이지 않고 재판부에 판결을 내려달라고 요청했다. 재판 과정에서 여동생은 "어머니가 자신을 학대했고 오빠들이 공모해서 아버지를 죽였다"라는 황당한 주장까지 동원했다. 반면 오빠들이 생전 증여를 더 많이 받아갔다는 명확한 증거는 제시하지 못했다. 결국 1년이 더 지난 2014년 원고 패소 판결이 내려졌다. (2014년 서울중앙지법)

김 씨 사례는 왜 유류분 소송이 지금 이 시점에 급증하고 있는지를 잘 설명해준다. 현재 재산을 물려주는 입장인 70~80대에게는 남아선호, 장자 상속이 당연했다. 생애 전 기간에 걸쳐 아들에게 교육비도 많이 투자하고 유학도 보내고 사업비용도 보태주고 증여도 더 해줬다. 그와 비교해 딸에게는 상대적으로 많은 희생이 강요됐으며 결혼한 뒤에는 출가외인이라며 상속에서 소외되는 경우가 많았다. 베스트셀러 소설인 『82년생 김지영』에는 당시 시대 분위기에 대한 정밀한 묘사가 나온다.

> 어머니는 초등학교를 마치고 집안일과 농사일을 돕다가 열다섯 살이 되던 해에 서울로 올라왔다. 두 살 많은 이모는 이미 상경해 청계천 방직 공장에 다니고 있었는데, 어머니도 같은 공장에 취직해 언니와 공장 언니 둘과 함께 두 평 남짓 벌집방에서 살게 됐다. 공장 동료들은 거의 또래의 여자아이들이었다. 나이도, 배움도, 집안사정도 비슷비슷했다. 어린 여공들은 직장생활이 원래 그런 건 줄 알고 제대로 잠도 못 자고 제대로 쉬지도 못하고 제대로 먹지도 못하며 일만 했다. … (중략) … 잠 깨는 약을 수시로 삼켜가며 누런 얼굴로 밤낮없이 일해서 받는 터무니없이 적은 돈은 대부분 오빠나 남동생들의 학비로 쓰였다. 아들이 집안을 일으켜야 한다고, 그게 가족 모두의 성공과 행복이라고 생각하던 시절이었다. 딸들은 기꺼이 남자 형제들을 뒷바라지했다._조남주 지음, 『82년생 김지영』, 민음사, 2017, 34~35쪽

하지만 산업화를 거치면서 가족관계를 둘러싼 제도와 사회적 인식은 급속도로 변했다. 1990년부터는 아들의 절반이었던 딸의 법정상속분이 아들딸 구분 없이 자녀 모두 동일하게 바뀌었다. 2005년에는 민법 개정을 통해 호주제가 폐지됐다. 여성의 사회 진

출은 특별한 일에서 당연한 일이 되었고 부모 부양을 더 이상 장남이 전담하지 않게 됐다. 대가족 제도하에 절대 권력을 행사했던 가부장의 위치는 가족 구성원 중 한 명으로 내려왔다.

갈등은 재산을 물려주는 70~80대의 인식은 여전히 과거에 머물러 있는데, 재산을 물려받는 50~60대나 그간 상대적으로 차별받았던 딸들의 권리의식은 과거와 비교가 안 될 정도로 향상된 상대적 차이에서 비롯됐다. 부모 생전에는 어쩔 수 없이 꾹 참고 있던 이들이 부모 사망 후 상속재산분배에서까지 희생을 강요받게 되자 적극적으로 부당함을 표출하기 시작했다.

이 같은 변화는 유류분 소송을 낸 당사자들이 누구인지만 봐도 잘 드러난다. 2009년부터 2016년까지 7년간 전국 법원에서 선고된 유류분 청구 소송 판결문 138건을 모아서 분석했다. 부당한 상속재산분배로 손해를 봤다며 소송을 낸 원고 292명 중 152명(52.1%)이 딸이었다. 아들의 비율은 29.8%에 그쳤다. 정반대로 피고는 아들이 압도적으로 많았다. 총 235명의 피고 가운데 아들이 48.9%였으며 딸은 16.6%뿐이었다. 사실관계가 명확히 나와 있지 않은 판결문이 많아 정확한 통계를 내지는 못했지만 원고에 포함된 아들 상당수는 차남, 3남 등 장남이 아닌 아들이었고 피고에 포함된 아들은 대부분 장남이었다.

이만하면 유류분 소송이 왜 법조인들 사이에서 '가족관계 브레이커'로 불리는지 알 수 있을 것이다. 주로 원고는 딸이고 피고는

▪ 유류분 소송 원피고 분석

• 2009~2016년 선고된 유류분 판결문 138건 분석

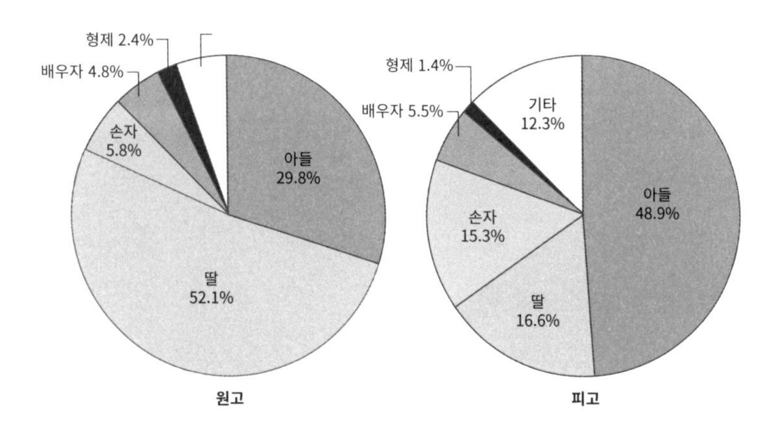

아들인 소송. 아무리 원만히 해결된다 해도 그 끝은 예상을 크게 벗어나지 않는다.

재산 90%가 아들에게, 부모의 편애가 낳은 소송

강 모 씨는 2015년 87세를 일기로 사망했다. 슬하에 1남 3녀를 둔 강 씨에게 아들은 말 그대로 금쪽같은 아들이었다. 10년 전 강 씨는 서울 강남과 경기도 일대에 흩어져 있는 시가 50억 원 상당의 부동산을 전부 아들에게 물려준다는 유언장을 작성했다. 공증까지 모든 법적절차를 마무리한 강 씨는 이듬해 자녀들을 집으로 불러 모았다. 그리고 딸 세 명에게 각각 5,000만 원을 나눠주며 합의서에 도장을 찍도록 했다. 합의서에는 "내가 죽은 뒤 아들을 상대로

상속재산과 관련해 어떤 소송이나 청구를 하지 않기로 한다"라는 내용이 들어갔다. 아버지의 추상같은 성화에 딸들은 울며 겨자 먹기로 도장을 찍었다. 강 씨가 사망한 직후 아들은 정해진 수순에 따라 아버지 부동산을 모두 자신의 명의로 변경했다. 이에 딸들은 법원에 유류분 소송을 냈다.

재판 과정에서 아들은 세 가지 측면에서 부당함을 주장했다. 우선 어떤 소송도 내지 않는다는 합의서를 제출하면서 소송 자체가 부적법하다고 주장했다. 하지만 재판부는 "유류분 등 상속재산의 포기는 상속이 개시된 이후 일정 기간 내에만 가능하다"라며 이를 받아들이지 않았다. 아버지가 돌아가셔야 상속재산이 생기는데 생기지도 않은 상속재산을 미리 포기한다는 합의각서는 아무리 작성해도 법률적 효력을 인정해줄 수 없다는 취지다. 두 번째로 딸들도 아버지 생전에 각 5,000만 원씩 재산을 물려받았다고 주장했다. 이는 금융기관에 기록이 명확히 남아 있어 받아들여졌다. 마지막으로 아들은 "여자 형제들이 아버지 생전에 자식으로서 도리를 다하지 않고 경제적 도움만 받아오다가 사망 이후 상속재산에 대한 권리를 행사하지 않겠다는 합의를 어기고 소송을 제기하는 것은 권리 남용"이라고 주장했다. 재판부는 증거가 없다며 이를 받아들이지 않았다. 1년 5개월간 심리 끝에 법원은 아들이 물려받은 땅 중 유류분 비율(11분의 1)만큼씩을 딸들에게 돌려주라고 판결했다. 아들은 즉시 항소했지만 상급심도 1년 뒤 같은 결론을 내렸다. (2016년

서울중앙지법)

가족 간 소송은 이처럼 부모의 편애가 심각하게 불공평한 재산 분배로 이어져서 일어나는 경우가 많다. 50억 원 상당의 부동산을 가진 아버지가 내게는 5,000만 원만 주고 나머지 재산은 모두 다른 자식에게 물려주겠다고 하는데 이를 참고 넘어갈 사람은 많지 않을 것이다. 더구나 법에 명확히 유류분만큼은 누구나 받을 수 있게 규정돼 있어 상속에서 손해를 봤다고 생각하는 이들이 너도나도 법원으로 몰리고 있는 상황이다.

그런데 정말로 부모의 편애는 존재할까. '열 손가락 깨물어 안 아픈 손가락 없다'라는 오래된 속담에서 보듯 부모 사랑은 대체로 공평하다는 게 세간의 믿음이다. 하지만 판결문 속에 나타나는 피상속인 세대의 부모에게는 금전적인 측면에서 편애가 분명 존재했다. 생전에 재산을 얼마나 자녀들에게 나눠줬는지 특별수익(생전에 일부 자녀에게만 특별히 준 재산)을 조사했더니 원고 측 자녀들은 약 2억 413만 원을 받은 반면, 피고 측 자녀들은 약 19억 6,038만 원을 받았다. 원피고가 딸, 아들로 구분되는 양상을 감안하면 아들에게 90%의 재산을 몰아줬다는 추정도 가능한 조사 결과다.

실제 변호사 사무실에는 부모 편애의 부당함을 호소하는 딸들의 발길이 이어지고 있다. 50대 주부 김 모 씨도 2017년 변호사 사무실 문을 두드렸다. 70대 후반인 어머니가 장남인 오빠에게 지금 살고 있는 집을 줄 것이라고 공공연히 말하고 있기 때문이다. 미국

시민권자로 미국에서 살고 있는 오빠는 어머니와 사이가 좋지 않아 5년간 연락조차 없었다. 하지만 최근 다시 어머니를 자주 찾아뵙기 시작하자 아들에게 재산을 물려주려 한다는 것이다. 김 씨는 상담 시간 내내 한숨을 푹푹 내쉬었다고 한다.

“저도 넉넉하지 않은 형편이지만 남편 눈치 봐가며 10년 넘게 매달 50만 원씩 용돈을 드렸어요. 철마다 김치도 직접 해서 가져다드릴 정도로 정성껏 모셨죠. 그런데 고부갈등이 심해져 연락조차 안 하던 오빠가 최근 들어 다시 연락을 하니 엄마가 정말 좋아하시더라고요. 그러더니 갑자기 집을 오빠에게 물려줘야겠다는 소리를 하시는 거예요. 아이고. 제가 뭐를 바라고 어머니를 모신 것은 아니지만 집 한 채가 유일한 재산인 분이 그런 얘기를 하시니 얼마나 답

▪ 유류분 소송 사유

*자료: 2009~2016년 선고된 유류분 판결문 138건 분석

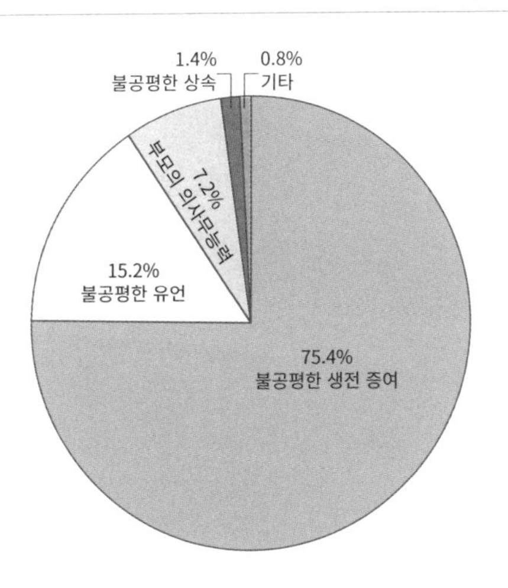

▪ 늘어나는 사전 증여

*자료: 국세청, 통계연보 2017년

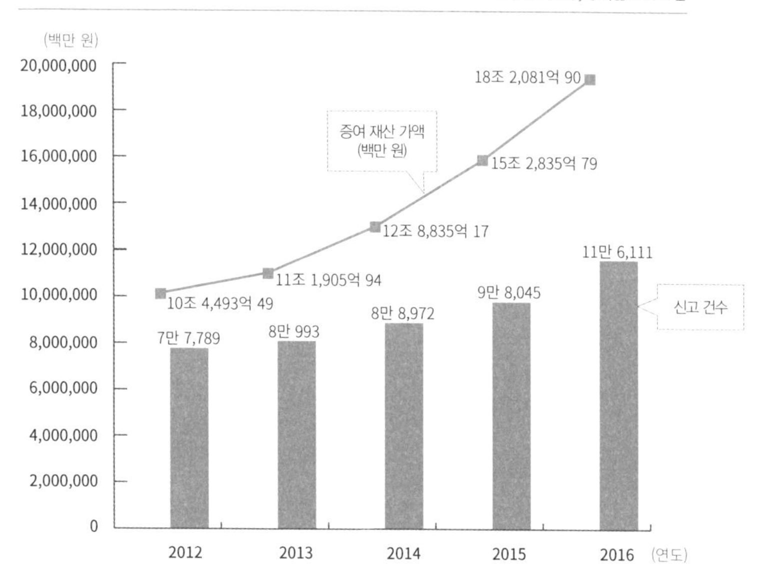

답하겠습니까."

판결문 분석 결과 원고가 소송을 낸 이유에서도 생전 증여에 대한 불만이 압도적으로 많았다. 75.4%의 사건에서 불공평한 생전 증여에 대한 언급이 나왔다. 최근 10여 년간 상속세를 줄이기 위해 미리 자녀들에게 재산을 물려주는 사전 증여가 유행했는데 부모 세대가 여기에서 확실하게 아들 편애 경향을 드러낸 것으로 추정된다. 그리고 이 같은 편애가 자식들 간 소송을 부추기는 촉매제로 작용했음은 두말할 나위 없는 사실이다. 부모의 사랑이 자녀들 사이를 갈라놓는 결과를 낳았으니 이보다 더한 아이러니도 없을 것이다.

“원래 내 재산”, “누나도 받았다” 아들들의 궁색한 항변

형제자매가 소송을 냈다고 덥석 상속재산을 내주는 이들은 흔치 않다. 이미 소송까지 간 것은 그 전에 무수하게 많은 “내놔라”, “못 내놓는다” 공방이 오고 갔지만 원만히 해결 안 됐다는 뜻이다. 소송을 당한 아들은 해당 재산이 원래 자기 재산이었다고 항변하는 경우가 가장 많았다. 특히 재산을 물려받은 지 오래된 경우에 그렇다. 하지만 대부분 원고가 제시한 증거들로 주장은 깨지기 마련이다.

서울 강북에 사는 김 모 씨가 그렇다. 여동생 두 명은 그를 상대로 2010년 유류분 소송을 냈다. 아버지가 생전에 아들인 김 씨에게만 경기도 일대 시가 100억 원 상당의 토지를 증여해줬는데, 돌아가신 뒤 남은 재산을 상속할 때 이를 고려하지 않고 똑같이 나누자 주장했기 때문이다. 재판에서 김 씨는 아버지에게 증여받은 부동산이 없으며 모두 자기가 돈을 벌어서 산 고유 재산이라 반박했다. 하지만 여동생이 제시한 증거로 김 씨의 주장은 판판이 깨졌다. 우선 부동산 취득 시기가 문제였다. 김 씨 소유 부동산의 절반이 20대에서 30대 초반 사이에 명의이전이 이뤄졌다. 일부는 21세에 취득한 부동산도 있었다. 군 복무 중에 등기가 된 부동산도 있었다. 재판부는 4년제 대학 졸업 후 군복무를 마친 다음 출판사에서 영업사원으로 일했던 김 씨가 자신의 힘으로 그 모든 부동산을 샀다는 것은 상식적으로 불가능하다고 봤다. 또 출판사 퇴사 후 결혼했지

■ 유류분 소송에서 피고는 어떻게 반박했나

*자료: 2009~2016년 선고된 유류분 판결문 138건 분석

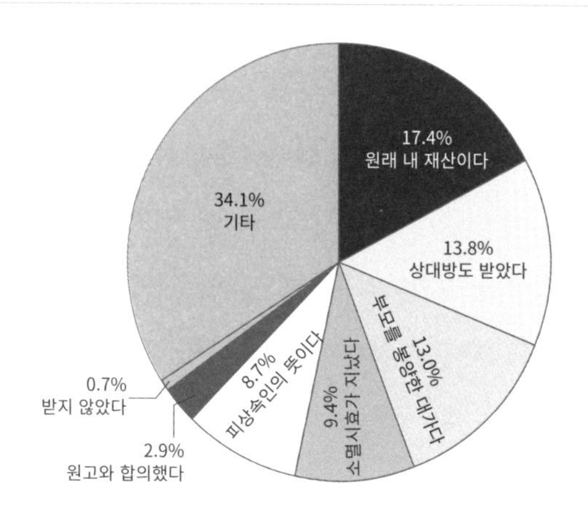

만, 이후 별다른 직장생활을 하지 않은 채 아버지 부동산만 관리했다는 점도 고려했다. 결정적이었던 것은 김 씨가 부인과 이혼할 때 재산분할 과정에서 "부동산은 모두 아버지 소유이며 단지 명의만 내 것으로 했다"라고 법정에서 주장한 사실이었다. 부인에게 재산을 빼앗기지 않으려고 한 말이 부메랑이 돼 발목을 잡은 셈이다. 이 사건을 심리한 법원은 여동생들의 주장을 받아들여 김 씨가 40세가 되기 전까지 취득한 부동산을 전부 아버지에게 물려받은 것으로 판단했다. 이를 기초로 유류분을 계산해 약 10억 원씩을 두 여동생에게 돌려주도록 했다. (2012년 서울서부지법)

그다음으로 많은 것은 상대방도 받을 만큼 받았다는 주장이다. 사실 따지기 시작하면 자녀가 부모에게 받은 게 어떻게 없을 수가

있겠나. 당연히 나올 수 있는 주장인데, 문제는 형평성이다. 비슷하게 받았으면 모를까 오빠만, 남동생만 일방적으로 많이 받았다면 탈이 날 수밖에 없다. 이 주장 또한 법원이 일부 받아들이기는 해도 큰 효과는 없었다.

2010년 사망한 김 모 씨는 1년 전 유언장을 남겼다. 유일한 재산인 서울 강북 소재 4층 건물을 다섯째이자 장남인 이 모 씨에게 물려준다는 내용이었다. 시가 11억 원 상당의 건물이다. 사망 후 유언장이 공개되자 누나들은 화가 났다. 어머니가 생전에 아들에게만 2억여 원을 지원해줬는데 돌아가시면서 남긴 유언까지 불공평했으니 말이다. 재판이 열리자 온갖 가족사가 튀어나왔다. "엄마가 아파트 구입과 전자제품 판매 사업을 위해 장남에게 1억 원을 줬다." "자동차 구입자금 1,000만 원과 노래방 개업자금 3,000만 원을 줬다." "편의점 사업자금, 손자의 대학등록금 4,000만 원을 줬다." 수십 년간 쌓여온 분노는 매서웠다. 딸들은 기억을 하나하나 더듬어 털어놓았다. 아들 쪽의 반격도 만만치 않았다. "누나들이 엄마 생전에 해당 건물의 월세를 받아 수익을 얻었다." "수십 년 전부터 엄마 소유 집에서 무상으로 거주했다." 짜낼 수 있는 온갖 구실과 핑계가 기억에 의존해 법정에 던져졌다. 하지만 재판부는 모두 받아들이지 않았다. 증거 없는 기억은 양측에 무의미한 상처만 남길 뿐이었다. 화가 난 아들은 현재 엄마 명의의 집에서 살고 있는 누나를 내쫓아달라는 청구까지 함께 냈다. 1년이 넘는 지루한 공방 끝에 재판부는 기존 증여재산은 빼고 유언으로 상속받은 건물의 지분을 유류분만큼 누나들에게 나눠주도록 판결했다. (2012년 서울동부지법)

"마지막 병수발까지 도맡아 극진히 부모 모셨는데…"

재산을 혼자 물려받은 자녀가 다른 형제에게 하는 얘기 중 가장 그럴듯한 것은 부모를 잘 봉양한 대가로 재산을 받았다는 주장이다. 분석대상 판결 138건 중 13%에서 피고들은 부모를 극진히 모신 자신들의 공로를 인정해달라고 주장했다. 자산가 이 모 씨의 자녀들 얘기를 살펴보자.

이 씨는 1980년대 장남과 차남에게 7,000여 평, 시가 55억 원 상당의 토지를 나눠줬다. 그때만 해도 아들에게 재산을 나눠주는 것이 당연했던 시대 분위기였던 탓에 딸은 아무런 불만도 제기하지 못했다. 하지만 2008년 이 씨가 사망한 뒤 그간 쌓여왔던 불만이 폭발했다. 땅 부자로 명성이 자자했던 아버지였건만 상속재산이 하나도 남아 있지 않았던 것이다. 딸은 재산을 나눠달라 했지만 오빠들은 코웃음을 쳤다. 특히 큰오빠는 자신과 아내가 아버지와 어머니를 지극정성으로 모시고 병시중을 든 보답으로 땅을 받았다며 "그동안 넌 무엇을 했냐"라고 도리어 나무랐다. 말로 설득하는데 실패한 딸은 2015년 대형로펌을 고용한 뒤 유류분 소송을 냈다.

법원은 어떻게 판단했을까. 큰오빠는 자신이 얼마나 부모를 잘 모셨는지 법정에서 구구절절 설명했다. 하지만 큰오빠가 부모를 부양하는 데 특별히 기여했다고 해서 딸의 유류분 청구를 제한할 수는 없었다. 기여분(상당한 기간 동거·간호, 그 밖의 방법으로 피상속인을 특별히 부양하거나 피상속인의 재산의 유지 또는 증가에 특별히 기여했을 때 법정상속분에 더 얹어서 주는 재산)은 상속재산분할 시 자신의 상속분보다 더 달라 주장할 때 사용하는 개념이지, 이미 나눠진 재산에서 모자란 부분을 보충해달라는 유류분 소송에서는 사용할 수 없다는 게 판례의 태도이기 때문이다. 설사 기여분을 주장할 수 있다 해도 특별한 기여는 말 그대로 특별하다는 것을 의미하기 때문에 쉽게 인정되기도 어렵다. 단순히 부모가 아파 병원에 입원했을 때 병원비를 내고 식사를 대접한 정도로는 법에서 말하는 특별한 부양이 성립하지 않는다는 얘기다. 법상 자녀에게도 부모에 대한 부양 의무가 있기 때문이다. 더구나 다른 형제자매도 다 제각각의 부양행위를 했기 때문에 더 많은 재산에 대한 권리를 주장하기 위해서는 그야말로 정말 특별한 부양을 해야 한다. 예컨대 생업을 팽개치고 부모를 혼자 수십 년간 병간호를 한다든지, 부모 재산이 사실상 해당 자녀에 의해서 만들어지고 유지됐다는 사정 말이다. 장황하게 설명했지만 요약하자면 유류분 재판에서 특별히 부모를 잘 모셨다는 주장은 인정될 가능성이 매우 낮다. 이 재판에서도 마찬가지였다. 법원은 오빠들에게 땅을 유류분 지분만큼 계산해 나누고 여동생에게 소유권을 이전해줄 것을 명했다. (2016년 서울동부지법)

이 같은 부모 특별 봉양 주장은 배다른 형제일 경우 더 치열하게 나온다. 같은 아버지를 공유한 자식이지만 마지막을 누가 함께 했느냐에 따라 재산분배 비율에는 극명한 차이가 나기 때문이다. 아버지 생전에 앙숙이었던 이복형제들은 아버지 사후 재산을 둘러싸고 길고 지루한 2라운드를 벌이는 경우가 많다.

김 모 씨는 첫 결혼에서 4남 1녀를 뒀고 1970년대 아내 사망 후 재혼해 1남 1녀를 뒀다. 2013년 김 씨 사망 후 남은 재산은 하나도 없었다. 하지만 첫째 부인 쪽 자녀들은 알고 있었다. 지방에 아버지가 2만 제곱미터 규모, 시가 10억 원이 넘는 과수원을 가지고 있었던 걸 말이다. 첫째 부인 쪽 자녀들은 아버지 사망 후 집요하게 재산의 행방을 추적했고 둘째 부인 쪽 자녀들에게 재산이 넘어간 것을 찾아냈다. 코너에 몰린 둘째 부인 쪽 자녀들은 처음에는 첫째 부인 쪽도 도움받지 않았냐는 주장을 펼쳤다.

> 제 기억에는 아버지가 큰형에게 약혼 및 결혼비용을 대줬고 사업자금까지 지원해줬습니다. 둘째 형에게는 사업자금 300만 원을 증여하셨죠. 사업이 부진하자 추가로 600만 원을 주셨어요. 셋째 형은 대학 졸업 무렵 폭력 사건에 연루됐을 때 아버지가 형사합의금 수백만 원을 대주고 빼주셨죠. 누나에겐 결혼할 때 전세자금과 결혼비용을 지원해줬던 걸 전 기억합니다.

하지만 대다수 주장은 증거 부족으로 받아들여지지 않았다. 그러자 비장의 카드를 내밀었다.

> 저는 15년이 넘는 기간 동안 아버지를 부양하면서 과수원을 경작했습니다. 이 땅은 아버지가 저에게 증여하시긴 했지만 제 것과 마찬가지입니다. 큰형을 비롯한 원고들은 아버지에 대한 부양 의무를 전혀 이행하지 않았습니다. 이런 저간의 사정 때문에 아버지는 저에게 모든 땅을 물려주셨고 일체의 반환청구를 하지 말라는 유언까지 남기셨습니다. 이런 사정을 고려해주시길 간절히 부탁드립니다.

재판부는 오랜 기간 둘째 부인 쪽 아들이 아버지를 도와 과수원을 경작한 사실은 인정했지만, 유류분 산정 재산에서 이를 제외하지는 않았다. 아버지가 재산을 증여한 무렵 둘째 부인 쪽 아들은 20세에 불과했고 대학에 진학한 사실을 감안해보면, 당시 시점에 과수원을 경작하거나 아버지를 부양하고 있었다고 보기 어려웠기 때문이다. 재판부는 유류분 부족분만큼의 토지 지분을 이복형제들에게 넘기도록 판결했다. (2016년 서울중앙지법)

자식들끼리만 싸우는 것은 아니다. 감정이 격해지면 계모와의 일전도 불사한다. 이 모 씨의 전처 소생 딸은 계모 김 모 씨와 수년간 법정다툼을 벌였다. 중장비 임대업을 하던 아버지는 김 씨와 재혼을 했고 2년 뒤 7억 원 상당의 부동산을 김 씨 명의로 넘겨줬다. 아버지 사망 후 상속재산이 남아 있지 않다는 걸 알게 된 딸은 유류분만큼 지분을 내놓으라는 소송을 냈다. 김 씨는 자신이 배우자로서 권리가 있고 딸은 아버지가 투병하는 내내 전화 한 통, 면회 한 번 온 적 없다고 반박했지만 인정되지 않았다. 재판부는 "설령 피고가 주장하는 사정이 인정된다 해도 그런 사정만으로 원고의 청구가 공서양속(公序良俗) 내지 신의성실 원칙에 위반된다고 단정하기 어렵다"라고 밝혔다. (2016년 서울남부지법)

가사사건을 주로 하는 변호사들 사이에서는 이복형제 간, 계부모와 자녀 간 소송만큼 치열한 소송을 찾기 어렵다는 말이 있다. 불신과 피해의식이 그만큼 크기 때문에 더 맹렬히 다투고 합의 및 조정도 잘 안 이뤄진다. 더구나 생전에 부모가 어느 한쪽과 거리를 두고 살았을 경우 일방적으로 정보가 차단된 쪽은 이복형제가 재산을 숨겼을 거라고 의심하기 마련이다. 결국 말로 끝날 갈등이 법정까지 가고 재판부가 노력해도 조정이 안 돼 수년간 법원을 오고가는 소모적인 소송의 늪에 빠진다.

나만 받은 유학비, 대학 등록금도 소송대상

생전 증여는 통상 특별수익으로 불린다. 말 그대로 부모가 특별하게 물려준 재산이라는 의미다. 유류분 재판에서 가장 치열하게 다투는 쟁점 중 하나는 이 특별수익이 어디까지인지 범위를 따지는 것이다. 상대가 성장 과정에서 부모에게 받은 혜택을 유류분을 산정하는 기초재산에 많이 포함시킬수록 자신이 받는 유류분 규모도 커지기 때문이다. 특별수익에 대한 판례상 정의는 다음과 같다.

> 특별수익은 피상속인의 생전 자산, 수입, 생활수준, 가정상황 등을 참작하고 공동상속인들 사이의 형평을 고려해 당해 생전 증여가 장차 상속인으로 될 자에게 그의 몫의 일부를 미리 주는 것이라 볼 수 있는지에 의하여 결정해야 한다. (대법원 2010다66644)

쉽게 말하자면 상속재산을 미리 준 것으로 볼 만큼 액수가 많고 자식 간에 지나칠 정도로 불공평해 보이는 생전 증여를 특별수익으로 보겠다는 것이다. 같은 1억 원이라 하더라도 재벌가에서 자녀에게 용돈으로 준 것과 중산층 가정에서 저축 전부를 털어 결혼할 때 준 것은 다르게 평가한다는 얘기다. 다소 애매모호한 분류기준이기 때문에 유류분 사건 변호사들은 이를 두고 치열하게 다툰다. 예컨대 자식 중 유일하게 유학을 갔거나, 형제 중 혼자만 대학 등록금을 받았다면 이 또한 사안에 따라 특별수익으로 해석할 수 있다. 일반 법관들이 특별수익을 어떻게 보는지는 아래 판결문을 보면 보다 명확히 이해할 수 있다. 조금 길지만 해당 부분을 전부 인용한다.

무릇 가족이라고 함은, 장차 부모가 사망하였을 때 자식들이 상속재산을 어떻게 분배할 것인지를 염두에 둔 가운데 인간으로서의 기본생활인 의류비, 식비, 주거비, 교육비, 문화비, 병원비, 졸업·결혼·취업 등에 수반되는 사회통념상 각종 비용, 선물 등과 같이 부모가 자식 개개인을 위하여 일체의 생활에 있어서 각각 얼마를 지출하였는지를 일일이 따져서 정산해야만 하는 이해타산적인 사회공동체가 아니다.

그리고 민법상 유류분 제도는 공동상속인들 중 특정인에게 과도한 상속재산이 이전돼 공평의 관념에서 상속분의 절반 한도에서 다른 공동상속인들을 보호하고자 하는 취지에서 출발하는 것이므로, 유류분을 산정하는 과정에 있어서 피상속인이 공동상속인들 중 누군가에게 증여를 하였다고 하는 것은 위에서 본 바와 같이 부모가 일상생활에서 자식들을 위하여 행하는 일체의 증여관계를 일일이 문제 삼을 수는 없다 할 것이다.

즉, 어떠한 생전 증여가 유류분 산정의 전제요소인 특별수익에 해당하는지 여부는 피상속인의 생전 자산, 수입, 생활수준, 가정상황 등을 참작하고 공동상속인들 사이의 형평을 고려해 당해 생전 증여가 장차 상속인으로 될 자에게 돌아갈 상속재산 중 그 몫의 일부를 미리 주는 것이라고 볼 수 있는지 여부에 의하여 결정하여야 한다.

그러므로 어떤 가족의 재력이 상당히 열악한 경우에는 재산변동의 유형에 따라서 특별수익으로서의 증여로 인정될 소지가 어느 정도 넓어질 소지가 있는 반면에, 어떤 가족이 상당히 많은 재산을 보유하고 있어서 공동상속인들 모두에 대하여 의류비, 식비, 주거비, 교육비, 문화비, 병원비, 졸업·결혼·취업 등에 수반되는 사회통념상 각종 비용, 선물 등을 별다른 무리 없이 제공할 수 있으며, 실제로 구체적인 금액의 차이를 떠나서 부모가 공동상속인인 자식들을 위하여 이와 같은 금전 지출을 그때그때 하여왔던 상황이라면, 공동상속인들은 이러한 금전 지출과 관련된 구체적인 차이를 일일이 거론하면서 모든 금전 지출에 대하여 유류분 산정의 전제가 되는 특별수익으로서의 증여라고 내세울 수는 없다.

다만 상당한 재력을 가진 가족의 경우에는 주거비, 교육비 등의 기본생활비 등을 초과하는 '부(富)의 이전'을 공동상속인들 중 개개인에게 각각 얼마큼, 어떻게 할 것인지가 현안이 될 소지가 있는바, 장차 피상속인이 사망하는 상속개시의 상황에 대비하여 세금을 절약하기 위하여 각종 재산이전 및 재산변동을 사전에 전방위적으로 전개하는 경우에 있어서, 인간으로서의 기본생활인 의류비, 식비, 주거비, 교육비, 문화비, 병원비, 졸업·결혼·취업 등과 관련성이 있는 금전 지출을 함부로 특별수익으로서의 증여라 쉽게 단정해서는 아니 될 것이지만, 이러한 의식주, 교육비 등과 관계없는 상가나 임야, 예금이나 보험, 증권 등의 권리귀속 주체에 대한 재산변동 또는 그에 상응하는 수준의 자산운용행위 등에 대하여는 특별한 사정이 없는 한 상속재산 중 그 몫의 일부를 특별수익으로서 공동상속인 중 특정인에게 증여하는 것으로 파악할 수 있다 할 것이다.

(2012년 서울서부지법)

중요한 것은 공동상속인들 간 형평성을 해칠 만큼 편파적인 재산분배가 생전에 있었느냐다. 다만 오랜 기간 함께 살아온 배우자에 대해선 예외적으로 생전 증여로 받은 특별수익을 유류분 산정 대상 재산에서 제외하는 경우가 많다. 두 사람이 인생의 반려자로 함께 재산을 형성해온 것을 감안하면 공동재산으로 평가하는 게 합리적이라는 판단에서다. 대법원은 2011년 12월 이를 명확히 하는 판결을 선고했다.

> 생전 증여를 받은 상속인이 배우자로서 일생 동안 피상속인의 반려가 되어 그와 함께 가정공동체를 형성하고 이를 토대로 서로 헌신하며 가족의 경제적 기반인 재산을 획득·유지하고 자녀들에게 양육과 지원을 계속해온 경우, 생전 증여에는 위와 같은 배우자의 기여나 노력에 대한 보상 내지 평가, 실질적 공동재산의 청산, 배우자 여생에 대한 부양의무 이행 등의 의미도 함께 담겨 있다고 봄이 타당하므로 그러한 한도 내에서는 생전 증여를 특별수익에서 제외하더라도 자녀인 공동상속인들과의 관계에서 공평을 해친다고 말할 수는 없다. (대법원 2010다66644)

이 판례에 근거해 하급심 법원은 배우자에게 돌아간 특별수익은 유류분 대상 재산에서 제외해왔다. 2014년 사망한 이 모 씨와 그의 아내 최 모 씨의 경우가 그렇다. 이 씨는 사망 1년 전 막내아들에게 모든 재산을 포괄적으로 남긴다는 유언장을 작성했다. 덕분에 막내아들은 아버지가 남긴 서울 시내 집 한 채를 받게 됐다.

이에 아내인 최 씨와 장·차남은 막내를 상대로 소송을 냈다. 막내는 자신이 아닌 형들 편에 선 어머니가 약속했던지 아버지가 어머니에게 생전에 나눠준 재산들도 유류분 산정을 위한 기초재산에 포함해야 한다고 주장했다. 즉, 내가 받은 재산을 문제 삼으려거든 엄마가 받은 재산도 다 토해낸 다음 모두 합쳐서 나누자는 취지다. 최 씨는 남편에게서 2006년 3억 원, 2009년 5억 원가량을 받았다. 하지만 재판부는 막내아들의 주장을 받아들이지 않았다. 재판부는 "설령 피고가 주장하는 증여액을 모두 인정한다 하더라도 여기에는 최 씨가 배우자로서 망인과 오랜 기간 함께 생활하면서 기울인 노력과 기여에 대한 보상 및 실질적 공동재산의 청산 등의 의미가 담겨 있으므로 위 증여액은 유류분 산정 대상에서 제외함이 옳다"라고 밝혔다. (2016년 서울중앙지법)

39년 전 물려받은 재산도 안심 못 한다

특별수익 여부를 판단할 때 중요한 것은 증여 시기다. 민법에는 부모가 돌아가시기 전 1년 이내에 증여한 경우만 유류분 산정을 위한 기초재산에 포함하도록 규정하고 있다. 문자 그대로만 보면 수십 년 전 미리 부동산을 증여받은 이들은 안심할지 모른다. 하지만 그렇지 않다. 대법원이 1996년 이 조항은 공동상속인 간에는 적용되지 않는다는 판례를 내놨기 때문이다. (대법원 95다17885) 즉, 형제자매에게 재산을 미리 나눠준 경우라면 언제 줬든 상관없이 모두 유류분 소송 대상이 될 수 있다는 얘기다. 사실 형평성 측면에서 맞는 말이다. 한 해 평균 약 11만 건의 생전 증여가 부모에게서 자녀에게로 이뤄진다. 대한민국의 재산 좀 있는 부모라면 생전에 자기가 아끼는 자녀에게 재산 일부를 미리 나눠줬단 얘기다. 이 부분을 빼놓고 유류분 산정 기초재산을 정한다면 공동상속인들 간 형평을 맞추려는 제도 취지를 달성하기 어려워진다.

헌법재판소도 2010년 이런 법 취지에 대해 합헌 결정을 내린 바 있다. 1남 5녀의 장남인 임 모 씨가 낸 헌법소원에서다. 임 씨는 아버지가 2006년 사망한 뒤 여자 형제들이 자신을 상대로 유류분 소송을 내자 "1990년에 받은 토지까지 전부 유류분 산정 대상에 포함하는 것은 사유재산권을 지나치게 침해한다"라며 헌법소원을 냈다. 헌재는 재판관 7(합헌) 대 2(한정위헌) 의견으로 이 조항이 유효하다고 봤다. 이유는 다음과 같다.

> 공동상속인에 대한 증여의 경우에도 피상속인이 상속개시 전 1년간에 행한 증여는 당사자가 유류분권리자에게 손해를 가할 것을 알았는지 여부를 불문하고 유류분 산정의 기초재산에 산입하고, 상속개시 전의 1년 이전에 행한 증여는 당사자 쌍방이 유류분권리자에게 손해를 가할 것을 알고 한 증여에 한해 기초재산에 산입하는 경우를 산정해보자. 이 경우 피상속인이 상속개시 1년 이전에 대다수의 재산을 공동상속인 중 일부에게 증여하는 경우 유류분권리자는 증여행위의 당사자 쌍방인 피

상속인과 공동상속인인 수증자가 자신을 해할 것을 알고 한 것이라는 악의를 입증해야만 유류분 반환청구를 할 수 있게 되는데 이는 유류분권리자의 지위를 매우 불안정하게 하고 공동상속인 상호 간의 공평에도 반할 뿐만 아니라 유류분 제도 자체를 유명무실하게 만들 우려가 크다. … (중략) … 그렇다면 피상속인의 재산처분의 자유·유언의 자유를 보장하면서도 피상속인의 재산처분행위로부터 유족들의 생존권을 보호하고, 상속재산형성에 대한 기여, 상속재산에 대한 기대를 보장하려는 유류분 제도 입법취지에 비춰볼 때 정당성과 합리성이 인정되는 이 사건 조항이 현저히 자의적이어서 기본권 제한의 한계를 벗어난 것이라고 할 수는 없다. (헌법재판소 2007헌바144)

그렇다고 해서 시기를 무한정으로 확대할 수 있을까. 수명이 연장되면서 6.25전쟁 때, 나아가 일제시대 때 나눠준 재산을 문제 삼아 소송을 내는 경우도 생길 수 있다. 이번 분석에 포함된 판결문에도 심심찮게 1960년대 이뤄진 증여행위까지 포함해달라는 원고들이 있었다. 하지만 법이 생기기 전에 나눠준 재산까지 소급해서 유류분 대상 재산이 된다고 하면 혼란이 너무 커진다. 이미 물려받은 상태로 반세기가 지났고 이를 기반으로 수많은 법률행위가 이뤄졌는데, 그걸 모두 무효로 하고 유류분을 논하면 득보다는 실이 클 수 있다. 공평한 것도 중요하지만 같은 동네 살았던 온갖 친척과 이웃을 증인으로 내세워 수십 년 전의 기억을 진술하게 해 혈연관계가 파탄 나는 상황이 빈번해지는 것도 피해야 하지 않을까. 대법원은 이런 점들을 감안해 다시 일정 부분 시기를 제한하는 판결을 내렸다. 제도 시행(1979년) 전에 물려준 재산은 유류분 대상에 제외하도록 한 것이다.

유류분 제도가 생기기 전에 피상속인이 상속인이나 제3자에게 재산을 증여하고 그 이행을 완료하여 소유권이 수증자에게 이전된 때에는 피상속인이 개정 민법 시행 이후에 사망하여 상속이 개시되더라도 소급하여 그 증여재산이 유류분 제도에 의한 반환청구의 대상이 되지는 않는다고 할 것이다. 개정 민법의 유류분 규정을 개정 민법 시행 전에 이루어지고 이행이 완료된 증여에까지 적용한다면 수증자의 기득권을 소급입법에 의하여 제한 또는 침해하는 것이 되어 위 개정 민법 부칙 제2항의 취지에 반한다고 할 것이기 때문이다. (대법원 2010다78722)

결론적으로 현재 시점에서 유류분 반환청구 소송은 1979년 이후 물려준 재산을 대상으로만 청구할 수 있다는 게 일반적이라고 보면 된다.

고령화의 부작용

82.4세. 통계청이 발표한 '2016년 생명표'에 따른 출생아 평균 기대수명이다. 1970년대만 해도 60세 안팎이었던 평균수명은 이

후 수직 상승해 어느덧 80세를 훌쩍 넘겼다. 예전 같으면 동네 어르신, 연장자 대접을 받았을 50~60대가 이제는 꽃중년이라는 별칭이 어색하지 않다. 하지만 수명이 연장됐다고 모든 기간 건강하게 사는 것은 아니다. 같은 조사에서 건강수명기간은 64~65세 안팎으로 조사됐다. 60대를 지나 80대에 이르기까지 20년에 가까운 세월을 온갖 병에 시달리다 사망할 확률이 높다는 얘기다.

노년기 질환 중 치매나 뇌병변 등 고령에서 오는 질환의 증가세도 수명연장 추세만큼 가파르다. 중앙치매센터에서 집계한 2018년 기준 전국의 치매 환자 추정 인구수는 76만 3,616명이다.●

▪ 전국 치매 유병 현황 및 전망

※자료: 중앙치매센터, 치매 유병 현황

연도	노인인구 수	환자 수	유병률(%)
2012년	5,889,675	540,755	9.18
2013년	6,137,702	576,176	9.39
2014년	6,385,559	612,047	9.58
2015년	6,624,120	648,223	9.79
2016년	6,863,500	685,739	9.99
2017년	7,118,704	724,857	10.18
2018년	7,395,969	763,616	10.32
2019년	7,715,543	801,519	10.39
2020년	8,084,096	840,010	10.39
2021년	8,485,041	880,500	10.38
2022년	8,911,359	923,040	10.36
2023년	9,360,127	965,715	10.32
2024년	9,833,891	1,007,575	10.25

● 중앙치매센터, 「치매 오늘은」

2012년 54만 명가량이었던 이 수치는 수직 상승 중이다. 보건복지부는 치매 환자 수가 2024년에는 100만 명, 2041년에는 200만 명이 넘을 것으로 보고 있다. 확실한 증상을 보인 노인들만 이 정도라서 의사결정 능력이 완전하지 않은 초기 치매 환자들과 뇌졸중 등으로 식물인간 상태인 뇌병변 환자까지 포함하면 이 수치는 기하급수적으로 늘어날 것이다.

고령화와 함께 찾아온 치매 환자, 뇌병변 환자의 증가는 미처 예상치 못한 부작용을 낳고 있다. 의식이 불분명해진 부모가 가진 재산을 둘러싸고, 형제들끼리 서로 더 많이 차지하려고 벌이는 분쟁이 대표적이다. 이미 치매는 부모 사후 벌어지는 자녀들 간 소송의 상수로 자리 잡은 지 오래다. 분석대상 판결 138건 중 10건(7.2%)에서 부모의 판단력이 완벽하지 않은 상태에서 생전 증여 또는 유언이 이뤄졌다는 주장이 나왔다. 멀리 갈 게 아니다. 일부 재벌가에서 현재 벌어지고 있는 일을 보면 알 수 있지 않은가.

피상속인의 치매, 뇌병변 장애가 어떤 형태로 자녀들의 분쟁을 촉발하는지 살펴보자. 김 모 씨는 여섯 명의 자녀를 뒀다. 2011년 만 89세였던 김 씨는 자기보다 앞서 사망한 장남의 아내, 즉 맏며느리에게 부동산의 절반을 주고 자신을 돌봐준 둘째 아들과 며느리에게 나머지를 나눠주는 유언장을 작성했다. 3년 뒤 김 씨는 집에서 넘어져 응급실에 입원했다. 특이한 점은 한 달 뒤쯤 여전히 입원한 상태인 김 씨가 외출한 다음 공증인 사무소를 방문해 새로운 유언장을 작성한 것이다. 두 번째 유언 내용은 맏며느리를 뺀 둘째 아들 부부와 막내딸에게 부동산을 나눠주고 원래 유언을 철회한다는 것이었다. 한 달 뒤 김 씨는 사망했고 둘째 아들 부부와 막내딸은 부동산을 자신들 명의로 이전했다. 새로운 유언장의 존재를 몰랐던 맏며느리는 이후 소송을 냈다.

재판부는 심리 과정에서 고령이었던 김 씨가 진짜 자기 의지대로 새로운 유언을 했는지를 면밀히 살폈다. 결론은 '아니다'였다. 근거로 입원 당시 김 씨가 정신 착란 상태를 보인 점, 뇌출혈 제거술의 후유증으로 실어증 증세를 보인 점 등을 들었다. 재판부는 두 번째 유언장을 무효로 보고 첫 번째 유언대로 맏며느리에게 지분을 돌려주도록 했다.(2016년 서울중앙지법)

하지만 세상사가 모두 김 씨 사례처럼 명쾌하지는 않는다. 자녀들은 부모가 치매였다며 억울하다고 주장하지만 법원에서 인정할 만한 증거를 대는 것은 생각보다 어려운 일이다. 설사 치매였다고 해도 당시 시점에서 어느 정도 사리분별을 하는 상태였다면 진정한 뜻에 맞지 않는다고 섣불리 판단하기도 어렵다.

2014년 사망한 한 모 씨 사례를 보자. 한 씨는 남편과의 사이에 친자녀가 없어 조카인 김 모 씨를 1995년 양자로 입적했다. 2011년에는 또 다른 조카 손녀를 양자로 들였다. 1년 뒤 한 씨는 유언장을 작성했다. 자신의 서울 소재 부동산과 은행예금 등 전 재산을 새로 입적한 조카 손녀에게 남긴다는 취지였다. 먼저 양자로 들인 김 씨에게는 "지금까지 나를 희생해 너를 뒷바라지한 걸로 충분하니 재산을 한 푼도 상속할 수 없다. 유언을 따르길 바란다"라는 말을 남겼다. 김 씨는 "어머니가 치매로 의사 능력이 없는 상태에서 유언장을 작성했다"라며 유언 무효 확인 및 유류분 청구 소송을 냈다. 피고인 조카 손녀는 "비록 치매 진단을 받기는 했지만 의사 능력이 충분히 있는 상태에서 나를 입양했고 전 재산을 남긴다는 유언을 했다. 어머니는 오히려 김 씨를 파양하려는 의사를 가지고 있었다"라고 항변했다. 유언장은 법이 정한 모든 형식적 요건을 다 갖췄다. 유언장이 무효가 되려면 한 씨가 유언할 능력이 없었다는 점을 입증해야 했다.

증거가 가리키는 진실은 모호했다. 우선 의사 능력이 없었다는 쪽 증거를 보자. 한 씨는 2010년 병원에 입원했을 당시 "집에 도둑이 들었어. 집에 가야 해"라고 말하며 옷을 갈아입고 복도에서 소리를 쳤다. 밥을 안 먹겠다고 밥그릇을 던졌다. 2013년 입원했을 때는 채혈하려는 간호사의 팔을 잡아 뜯으려 했다. "지금은 1989년이지"라며 시간 구분도 제대로 못 했다. 정신과 전문의는 법원 감정 의뢰에 "(유언장 작성 당시) 판단력과 문제 해결 능력이 대부분 손상됐고 중요한 법률행위를 할 정도의 변별 능력과 사회생활상의 판단 능력이 상당히 손상된 상태로 사료됨"이라는 결과를 내놨다.

하지만 반대쪽 증거를 보면 생각이 달라진다. 한 씨는 2012년 말에 외부 모임에 참석하는 등 활발한 대외활동을 수행했다. 2013

년에는 사회단체 모임에 참석해 자신의 의견을 얘기하기도 했다. 또 다른 정신과 전문의는 "치매가 있을지라도 법률행위를 할 정도의 의사 능력이 없다고 볼 상태는 아니었다. 유언장 내용과 녹취록을 볼 때 자신이 유언장을 작성하고 있음을 알고 있었고 유언장 작성 이후 벌어질 일을 예측할 능력이 있었던 것으로 보인다"라는 의견을 냈다.

재판부는 두 가지 상반된 증거를 종합해 유언이 유효하다고 판단했다. "한 씨는 2010년 이후 치매 등으로 진료를 받기 시작했고 2013년 9월 기준으로 전반적인 지적 능력이나 판단 능력이 상당히 저하돼 있었다고 보이기는 한다. 하지만 이는 2013년 8월부터 급격히 악화된 것으로 보이고 그 1년 전에는 다양한 모임에 참석한 점, 스스로 유언을 하고 읽을 수도 있었던 점 등에 비춰보면 의사무능력 상태에 있었다고 보기 어렵다." 조카 손녀는 김 씨의 유류분 비율만큼을 제외하고 한 씨의 전 재산을 물려받았다. (2016년 서울중앙지법)

사실 이런 판단을 하기는 정말 어렵다. 치매라는 질환의 특성이 특히 그렇다. 멀쩡해 보이다가도 갑자기 상태가 안 좋아지고 안 좋다가도 갑자기 예전의 모습처럼 보이는 경우가 많다. 주변 가족들조차 시시때때로 변하는 모습에 상태를 구분하기 어려운데 이걸 단칼에 무 자르듯 구분해 판결하는 재판부의 일은 어찌 보면 인간의 영역을 넘어서는 것일지도 모르겠다. 정신과 전문의들조차 같은 진료기록을 놓고 상반된 의견을 내놓는 판국이니 말이다.

조금 맥락에서 벗어나는 얘기일지 모르겠지만, 치매 노인의 재산을 두고 영화에서나 나올 법한 사례도 나온다. 가족도 친족도 아닌 사람이 어느 날 갑자기 나타나 전 재산을 자기 명의로 돌려놓는 경우다. 2015년 83세를 일기로 사망한 김 모 씨 사례를 보자. 자녀가 없었던 탓에 조카 일곱 명이 공동상속인이 됐는데 조카들이 후속 절차를 밟으려던 차에 재산이 하나도 남아 있지 않은 것을 발견했다. 삼촌이 서울 소재 부동산 등을 가진 것을 알고 있던 조카가 추적해보니 70대 여성 전 모 씨 명의로 넘어가 있는 것을 발견했다.

어떻게 된 사연일까? 시간은 2001년으로 거슬러 올라간다. 아내와 사별한 후 취미로 기 수련을 배우던 김 씨는 남편과 이혼 후 혼자 지내던 전 씨를 만났다. 성격이 잘 맞은 두 사람은 함께 자격증을 따는 등 10여 년간 친구 사이로 자주 시간을 보냈다. 고령의 김 씨가 지병으로 2012년 3월부터 병원에 입원하게 되자 이후 병수발을 전 씨가 도맡았다. 입원 후 김 씨는 전 씨를 엄마라 부르는 등 이상행동을 보였고 같은 해 4월 치매진단을 받았다. 그런데 그 해 10월 김 씨는 갑자기 전 씨와 혼인신고를 했다. 박 모 씨 등 두 명이 증인을 섰다. 약 3년 뒤 김 씨가 사망하자 전 씨는 김 씨가 남긴 50억 원가량의 부동산을 상속받아 자신의 명의로 바꿨다.

이 사실을 미처 몰랐던 조카들은 전 씨를 사문서위조 등의 혐의로 고소했다. 혼인신고 증인이었던 박 씨는 수사기관에서 "김 씨가 '전 씨와 결혼할 생각이 없다'라고 말했다는 얘길 듣고 결혼 의사를 확인하려 했지만 전 씨가 이를 막았다"라고 진술했다. 하지만 전 씨는 증거 불충분으로 무혐의 처분을 받았다. 그러자 조카는 다시 서울가정법원에 혼인무효 소송을 냈다. 2016년 법원은 "혼인신고 당시 김 씨는 결혼의 의미와 결과를 정상적으로 판단할 수 있는 상황이 아니었다"라며 혼인무효 판결을 내렸다. 이후 조카는 서울북부지법에 상속권이 자신을 비롯한 유족들에게 있다는 내용의 상속 회복 청구 소송을 냈다. 법원은 가정법원 판결을 인용해 김 씨의 재산을 일곱 명의 조카가 나눠 갖도록 했다. (2016년 서울북부지법)[•]

법원은 혼인신고가 무효라 판단했지만 이 판결에서도 생각해 볼 지점은 있다. 치매 증상이 있는 사람과 혼인신고를 하는 것은 누가 봐도 불순한 의도로 보인다. 관련 증거를 가지고 적절성을 평가해야 하는 법원은 당연히 그렇게 판단할 수밖에 없었을 것이다. 하지만 김 씨가 가장 어려웠던 상황에서 함께 있어준 사람은 전 씨였다. 판결문에는 나오지 않지만 어쩌면 김 씨는 혈육인 조카들보다 전 씨에게 더 큰 애정을 갖고 있지 않았을까? 치매 질환을 앓는 노인의 마지막 3년을 간병하는 것은 보통의 애정과 노력만으로 되는 일이 아니다. 당시 이 사건을 보도한 대부분의 언론에서는 전 씨를 파렴치한 사람으로 묘사했지만, 한편으로는 김 씨 간병에 적극적이지 않았던 조카들이 사망 이후 재산에 대한 권리를 주장하는 것이 과

• 《조선일보》, "[사건 블랙박스] 치매 노인과 혼인 간병인, 50억 상속 "무산"

연 법을 떠나 합당한 일이었나 하는 부분에 있어선 의구심도 든다. 피는 정말 물보다 진하긴 한 걸까.

증거가 소송을 만든다

작금의 사회 변화도 가족 간 소송을 부추긴다. 현재 생전 증여와 상속을 하는 70~80대는 산업화를 일궈낸 1세대다. 6.25전쟁을 온 몸으로 겪은 뒤 세계 각국을 누비며 외화를 벌어들이고 오늘날의 대한민국을 만든 주역이다. 고생도 많이 했지만 단군 이래 가장 많은 부를 축적한 세대이기도 하다. 강남으로 대표되는 부동산 자산 가격은 개발붐과 함께 수직 상승했고 주식 등 금융자산의 가치는 꾸준히 우상향 곡선을 그리며 과거와 비교할 수 없는 부를 안겨줬다. 그리고 무엇보다 중요한 것은 이들 세대가 이런 자산을 잘 보전해왔다는 점이다. 특히 부동산의 형태로.

반면 상속을 받는 30~50대는 사정이 다르다. 과거에 비해 경쟁은 무한대로 치열해졌고, 돈을 벌 기회는 줄었다. 직장에서는 새로운 세대에 밀려나기 일쑤고 외환위기 등 부침을 겪으면서 자산을 부모 세대만큼 확보하기도 어려웠다. 더구나 한국사회 특유의 과도한 교육열로 막대한 교육비를 지출하다 보니 생활고에 시달리는 이들도 많다. 이는 일반 국민의 자산 중 가장 비중이 높은 부동산만 봐도 확인할 수 있다. 2016년 기준 40세 미만 가구의 주택 소유 비율은 32.5%에 불과하지만 60세 이상 노인가구의 주택 소유 비율

▪ 청년가구와 노인가구의 주택 소유 비율

※자료: 통계청, 2016년 주택 소유 통계, 가구주 연령 기준

	주택 소유 비율(%)
전체 가구	55.5
40세 미만 청년가구	32.5
60세 이상 노인가구	66.7

은 66.7%다.

여기에 베이비붐 세대(1955~1963년생)의 은퇴시기까지 겹치면서 현재 시점에서 부모 세대의 상속재산은 역대 어느 시기보다 중요해졌다. 우리나라 인구의 14.2%를 차지하는 베이비붐 세대의 첫 주자인 1955년생은 2018년 기준 만 63세다. 은퇴를 했거나 은퇴를 목전에 두고 있는 단계다. 이른바 낀 세대로 불리는 이들은 연구자 사이에서 "부모에게 경제적 지원을 하는 경우가 많고 자녀 교육비를 부담스러워하면서도 줄이지 않으며 본인의 노후는 자녀에게 의탁하기보다 스스로 준비하려는 의식이 강한 세대"로 평가된다.• 베이비붐 세대를 가구주로 하는 가구의 2015년 기준 소득은 연간 3,154만 원이지만 지출은 3,484만여 원으로 적자다. 부채가구 비율은 55.4%로 이전 1941~1954년생 세대(32.3%)와 이후 1964~1966년생 세대(12.3%)와 비교하면 월등히 높다. 이들은 은

• 송현주, 임란, 2016, 「베이비붐 세대의 부양부담이 노후준비에 미치는 영향」, 국민연금공단 국민연금연구원

퇴를 앞둬서 정기적인 수입이 끊기는 시점이 머지않았지만, 자녀가 대학에 진학하고 결혼하는 등 인생에서 가장 많은 지출이 생기는 생애주기에 직면해 있다. 최근의 경기침체까지 겹치면서 경제적 어려움이 가중된 상황이다. 툭 까놓고 얘기하면 부모가 물려줬거나 앞으로 물려줄 재산에 대한 절실함이 가장 강한 시기라고 볼 수 있다.

더구나 가부장제가 확고했던 과거와 달리 부모 부양 형태가 바뀐 만큼 형제자매 간에 서로 자기 몫을 주장할 여지도 커졌다. 장남이 부모를 부양하던 관행이 점차 사라졌고, 자녀들끼리 공동으로 부양하는 관행이 자리 잡으면서 장남이 재산을 많이 받는다는 당위가 부당위로 바뀌었다. 통계청의 「한국의 사회동향 2017」 보고서에 따르면 부모와 자녀가 동거하는 비율은 2008년 38.0%에서 2016년 29.2%로 줄었다. 주된 생활비를 스스로 해결하는 부모는 같은 기간 46.6%에서 52.6%로 늘었고 자녀가 주된 생활비를 대주는 경우는 52.9%에서 47.4%로 줄었다. 부모 부양을 장남이 해야 한다는 견해는 1998년 22.4%에서 2016년 5.6%로 감소했다. 이쯤 되면 장남이니 재산을 더 받겠다 주장하기 머쓱하게 된 상황이다. 바꿔 말하면 형제자매 간 서로 부모 재산에 우선권을 주장할 여지 또한 많아진 것이다.

마지막으로 한 가지 더 사회의 변화를 덧붙이자면, 금융실명제, 부동산실명제, IT기술의 발달을 들 수 있겠다. 상속사건을 담당하

▪ 부모와 자녀 동거

*자료: 통계청, 한국의 사회동향 2017

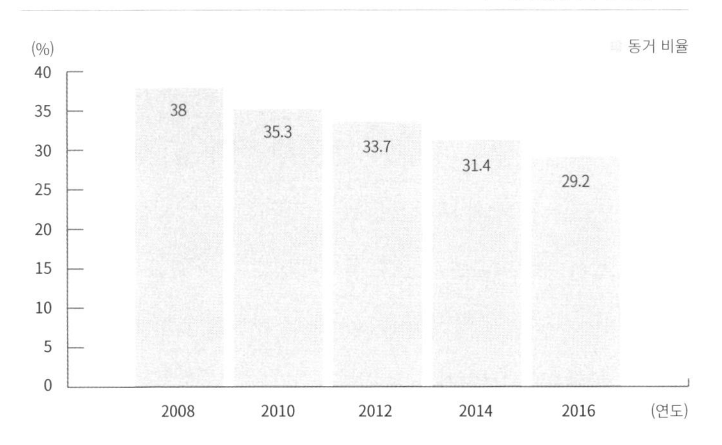

▪ 부모 생활비 주 제공자

*자료: 통계청, 한국의 사회동향 2017

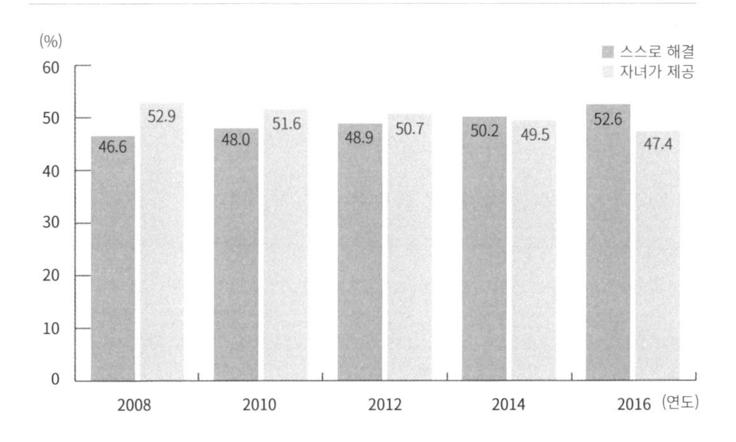

는 변호사들이 이구동성으로 하는 얘기다. 예전에야 알음알음으로 돈을 주고 재산을 넘겨주는 게 가능했다. 차명으로 보유한 재산을 장남에게 몰래 넘겨주는 일도 비일비재했다. 하지만 요즘은 큰 규모의 재산이전은 모두 기록으로 남는 세상이다. 등기부등본을 따라가면 언제 누구에게 넘어갔는지 다 나온다. 말인즉슨 소송을 내는 입장에서는 증거확보가 엄청 용이해졌고 승소 확률도 높아졌다는 얘기다. 수십 년간 축적된 관련 증거를 무기로 소송을 보다 쉽게 결정할 수 있게 된 것이다.

재벌총수도 전직 대통령도 피하지 못했다

유류분 소송에 걸리는 건 기업인들도 예외가 아니다. 특히 창업주가 가업을 장남에게 넘기면서 딸들에게는 재산을 제대로 나눠주지 않은 경우 사후에 자녀 간 소송전이 벌어지곤 한다. 2018년 1월 항소심 판결이 나온 태광그룹이 대표적이다. 창업주 고(故) 이임용 회장은 1996년 아래와 같은 유언을 남겼다.

> 그룹 경영에 관하여 모든 일을 이○○ 사장에게 일임하고자 하니 우리 가족들은 그의 의사를 나의 뜻처럼 받아들여주기 바란다. 장남은 부회장으로 차남은 사장으로 선임하여 운영하기 바란다. 부회장은 회사의 실질적인 경영에 참여해서는 안 된다. 이 사장은 적절하다고 인정되는 시점에 그룹의 경영권을 차남에게 이양하기

바란다. 나머지 재산이 있으면 이 사장의 뜻에 따라 처리하도록 한다. 세 자매에게는 별도의 재산상속을 않는다. 그러므로 딸들은 어머니와 오빠 및 남동생의 상속에 대하여 관여하지 말기를 바란다.

자녀 간 분쟁은 차남이 회사 자금을 횡령한 혐의로 검찰 수사를 받게 되면서 시작됐다. 2010년 검찰 수사 과정에서 유언장 작성 때는 몰랐던 차명주식이 모두 남동생에게 돌아간 사실이 드러났다. 창업주의 셋째 딸은 차남을 상대로 2013년 주식인도 소송을 냈다. 하지만 1심과 2심 재판부 모두 이를 받아들이지 않았다. 서울고법은 아래와 같이 판단했다.

딸들에게는 재산상속을 하지 않는다는 것이 창업주의 확고한 의사였고, 유언장 낭독 당시 참석한 셋째 딸도 이를 알았을 것이다. 22년 전 유언장에는 "세 자매에게는 별도의 재산상속을 않는다. 딸들은 오빠 및 남동생의 상속에 대해 관여하지 말기를 바란다"라고 써 있다. 또 "나머지 재산이 있으면 이 사장의 뜻에 따라 처리하도록 한다"라는 내용도 있다. 이는 상속재산 목록에 포함되지 않는 나머지 전체 재산으로 해석할 수 있다. 유언이 무효가 아닌 이상 차명주식에 대한 상속권을 인정할 수 없다. (2018년 서울고법)

유명인들 사이에서는 혼외자가 부모 사후 자기의 권리를 주장하는 일도 많이 벌어진다. 고(故) 이맹희 CJ그룹 명예회장 사건이 대표적이다. 혼외자 이 모 씨는 이재현 CJ그룹 회장 등에게 "이맹희 명예회장의 유산을 나눠달라"라며 소송을 냈지만 패소했다. 이 씨는 2004년 이 명예회장을 상대로 친자확인 소송을 내 2006년 대법원에서 친자로 인정받았다. 이후 이 명예회장이 2015년 8월 사망하자 같은 해 10월 이재현 회장 등 유족을 상대로 "유산 중 2,300억 원은 나의 몫"이라며 "우선 2억 100원을 내놓으라"라고 소송을 냈다. 참고로 100원이 붙은 이유는 민사 소송은 소가가 2억 원을 초과해야 단독 재판부가 아닌 판사 세 명으로 구성된 합의부에서 재판을 받을 수 있어서다.

법정에서 이 씨는 이 명예회장이 아버지로부터 차명주식 등 드러나지 않은 유산을 물려받았다고 주장했다. 해당 주식의 현재 가치가 2조 5,000억 원으로 추정되므로 이 가운데 자신의 지분은 11분의 1인 2,300억 원이라는 취지였다. 반면 이재현 회장 측은 이 명예회장이 차명주식을 증여받거나 상속받지 않았다고 항변했다. 법원은 원고패소 판결했다. 이 씨가 자신의 주장을 입증한다며 제출한 증거가 차명재산을 받았다는 취지의 신문기사밖에 없었기 때문이다. 이 씨는 항소했지만 몇달 뒤 소를 취하해 분쟁은 일단락됐다.
(2017년 12월 서울서부지법)

고(故) 김영삼 전 대통령도 사후에 혼외자가 유류분 소송을 냈다. 김 전 대통령은 전 재산을 사회에 환원하겠다며 김영삼민주센터 등에 거제도 땅 등을 기부했다. 하지만 공동상속인인 김 씨는 2016년 유류분권이 침해됐다며 소송을 냈다. 법원은 김 씨의 청구를 받아들여 김영삼민주센터가 김 씨에게 3억 원을 지급하라는 강제조정 결정을 내렸다. (2017년 서울중앙지법)

"나 혼자 모셨는데 재산은 똑같이 받겠다니" 소송도 불사

상속재산분할 심판청구는 또 다른 혈연 해체의 화약고다. 부모 사망 후 자녀 간에 재산을 어떻게 나눌지 협의가 제대로 이뤄지지 않았을 때 법원에 내는데, 유류분 소송의 전초전 격인 이 소송 또한 사례가 크게 늘고 있다. 대법원에 따르면 2012년 594건이었던 심판청구는 2016년 1,223건으로 늘었다. 부모 사망 후 자녀들끼리 재산을 나누다 말로는 협의가 안 돼 결국 법원까지 오게 된 사람이 그만큼 늘고 있단 얘기다.

민법에 법정상속분은 명확히 정해져 있다. 배우자가 1.5이고 자녀들은 1로 동일하다. 법대로 똑같이 나눠 가지면 분쟁도 없고 좋으련만 세상 일이 그렇지가 않다. 형제 중 누구 한 명은 불만을 품고 더 가지고 싶은 욕심에 싸우게 된다. 부모 재산에 대한 기여도, 사전에 얼마나 증여받았는지, 부모를 누가 봉양했는지와 관련해 법정상속분보다 더 받겠다고 주장하는 이들이 나오기 마련이다. 부모를 부양한 쪽에서는 "병수발 다 들고 대소변 다 받아드렸는데 어떻게 똑같이 나눠 갖냐"라고 말한다. 다른 쪽에서는 "그 덕분에 집에

▪ 기여분 누가 주장했나

*자료: 2016년 선고된 서울·부산 가정법원 상속재산분할 심판청구 결정문 54건 분석

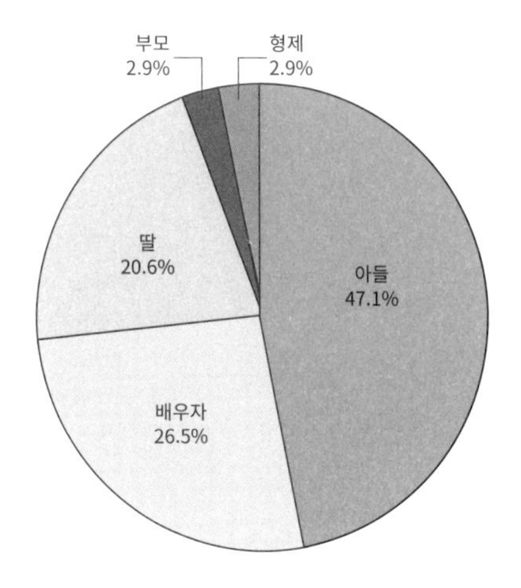

얹혀살고 생활비도 함께 쓰지 않았냐"라고 반박한다. 그간 섭섭했던 일과 가족 간의 내밀한 사연이 쏟아져 나오면서 감정싸움이 시작되고 서로에게 상처를 주고받다 지쳐 소송까지 이르게 된다.

여기서 주로 동원되는 주장이 기여분이다. 기여분은 피상속인(상속재산 원소유주)을 특별히 잘 봉양했거나 재산 유지에 상당히 기여한 경우 법정상속분보다 더 가산해 상속재산을 받게 해주는 제도다. 2016년 서울가정법원과 부산가정법원 두 곳에서 선고된 상속재산분할심판 결정문 54건을 분석한 결과 이 중 30건에서 기여분 주장이 나왔다. 부모를 특별히 봉양했다는 주장이 76.7%로 가장 많았고 재산 형성에 기여했다는 주장은 13.3%였다. 기여분을 주장한 쪽은 아들이 47.1%였다. 피상속인의 배우자는 26.5%, 딸

▪ 기여분 왜 주장했나

*자료: 2016년 선고된 서울·부산 가정법원 상속재산분할 심판청구 결정문 54건 분석

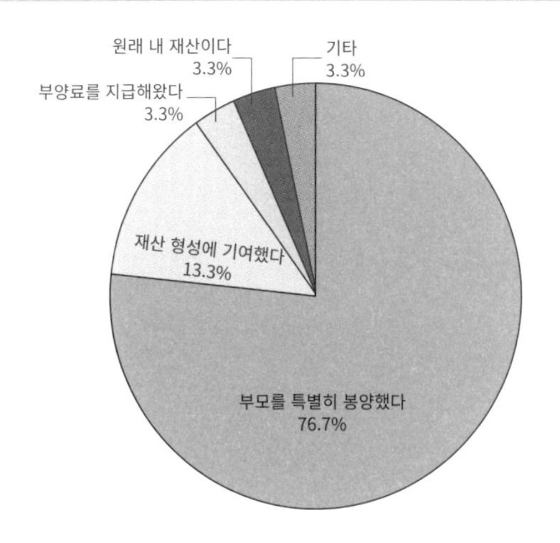

은 20.6%였다.

기여분 주장은 많이 나오지만 쉽게 인정되지는 않는다. 기여분 주장이 기재된 30건의 결정 중 19건에서 법원은 기여분 신청을 기각했다. 김 모 씨의 8남매 간 분쟁이 그 예다. 김 씨는 2014년 사망하면서 집 한 채를 남겼다. 당시 시가는 약 1억 원이었다. 자녀들은 이를 나누려 했지만 끝내 합의에 이르지 못했다. 60대인 장남이 "아버지를 부양했다"라며 자신의 상속분보다 30% 더 많은 지분을 요구했기 때문이다. 다른 세 명의 형제자매는 장남이 이미 1996년 아버지 생전에 1만 5,000제곱미터 규모의 부동산을 물려받았다며 반발했다. 결국 장남과 어머니, 그리고 이에 동조하는 네 명의 형제자매와 이에 반대하는 세 명의 형제자매 간 소송이 벌어졌다. 법원

에 출석한 장남은 일단 자신이 모시고 사는 80대 어머니의 기여분 주장부터 시작했다.

> 저희 어머니는 1952년 결혼하신 뒤 시부모를 모시며 8남매를 낳아 기르셨습니다. 결혼생활 내내 아버지를 도와 농사를 짓고 시장에서 행상을 하면서 재산 형성 및 유지에 기여를 하셨습니다. 상속재산 중 30%의 기여분이 인정돼야 합니다.

말을 마친 장남은 이번엔 자신의 공로를 주장했다.

> 저는 고향에서 농사를 지으면서 아버지와 어머니를 부양했습니다. 그리고 아버지 토지 중 일부를 개간·확장해 그 가치를 올리기 위해 노력했습니다. 저도 30%의 기여분을 인정받고 싶습니다.

재판부는 어머니의 기여분은 25%로 인정했다. 60여 년간 결혼생활을 유지해온 데다 그간 어떤 재산도 자기 명의로 소유하지 않았던 점 등을 감안하면 김 씨의 재산 형성에 특별한 공로를 인정할 만하다고 봤기 때문이다. 하지만 장남의 주장은 받아들이지 않았다. 재판부는 "장남이 피상속인과 동거하면서 봉양했고 상속재산 중 일부를 개간·객토한 사실이 인정된다. 하지만 피상속인 소유 부동산 대부분이 모두 장남이 성인이 되기 전 형성된 점, 이를 경작하면서 얻은 수익을 장남이 가져간 점, 생전에 아버지에게 물려받은 땅이 있었던 점을 고려하면 기여분을 인정할 수 없다"라고 밝혔다. 결국 장남은 생전 증여를 받은 토지로 인해 상속 지분이 0으로 조정됐고, 어머니의 지분을 제외한 나머지 토지 지분을 남은 일곱 명의 형제자매가 동등하게 나눠 갖게 됐다. (2016년 서울가정)

2013년 사망한 박 모 씨의 장남도 기여분을 주장했다. 그는 아버지가 창립해 운영하던 공업사에서 13년간 근무하면서 사업 운영을 도왔던 점을 근거로 들었다. 또 외국에 거주하고 있는 다른 형제자매들이 아버지 부양을 외면할 때 자신은 병원진료비, 장제비 등을 부담했으므로 기여분 25%를 인정받아야 한다고 주장했다. 일견 그럴듯해 보이는 주장이지만 재판부는 이 또한 인정하지 않았다. 법원에서 얘기하는 기여는 법적으로 부양 의무가 있는 부모 자식 간이나 부부간의 통상적 수준을 넘어선 기여를 말하기 때문이다.

병원비 600여만 원 및 장제비를 대부분 부담했다는 사실만으로는 자식으로서 통상적인 부양 의무를 이행하는 정도를 넘어서 피상속인을 특별히 부양 또는 간호했다고 보기 어려운 점, 공업사에 근무하면서 급여를 받아왔고 급여액이 현저하게 불합리하다고 보기 어려운 점, 공업사가 이미 20여 년 전에 폐업한 점 등을 고려하면 기여분을 인정할 수 없다.

(2016년 서울가정)

그렇다면 어떤 경우에 기여분이 인정될까? 법원 안팎에서 취재한 내용을 종합하면 크게 세 가지 기준이 있다. 우선 피상속인을 장기간 전업으로 간호한 경우다. 단순히 병원비를 대주는 수준이 아니다. 수십 년간 생업도 제대로 챙기지 못한 채 부모를 보살피는 데 전력을 다하고 생활비도 전부 내주는 정도는 돼야 인정된다. 또 하나는 부모와 같이 사업을 하는 자녀다. 특히 부모가 가족이라는 이유로 타인에 비해 월급을 제대로 주지 않는 등 정당한 대우를 하지 않았을 때는 재산 형성에 기여한 공로를 인정한다. 마지막으로 다른 자녀들이 외국에 오랫동안 나가 있는 상황에 본인만 적극적으로 부모를 부양한 경우다.

부산가정법원에서 선고한 김 모 씨 사례를 보자. 김 씨의 아버지는 2014년 사망하면서 2억 원 상당의 집을 남겼다. 김 씨는 아버지가 돌아가시기 전 약 18년간 모시고 살며 부양했다. 집에 물이 새거나 보일러가 고장 났을 때에는 수선비와 공사비를 부담했다. 아버지를 대신해 부동산 세입자에게 임차보증금 1,000만 원을 반환하기도 했다. 또 김 씨의 아내는 2011년 시아버지를 극진히 모셔온 점을 인정받아 마을회에서 효행상을 받기도 했다. 이 법원 가사1부는 김 씨의 기여분 30%를 인정했다. 김 씨의 부양행위가 통상 범위를 넘어선 특별한 부양행위였고, 재산 유지 및 증가에도 기여했다고 본 판단이다. (2016년 부산가정)

2014년 사망한 박 모 씨의 막내아들도 법원에서 50%의 기여분을 인정받았다. 그는 2009년부터 부모를 모시고 살며 생활비를 전부 부담했다. 폐암으로 투병한 아버지 병원비도 전부 부담했고 간병도 주로 담당했다. 어머니의 병원비도 형제들 도움 없이 부담했으며 1억 3,000만 원가량의 아버지 빚도 자신이 갚고 있었다. (2016년 서울가정)

배우자의 경우 자녀보다는 기여분 인정이 잘되는 편이다. 유류분 사건에서처럼 배우자는 혼인기간 동안 함께 형성한 공동재산에 대해 권리가 있다고 보기 때문이다. 서울가정법원이 2016년 기여분 40%를 인정한 안 모 씨 사건이 그렇다. 안 씨의 남편은 2014년 사망하면서 3억 원 상당의 집을 남겼다. 법원은 안 씨가 45년의 혼인기간 동안 남편과 함께 과일 장사를 한 점, 남편이 쓰러진 뒤 홀로 청소일로 생계를 유지한 점, 사망 시점까지 간병한 점 등을 근거로 기여분을 인정했다. 재판부는 "집은 안 씨 소유로 하고 자녀 세 명에게 4,000만 원가량씩 정산금을 지급하라"라고 결정했다. (2016년 서울가정)

이 밖에 하급심에서 많진 않지만 다양한 인정 사례들이 나온다. 심지어 100% 인정된 경우도 있다. 아내가 30여 년의 혼인기간 동안 실질적으로 가족의 생계를 전적으로 책임지고 남편을 부양해온 사안에서 아내의 기여분을 100%로 인정했다. 또 아들이 경제활동을 시작한 후부터 아버지 사망 시까지 약 30년 동안 함께 살고, 유일한 상속재산인 부동산을 분양받는 데 필요한 모든 자금을 아들이 부담했으며, 아버지는 그간 특별한 경제활동을 하지 않았던 사건에서 아들의 기여분을 100%로 인정한 사례도 있다. 자녀 한 명이 혼자 부모를 부양했고, 다른 자녀들은 부모를 전혀 부양하지 않았으며, 상속재산은 사망 당시 시가가 약 170만 원인 토지가 유일했던 사안에서 그 자녀의 기여분을 100%로 인정했다.●

소송 이후는 남보다 못한 원수

"엄마 보고 싶었어." 2015년 말 서울가정법원 ○○○호 법정. 원고석에 앉은 큰딸 김미영(51세·가명) 씨는 재판이 끝난 뒤 피고석에 앉아 있던 78세 어머니의 손을 붙잡고 하염없이 울었다. "소송은 지가 걸어놓고 이제 와 지랄이야." 반쯤 등을 돌리고 있던 어머니는 애써 딸의 손을 뿌리쳤다. 초로에 접어들어 머리마저 희끗희끗해진 김 씨는 어머니가 법정을 떠난 뒤에도 한동안 대성통곡을 멈추지 못했다.

도대체 무슨 일이기에 50대 딸과 70대 어머니 사이는 이리도 어긋났을까. 사건의 단초는 2011년 말로 거슬러 올라간다. 2남 4녀를 둔 김 씨의 어머니는 남편 사망 후 남편 명의의 경기도 소재 과수원 2만 4,000제곱미터를 모두 장남에게 몰아주는 상속재산분할협의를 했다. 어머니가 "당연히 이건 아들 것이지"라고 주장했을

● 이봉민, 2018, 「기여분과 유류분의 관계에 대한 새로운 해석론의 모색-유류분 부족액 산정방법을 중심으로」 한국가족법학회

때 김 씨 등 딸 세 명은 반대했다. 장남은 "어머니가 저렇게 완강하게 나오시니 일단 명의를 내 것으로 하자. 내가 일부 지분을 팔아서 나중에 돈으로 챙겨주겠다"라며 누나와 동생들을 달랬다. 마지못해 김 씨 등은 장남의 말을 따랐다. 하지만 상속분할협의가 모두 마무리된 뒤 장남의 태도가 변했다. 언제 돈을 주냐는 동생들 얘기에 "사업이 어려우니 조금만 기다려달라"라는 변명으로 일관했다. 결국 김 씨를 포함한 세 명의 딸은 장남과 어머니, 그리고 장남 쪽에 선 두 형제를 상대로 상속재산분할 청구 소송을 냈다. 소송으로 장남과 함께 법원에 불려 다니게 되자 어머니는 화를 냈다. 법정에서 원피고석으로 갈라져 앉을 때면 반쯤 등을 돌리고 앉은 채 눈조차 마주치지 않았다. 김 씨가 집에 몇 번을 찾아갔지만 "왜 출가외인이 난리냐"라며 화를 냈다. 재판부는 장남이 다른 형제들에게 1억 5,000만 원씩을 나눠주는 조정으로 이 사건을 마무리 지었다. 조정결정이 난 날 재판장이 어머니에게 딸을 한번 안아주시라 했지만, 어머니는 쌩한 눈빛만 남긴 채 법정을 서둘러 떠났다. (2015년 서울가정)

혈연 간 소송의 끝은 대체로 김 씨 사례처럼 관계의 해체로 이어진다. 누구보다 가까운 가족 사이였지만 법이라는 사회적 잣대가 가족의 심장부를 헤집고 들어오는 순간, 어떤 관계의 파탄보다 더 큰 상처를 남기고 남보다 못한 원수 사이가 돼버리기 일쑤다. 김 씨 소송에 관여한 법조계 관계자 설명을 들어보자.

큰딸 김 씨는 어떻게든 어머니와 관계를 회복하고 싶어 했습니다. 어머니가 계신 곳에 몇 번씩 찾아갔지만 차마 방문을 두드리지 못하고 마루에 한참 앉아 있다가 돌아가곤 했습니다. 어머니도 김 씨가 온 걸 알고 있었지만 굳이 방문을 열어보진 않았다고 합니다. 양쪽 입장이 다 이해는 됐어요. 김 씨 등 소송을 낸 딸들은 장남이 너무 얄미웠다고 합니다. 먹고살 만한 형편이었어도 굳이 돈을 받아야겠다고 소송까지 낸 것은, 성장 과정에서 가족 내 모든 이권을 독점한 장남이 아버지 상속재산까지 독차지하려 하자 화가 나서 견딜 수 없었기 때문이에요. 반면 어머니는 어머니가 살아온 세계관 내에서 딸들을 도저히 이해할 수가 없으셨던 겁니다. "당연히 아들 것이지"라는 입장을 가진 전형적인 우리 부모 세대셨죠. 딸을 사랑하지만 아들을 상대로 소송까지 내는 것을 못 마땅해 한 겁니다. 김 씨가 동생들을 설득해 조금씩 양보하는 선에서 조정으로 마무리가 됐지만 결국 모녀 관계는 회복이 안 된 것 같더라구요. 남매 관계도 마찬가지고요. 이런 소송의 결말이 대부분 그런 것처럼요.

가사사건을 주로 담당하는 변호사들은 소송 당사자들 사이뿐 아니라 당사자 주변 다른 친인척과 부모까지 편이 갈려 온 가족이 파탄 나는 게 일반적이라고 말한다. 자녀 간 재산 다툼이 하늘이 맺어준 천륜까지 갈라놓는 셈이다. 한 대형로펌 변호사의 설명이다.

아버지가 돌아가신 뒤 장남과 차남이 광화문 큰 빌딩의 소유권을 놓고 소송이 붙었습니다. 장남은 항상 공부도 잘하고 말도 잘 들어서 부모의 총애를 받아왔죠. 반면 차남은 뭔가 좀 부족해서 항상 구박만 받았습니다. 그래서 아버지가 돌아가실 때 유언으로 전 재산인 빌딩을 차남에게 물려줬는데 장남은 이게 마뜩잖은 거였습니다. 어머니는 장남 편을 들었고요. 법정에 갔더니 차남은 어머니랑 인사도 안 했습니다. 모자 관계가 완전히 깨져버렸죠. 변호사를 업으로 삼고 있지만 이런 소송을 보면 참 가슴이 아파요. 서로 조금씩 양보하거나, 부모가 알아서 적당히 공평하게 나눠줬으면 좋을 텐데요. 불공평한 분배에 수십 년간 쌓여온 감정싸움이 개입하니까 아무리 해도 좋게 해결이 안 되더라고요. 수백억 원의 재산이 이들 가족에게는 재앙이었던 거죠. 가족 사이를 갈기갈기 찢어버렸으니까요.

유류분, 시대착오적 제도인가 마지막 보루인가?

우리 사회가 지나온 역사적 환경 속에 유류분 제도의 시대적 필요성은 분명했다. 여성이라는 이유로, 장남이 아니라는 이유로, 전처 소생 자녀라는 이유로 성장 과정부터 재산 상속에 이르기까지 일관되게 차별을 받아온, 그래서 험난한 인생을 산 이들이 분명히 존재하기 때문이다. 이를 바로잡기 위해, 최소한의 형평성을 유지하기 위해, 그래서 보다 공정하게 상속이 이뤄질 수 있도록 유류분 제도가 도입됐다.

하지만 공평을 기하기 위해 권리의 범위를 넓힌 만큼 소송의 총량은 자연스럽게 늘었다. 유류분 제도가 꿈꾸는 공평한 상속이라는 이상은 현실적으로 자녀 간 소송을 부추기는 부작용을 초래하고 있다. 하루 일곱 건씩 혈연 간 소송이 발생하는 게 최소한 바람직한 현상은 아니지 않나. 이는 사회 전체적으로도 불필요하고 소모적인 법률 다툼에 자원을 집중하는 낭비를 야기한다.

그런 면에서 현행 유류분 제도는 여러모로 생각할 거리를 던져준다. 우선 유류분 제도 도입 취지부터 생각해보자. 피상속인이 생전 증여와 유언을 통해 자유롭게 자산을 처분하면서 실제 가족들의 생계가 어려워지는 폐단을 막는 것이 가장 중요한 기능이었다. 그런데 세상이 달라졌다. 과거 평균수명이 60세 안팎이었던 시절에는 조실부모한 가정이 많았다. 부모가 사망하고 상속재산도 없으면 그야말로 굶어 죽을 수도 있었다. 하지만 평균수명이 82세를 넘나드는 요즘 시대에는 상속재산의 자녀 부양적 기능은 상당히 축소된 상태다. 이미 장성해 자신의 가정을 형성하고 손자까지 본 상황에서 재산을 물려받는 노-노(老-老) 상속이 많아서다. 더구나 과거 농경사회와 달리 부모의 재산에 대한 자녀들의 기여도가 그리 높지 않다. 사회복지 제도의 발달로 상속재산이 없는 자녀도 어느 정도 부양이 가능해졌다. 제도 존립의 근거가 흔들리는 상황인 셈이다.

또 한 가지 현실적 측면에서, 유류분 산정의 기초가 되는 재산의 범위가 확대되면서 생기는 문제도 심각하다. 앞서 언급했듯이 법 시행일인 1979년 이후 공동상속인들의 특별수익은 언제든 소송 대상이 될 수 있다. 피상속인이 사망할 당시 남은 재산이 없는 상황을 생각해보자. 억울함을 느낀 자녀가 소송을 낸다면 다른 자녀는 이미 물려받아 수십 년간 가지고 있던 땅이라도 팔아서 돈을 내줘야 하는 상황이 생긴다. 입증도 그리 어렵지 않다. 부동산실명제와 금융실명제가 시행되면서 웬만한 자산 이동은 다 잡아낼 수 있는 세상이다. 그런데 만약 증여받은 재산을 이미 팔았거나 다 써버렸다면 문제는 복잡해진다. 오래전에 증여받은 재산일수록 현재 가치를 계산하기도 어렵다. 자기 입장에서 생돈을 내줘야 하는 이들은 법정에서 자기가 기억하는 대로 상대방도 받은 특혜들을 줄줄이 주장한다. 결국 이런 복잡한 사실관계를 재판을 통해 파헤치고 확인하고 입증하는 과정에서 혈연관계, 가족공동체는 상처를 입고 더 이상 회복할 수 없는 원수 사이로 전락하기 마련이다. 범위를 넓혀보면 아버지가 전처와 이혼하기 전 자녀에게 지원을 해줬을 경우, 후에 새로 결혼한 여성과의 사이에서 태어난 자녀가 특별수익이라며 유류분으로 내놓으라 주장하는 것도 이론적으로 가능하다. 상속에서 손해 보는 형제자매를 보호한다는 이상만으로는 정당화하기 어려운 부작용들이다.

유언보다 강력한 유류분 권한 때문에 생기는 부작용도 있다. 현행법상 유언으로 어떤 내용을 남겨도 유류분은 보장된다. 상속을 받는 자녀 입장에서는 일견 당연한 규정처럼 보인다. 하지만 실제 재산 주인 입장에서 보면 이것처럼 이상한 일도 없다. 평생 내가 고생해서 모은 재산을 내 마음대로 처분할 자유를 제한하는 것이니 말이다. 실제로 자기 재산을 사회복지단체, 종교단체에 전부 기부한다고 유언을 남긴 이의 자녀가 사후에 해당 단체를 상대로 유류분 소송을 내 일부를 돌려받는 일이 종종 언론에 보도된다. 죽은 사람의 유지가 지켜지지 않는 셈이다. 더구나 자녀와 의절하고 성인이 된 이후 한 번도 만나지 않는 사람도 있다. 이런 경우 혈연이 아니어도 자기를 따르고 진심으로 도와준 고마운 이에게 마음대로 재산을 물려주지 못하는 것은 좀 이상하지 않은가. 모든 부모 자식 관계가 좋은 것은 아니다.

마지막으로 배우자 형평성 문제도 짚고 넘어가야 한다. 예컨대 결혼한 지 40년 된 부부가 이혼을 하면 전업주부라 해도 특별한 사정(남편이 결혼 전부터 재산이 많았다거나)이 없는 한 재산분할을 50%가량 받는 경우가 많다. 전 재산이 남편 명의로 돼 있어도 상관없다. 부부로서 함께 일궈온 공동재산이라 보기 때문이다. 하지만 남편이 먼저 사망한 경우는 자녀 수에 따라 상황이 달라진다. 법정상속분(배우자 1.5, 자녀 1)에 따라 원래 받을 수 있는 금액보다 적게 받게 되는 경우가 생기는 것이다. 만약 사망한 배우자의 유일한 재산이 집이었다면 생존한 배우자는 자녀들에게 지분만큼 돈을 주고 계속 살거나 최악의 경우 집을 팔고 전셋집이라도 얻어야 하는 부당한 상황이 생길 수 있다. 평균수명이 연장되면서 배우자 사망 시점에 부양이 필요한 대상은 자녀보다는 생존한 배우자일 가능성도 높아진 상태다. 이 같은 문제점을 해결하기 위해 법무부는 2014년 초 "배우자는 혼인기간 동안 증가한 피상속인 재산의 50%를 다른 공동상속인보다 먼저 선취분으로 취득한다"라는 규정 도입을 골자로 한 민법 개정 시안을 마련하기도 했다. 하지만 이후 각계각층의 의견을 수렴하는 과정에서 정치적 지형 변화 등으로 동력을 잃어버린 상태다.

여러 이견이 있을 수 있지만, 취재 과정에서 만난 가족법 전문가들은 유류분 규정을 보다 현실성 있고 정교하게 다듬어야 한다는 점에서는 의견 일치를 보였다. 현재 민법에 유류분 관련 조문은 1112조부터 1118조까지 달랑 일곱 개뿐이다. 갈수록 복잡해지는 가족제도의 사회적 변화상을 반영하기에는 너무 추상적이고 헐거운 조항들이다. 법률가 사이에서는 무조건 유류분 권리를 인정해주기보다는 유가족의 생계가 곤란하다는 현실적 필요가 있으면 인정해주는 식으로 바꾸는 방안, 유류분 비율을 더 줄이는 방안, 유류분을 주장할 수 있는 특별수익의 기간을 좁히는 방안, 배우자에게 보다 많은 상속분이 돌아가도록 하는 방안 등이 현실적인 대안으로 거론되고 있다.

비법률가이지만 유류분을 둘러싼 다양한 가족들의 분쟁을 집중적으로 취재해온 기자 입장에서 한 가지 첨언하자면, 유류분 조항의 당초 입법 목적은 시대적 소명을 다한 게 아닌가 싶다. 규정 자체를 없애거나 차라리 부모 부양과 연관되도록 보완해 입법을 하는 것도 방안일 것 같다. 부모 부양에 더 애쓴 자녀, 부모를 마지막까지 모시고 산 자녀 등에게 확실하게 혜택이 돌아가도록 말이다. 지금처럼 부양에 신경 쓰지 않아도 부모 사후 자기 몫은 무조건 챙길 수 있는 체계보다, 그 편이 분쟁을 줄이고 시대적 요구에도 부합하는 방안일 것 같다.

2

혹 떼려다 혹 붙이는 유언장

유언 문화 없는 한국, 써도 탈 나는 유언장 넘쳐나

한국에서 유언장을 쓰는 일은 드물다. 대부분의 사람은 재벌가나 빌딩 몇 개 정도 가진 자산가가 유언장을 쓴다고 생각한다. 가족 간에 재산 문제를 공개적으로 얘기하기 꺼리는 문화적 배경 탓이 크다. 효 사상을 앞세운 유교 문화의 영향으로 왠지 부모 사후의 문제를 미리 거론하면서 유언장을 쓰라고 하면 불효하는 느낌이 드는 것도 사실이다. 부모 입장에서도 유언장을 쓰라는 자녀에게 "나보고 빨리 죽으라는 얘기냐"라며 섭섭함을 느끼는 경우가 많다. 내가 이렇게 멀쩡한데 왜 재산을 벌써 탐내느냐는 서운한 감정 말이다.

이로 인해 부모 사후 자녀 간 재산 분쟁을 막을 가장 강력한 안전장치 중 하나인 유언장은 한국사회에서 별 힘을 못 쓴다. 2009년부터 2016년까지 7년간 전국 법원에서 선고된 유류분 청구 소송 판결문 138건을 분석한 결과 부모가 유언장을 쓴 경우는 27건(19.6%)에 불과했다. 생전에 재산을 대부분 나눠주고 이후 아무런 유언 없이 사망하는 경우가 많다는 얘기다. 주변에 쓰는 사람이 없고 쓰는 방법도 복잡하다 보니 공들여 유언장을 작성해도 무용지물이 되는 경우가 많다.

가장 대표적인 것이 유류분을 무시한 유언장이다. 법상 공동상속인들에게는 법정상속분의 절반만큼 유류분이 인정된다. 법이 바뀌지 않는 한 어떻게 할 수 없는 문제다. 유언장을 작성할 때 더 예쁜 자식에게 더 많이 주고 싶어도 유류분만큼은 돌아가도록 최소한의 형평성은 고려해야 한다. 하지만 현실에서는 "전 재산을 ○○○에게 물려준다"라는 식의 화끈하지만 분쟁 유발 소지가 다분한 유언이 많다. 2018년 1월 초 한 대형 포털사이트 지역 모임 카페에 올라온 글이다.

> 친정아버지가 친정어머니께 10원 한 푼 안 주시고 전 재산을 아들 한 명(자녀 중 셋째)에게만 상속하기로 하고 변호사 공증 받아 끝낸 지 몇 년 됐습니다. 아버지 재산 중 부동산이 세 채 정도 있는 걸로 아는데 아버지 돌아가신 뒤 어머니나 나머지 자녀 동의 없이 매매할 수 있나요? 유류분 청구 소송은 유언장을 작성한 경우에도 낼 수 있는 것인지요?

억울하고 절박한 내용에 함께 분개하고 어떻게 처리할지 조언하는 댓글이 수십 개가 달렸다.

> 형제애 깨지지 않게 적정선에서 나눠줘야 하는데 어른들이 잘 모르시기도 하고 자식도 돈 가지고 소송하기가 싫다 보니 넘어가고 그래서 이런 일들이 생기는 것 같네요. 유류분은 유언보다 우선하니 소송 내세요.

> 저희도 이번에 겪었어요. 그 유언장이 아버님 의도와 상관없이 진

행됐거나 심신미약 상태에서 진행됐을 경우에만 유언 취소가 돼요. 그러기 힘들다면 진짜 진흙탕 개싸움을 해야죠.

글쓴이가 소송을 냈는지 확인은 되지 않았다. 하지만 십중팔구는 변호사 사무실로 갔을 것이다. 이 경우 변호사의 대답은 정해져 있다. "무조건 받을 수 있다"다. 맞다. 유류분은 내기만 하면 자기 몫만큼 확실하게 받을 수 있다.

실제 소송으로 이어진 사례를 보자. 2014년 사망한 김 모 씨는 사망하기 두 달 전 1남 2녀에게 유언장을 남겼다. 자필로 "내 모든 재산을 장남 ○○○에게 상속한다"라고 쓰고 지장을 찍었다. 이후 유언장 내용을 그대로 낭독해 녹음도 했다. 가족 모임에서 딸들에게 유언장 작성 사실과 내용을 알리기도 했다. 이후 장남에게 유언장을 넘겨주고 보관하도록 했다. 하지만 아버지 사후 딸들은 장남을 상대로 유류분 소송을 냈다. 법원은 딸들이 생전에 증여받은 금액을 제외하고 남은 유류분 176만 원가량을 지급하도록 했다. 아무리 예쁜 자식에게 전 재산을 몰아주고 싶어도 유류분이 민법에 존재하는 한 불공평한 유언은 사후 자녀 간 싸움만 부추길 뿐인 것이다. (2016년 서울동부지법)

판례 분석에서도 이 같은 흐름은 확인된다. 2016~2017년 사이 전국 법원에서 선고된 유언장 분쟁 관련 판결문 39건을 조사했다. 왜 소송을 냈는지 원인을 분석했더니 "형제자매 간 불공평하게 재

▪ 유언장 소송 왜 내나

※자료: 2016~2017년 선고된 유언장 관련 분쟁 판결문 39건 분석

원인	비율(%)
형제자매 간 불공평하게 재산이 분배됐다	38.5
치매 등 질환으로 유언자 판단력이 흐려진 상태에서 작성됐다	30.8
위조됐다	15.4
자필 유언장이 갖춰야 하는 법적 요건을 갖추지 못했다.	10.2
기타	5.1

산이 분배됐다"라는 유류분 침해 주장이 38.5%로 가장 많았다. 가족 간 재산분쟁을 막는 안전장치여야 할 유언장이 오히려 분쟁을 촉발해 안 쓰느니만 못한 결과를 내고 있는 셈이다.

한 사람에게 모든 재산을 물려주지 않아도, 자식을 한 명이라도 배제한 유언장은 의도치 않은 가족 파탄으로 이어진다. 이는 부모가 싸우지 말라고 당부했어도 마찬가지다. 밑져야 본전이란 심정으로 어떻게든 구실을 만들어 소송을 내는 게 사람 마음이다.

1남 3녀를 둔 김 모 씨는 2007년 자필로 유언장을 작성했다. 자녀들이 자신의 명의로 된 서울 소재 건물 두 채를 두고 사후에 싸울 것을 걱정했기 때문이다. "나는 요즘 몸이 자꾸 부실한 관계로 급작스러운 일이 있을 때 내 아내와 장녀에게 재산 전부를 물려준다. 그리고 자녀 간 재산 분쟁을 하지 말 것을 유언한다." 김 씨는 5년 뒤 유언 내용을 건물 한 채는 장녀, 나머지 한 채는 장남에게 물려주는 내용으로 바꿨고 이후 사망했다. 김 씨 사후 아무 재산을 물려

받지 못한 둘째, 셋째 딸은 "유언장이 위조됐다"라며 유언무효 소송을 냈다. 이 사건을 심리한 법원은 "필적 감정 결과 김 씨 자필이 맞다. 유언장은 유효하다"라고 판결했다. (2016년 서울중앙지법)

유언장이 너무 늦은 시기에 작성된다는 점도 문제다. 유언장 관련 분쟁 판결문 중 부모가 판단력이 온전하지 않은 상태에서 일부 자녀에게 이끌려 유언장을 작성했다며 소송을 낸 경우가 30.8%였다. 유언장 작성 시기는 48.7%가 사망 전 1년 이내였다. 치매·노환 때문에 자기 의사를 제대로 표현하기 힘든 상황에서 자녀에 의해 작성된 유언장이 많을 것이라고 추정되는 대목이다.

3남 2녀를 둔 이 모 씨 사연을 보자. 이 씨는 2012년 12월 장남과 함께 로펌을 방문해 경기도에 있는 1만여 제곱미터 규모의 과수

▪ 유언장 작성 시기는

*자료: 2016~2017년 선고된 유언장 관련 분쟁 판결문 39건 분석

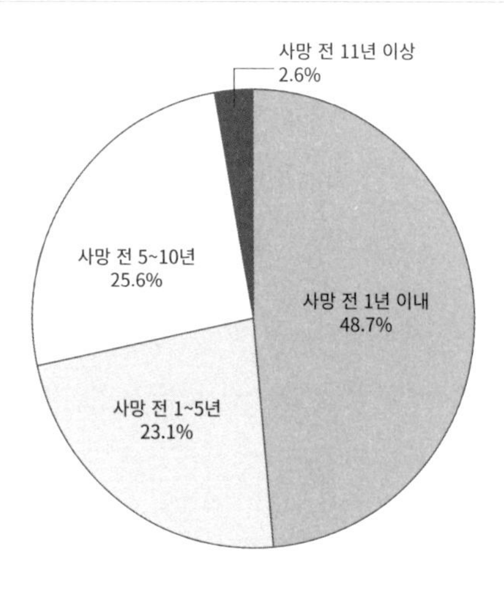

원과 임야를 장남에게 물려준다는 유언장을 작성한 뒤 공증을 받았다. 유언 내용이 알려지자 다른 자녀들은 즉시 반발했다. 이 씨가 치매로 판단력이 흐려진 상태였기 때문이다. 2014년 이 씨의 성년후견인으로 선임된 장녀는 장남을 상대로 유언무효 소송을 냈다. 장남은 "아버지의 진정한 의사가 맞다"라고 반박했다. 하지만 법원은 유언장 작성 넉 달 전 병원에 입원한 이 씨가 아내조차 못 알아볼 정도로 심한 기억장애 증세를 보인 점, 이 씨가 치매 진단을 받아 약물 치료를 받고 있었던 점, 이 씨가 2006년부터 일관되게 재산을 5남매에게 골고루 나눠주겠다는 의사를 밝혀온 점 등을 근거로 유언장을 무효로 판단했다. (2016년 서울남부지법)

도장이 빠져, 주소가 빠져… 툭하면 무효

유언장 작성방식은 다섯 가지다. 자필, 녹음, 공정, 비밀, 구수다. 이 중 가장 많이 이용되는 것은 자필이다. 비용이 들지 않고, 언제든 바꿀 수 있고, 증인 등 제3자가 필요 없어 가장 손쉽게 작성할 수 있다는 이점 때문이다.

그래서인지 제일 사고가 많이 나는 것도 자필 유언장이다. 유언장 작성 시 민법에서 규정한 형식적 요건을 제대로 따르지 않는 경우가 많기 때문이다. 법상 자필 유언은 유언 전문과 작성일자(연월일), 주소, 이름을 모두 직접 쓴 뒤 도장(지장)을 찍어야(날인) 효력이 생긴다. 이 중 하나라도 빠지면 백만금을 주겠다고 해도 휴지 조각

▪ 유언의 다섯 가지 방식

*민법 제1065~1070조 참조

종류	방식
자필증서	유언자가 전문과 연월일, 주소, 성명을 쓰고 날인
녹음	유언자가 증인이 참여한 상태에서 유언 취지, 이름과 연월일 구술
공정증서	유언자가 증인 두 명이 참여한 가운데 공증인 앞에서 유언 구술
비밀증서	유언장을 작성해 봉투에 밀봉한 뒤 두 명 이상의 증인 앞에 제출, 봉투에 제출 연월일 기재하고 유언자와 증인이 서명, 봉투에 기재된 날부터 5일 내에 공증인에게 제출해 확정일자를 확인받음
구수증서	질병 등으로 다른 유언방식을 쓸 수 없을 때 사용, 유언자가 두 명 이상의 증인에게 유언 취지를 말하고 이를 한 명이 적은 뒤 서명

▪ 어떤 방식 많이 사용했나

*자료: 2016~2017년 선고된 유언장 관련 분쟁 판결문 39건 분석

종류	비율(%)
자필증서	51.3
녹음	2.6
공정증서	43.5
비밀증서	2.6
구수증서	0

이 돼버린다. 유언장 관련 판결 분석에서도 가장 많은 51.3%가 이 방식을 사용했다. 지난 10여 년간 이 요건을 따르지 않아 무효가 된 유언장은 차고 넘친다. 유명한 사례들을 살펴보자.

1. 도장이 빠진 유언장

사회사업가 김 모 씨는 2003년 사망했다. 자녀 없이 사망한 터

라 형제와 조카 일곱 명이 공동상속인이 됐다. 조카는 2003년 11월 은행의 대여금고에서 김 씨 명의 유언장 한 장을 발견했다. 유언장에는 김 씨 자필로 "본인 유고 시 본인 명의의 모든 부동산 및 금전신탁 및 예금 전부를 교육기관인 ○○대학교에 한국사회발전기금으로 기부하나이다"라는 내용이 날짜, 주소, 주민번호와 함께 적혀 있었다. 유언대로라면 123억 원에 달하는 은행예금을 포함해, 총 500억 원가량의 돈을 전부 기부해야 했다. 이에 유족들은 "날인이 돼 있지 않아 유언으로서 효력이 없다"라며 소송을 냈다.

법원은 유족 측 손을 들어줬다. 자필을 제외한 녹음, 공정, 비밀, 구수 방식의 유언은 유언 과정에 증인 또는 공증인 등 제3자가 참여한다. 하지만 자필 유언은 제3자가 필요하지 않다. 그런 만큼 위조나 변조의 위험이 크고 진의 확인도 어려워 법이 정한 형식 요건을 더 엄격히 따져야 한다는 것이다. ○○대학교 측은 이미 자필로 진의가 충분히 확인됐는데 날인이 빠졌다고 유언장을 무효로 하는 것은 지나치다고 주장했다. 하지만 받아들여지지 않았다. 김 씨가 ○○대학교에 장학금으로 각 120만 원씩 두 차례 기부한 것을 제외하고는 특별한 교류가 없었던 점, 은행에서 자필증서의 유언은 날인해야 성립한다는 내용의 자료를 사전에 교부한 점, 유언 요건 중 유독 날인만 누락된 유언장을 유지했던 점 등에 비춰보면 정말 확정적으로 유산을 전부 기부한다고 생각했다고 보기 어렵다는 근거에서다. 1심의 이 같은 판단은 김 씨 사망 후 3년 뒤인 2006

년 9월 대법원에서 확정됐다. (대법원 2006다25103) 그러자 ○○대학교 측은 헌법재판소에 호소했다. "자필로 유언장 전문과 이름을 전부 썼다면 유언자의 진위를 충분히 확보할 수 있는데 중복적으로 날인까지 요구하는 것은 위헌적"이라는 근거를 내세웠다. 하지만 헌법재판소도 2008년 3월 합헌 결정을 내렸다. 헌재는 도장을 찍는다는 행위가 유언장에 담긴 내용이 초안에 불과한 것이 아니라 확정적인 유언임을 보장하는 의미를 가진다는 데에 방점을 뒀다. 결정문을 보자.

> 동양문화권인 우리나라에는 법률행위에 있어서 인장을 사용하는 오랜 법의식 내지 관행이 존재하는 바, 사문서에 있어서 인장은 … (중략) … 의사의 최종성을 표현하고 문서의 완결을 담보하는 수단으로 관행적으로 사용돼왔다. … (중략) … 또 자필증서에 의한 유언은 인장에 의한 것뿐만 아니라 무인(지장)에 의한 것도 포함된다는 것이 판례의 취지이므로 유언자로서는 무인을 통해 인장을 쉽게 대체할 수 있다. 따라서 이 사건 법률 조항이 유언자가 접근할 수 없는 불가능한 방식을 요구하는 것이라고도 할 수 없다. (헌법재판소 2006헌바82)

요약하자면 도장을 찍거나 지장을 찍지 않은 유언장은 최종단계가 아닌 유언장이라 효력을 인정할 수 없단 의미다. 말 그대로 유언장은 도장을 찍어야 완성된다는 게 현 시점에서 사법부의 확고

한 판단 기준으로 볼 수 있다.

2. 날짜가 빠진 유언장

정 모 씨는 2007년 사망하면서 아들 중 한 명에게 부동산을 주는 유언장을 남겼다. 유언 내용이 담긴 종이와 인감증명서로 구성돼 있는 유언장은 일견 완벽해 보였다. 자필로 쓰고 도장까지 찍혀 있었다. 문제는 아래와 같은 문구였다. "유언서 2002. 12月. 정○○." 날짜가 빠져 있던 것이다. 법원의 판단은 어땠을까.

역시 무효였다. 도장이 빠진 것과 마찬가지로 이 또한 최종적 의사로 보기 힘들다는 점이 무효의 주된 논리였다. 자필 유언장에 쓰는 연월일은 작성한 날을 특정해 유언 능력의 유무를 판단하게 해주는 중요한 기준일이 된다. 만약 2002년 12월 1일에 작성한 유언장과 같은 해 12월 31일에 작성한 유언장이 있다면 31일에 작성한 유언장의 효력을 인정해야 하는데, 날짜가 빠지면 이를 판단할 수 없으니 유언장 효력 자체가 무효가 된다고 본 것이다. (대법원 2009다9768)

3. 번지수가 빠진 유언장

배 모 씨는 2005년 유언장을 작성했다. "본인은 모든 재산(강남구 집 등)을 아들에게 물려준다. 사후 자녀 간에 불협화음을 없애기 위해 이것을 남긴다"라는 내용이었다. 자필로 전문을 쓴 배 씨는 유언장 끝에 작성일자와 주민등록번호, 이름을 적은 뒤 주소에 해당하는 부분에 “암사동에서”라고 기재했다. 자신의 사후 벌어질 자녀 간 재산 분쟁을 예방하기 위한 차원이었다. 하지만 배 씨의 바람은 이뤄지지 않았다. 2008년 배 씨가 숨지자 아버지가 다른 딸 김 모 씨가 “어머니의 유언장은 정확한 주소가 빠졌으니 무효”라고 주장하고 나섰기 때문이다. 김 씨는 배 씨 소유였던 서울 강남구 소재 4억 원 상당의 부동산 지분 절반의 소유권을 본인 명의로 이전등기했다. 이에 아들은 “적법한 유언장이 있으니 지분을 돌려달라”라며 소송을 냈다.

1심은 “자필 유언장의 경우 유언자가 전문과 연월일, 주소, 성명을 모두 직접 쓰고 날인해야 효력이 생기는데 ‘암사동에서’라는 기재는 주소로 볼 수가 없다”라며 효력을 인정하지 않았다. 하지만 항소심은 이를 뒤집었다. 이미 주민등록번호를 기재했기 때문에 인적 동일성을 확인하는 데 장애가 없는 점, 주된 생활 근거지가 실제 암사동 소재 빌라였던 점 등을 종합하면 주소로 인정할 수 있다는 취지였다.

대법원은 이 유언장이 작성된 지 9년만인 2014년 9월 사건을 다시 뒤집고 무효로 판정했다. 유언장에 쓰는 주소는 반드시 주민등록법에 의해 등록된 곳일 필요는 없으나 적어도 생활의 근거가 되는 곳으로서 다른 장소와 구별되는 정도의 표시를 갖춰야 한다는 대법원 기존 판례 취지에 따른 것이다. 즉, ‘암사동에서’라는 기재만으로 다른 주소와 구별되는 생활의 근거지를 알 수 없기 때문

에 번지 등 구체적 주소가 없으면 유언장의 효력을 인정할 수 없다는 것이다. (대법원 2012다71688)

4. 봉투에 주소를 적은 유언장

재력가 박 모 씨는 2008년 자필로 유언장을 작성했다. "서울 소재 ○○아파트 XXX호는 차녀에게 물려준다. 은행에 예치돼 있는 총 150억 원의 금융자산 중 50억 원은 장학재단에 기부한다. 기부금액을 제외한 나머지 금융자산은 세 명의 딸에게 균등 분배한다"라는 내용이었다. 장남 등 나머지 자녀 세 명에 대한 얘기는 없었다. 박 씨는 이 유언장에 날짜와 성명을 적은 다음 도장을 찍었다. 3년 뒤 박 씨 사망 후 유언장이 공개됐다. 장남 등 재산을 물려받지 못한 자녀들은 "자필 유언장의 요건을 제대로 갖추지 못했다"라며 차녀 등을 상대로 유언무효 소송을 냈다. 유언장에 자신이 살고 있는 주소를 별도로 기재하지 않고 물려주는 재산 중 하나로서 자신이 살고 있는 '○○아파트 XXX호'를 적었다는 이유에서다.

1심 재판부는 유언장이 유효하다고 봤다. 주소를 적는 이유는 작성자가 누구인지 구분하기 위한 것인데 해당 주소가 기재돼 있으므로 목적을 달성했다는 취지였다. 하지만 항소심 법원은 원심을 뒤집었다. 유언장에 주소가 있다고 해도 자기가 사는 지역을 밝히기 위한 목적으로 기재된 게 아니므로 박 씨가 자신의 주소를 적었다고 보기 어렵다는 이유였다.

대법원도 항소심의 판단을 받아들였다. 대법원 1부는 "법적 요건을 갖추지 못한 유언장은 그것이 유언자의 진정한 의사와 일치하더라도 무효"라며, "직접 쓴 주소가 존재하지 않는다고 본 원심의 판단은 정당하다"라고 말했다. 이 확정판결로 박 씨의 자녀들은 상속재산을 똑같이 나눠 가지게 됐다. (대법원 2014다234766)

유언장에 적혔다고 모두 다 따라야 하는 건 아니다

유언장에 적힌 모든 내용이 다 유효한 것은 아니다. 유언장에는 "형제자매끼리 싸우지 마라", "고향에 묻어달라" 등 재산분배 사항 외에 자신의 매장 장소나 후손에 대한 당부사항 등 다양한 내용이 담긴다. 하지만 거기에 모두 법률적인 의무가 부과되는 건 아니다.

여기 슬하에 두 자녀를 둔 조 모 씨가 있다. 그는 2011년 가족과 함께 살던 집을 나왔다. 수년 전부터 연인관계를 유지한 박 씨와 함께 살기 위해서였다. 가출 후 이혼하려 했지만 아내는 거부했다. 결혼생활에 잘못이 있는 배우자의 이혼 청구는 받아들이지 않는다는 유책주의 판례로 인해 조 씨가 이혼을 청구할 수도 없었다. 결국 법률상 부부관계는 유지한 채 시간이 흘렀다. 5년 후 조 씨는 암에 걸린 사실을 알게 됐다. 살날이 얼마 남지 않았음을 직감한 조 씨는 유언장을 작성했다.

내가 죽으면 장기와 신체조직을 최대한 기증한 뒤 화장을 해달라.

회사에서 지급되는 퇴직금 및 직장인 단체보험 사망위로금 등 제반 금액에 대한 수령권한을 모두 큰누님에게 준다. 큰누님은 실질적인 나의 아내 박 씨를 끝까지 보살펴줄 것을 당부한다. 내 소유 주택이 이미 처분되지 않았다면 경매처분하고, 연금은 법이 규정한 대로 처리할 수밖에 없다. 평안하게 가고 싶으니 내가 사망하더라도 처와 자녀들에게 절대 알리지 말고 장례식장 출입을 금하여달라.

유언장 작성 후 조 씨는 한 달이 채 지나지 않아 사망했다. 큰누나와 박 씨는 유언을 받아들여 장례를 치른 뒤 유체를 화장했다. 하지만 끝이 아니었다. 뒤늦게 남편의 사망 사실을 알게 된 아내와 자녀들이 "권한도 없이 불법적으로 유체를 처분했다"라며 큰누나 등을 상대로 총 4,000만 원을 배상하라는 소송을 낸 것이다. 재판 과정에서 쟁점은 큰누나가 유언을 따라 한 행위가 불법인지 여부였다. 원고인 아내 측은 "유체에 대한 권리가 없는 사람이 가족 몰래 마음대로 처리했다"라고 주장했고, 피고인인 큰누나 측은 "본인 뜻을 따랐는데 왜 불법이냐"라고 반박했다.

이 사건을 심리한 법원은 "불법행위에 따른 책임이 인정되므로 피고에게 총 200만 원을 지급하라"라며 원고 일부 승소 판결했다. 비록 유언을 따랐다 해도 사망 후 남은 유체에 대한 매장·관리·처분 권한을 가진 제사 주재자에게 조 씨 사망 사실을 알리지 않고 임의로 화장한 것은 불법행위라는 이유에서다. (2016년 서울서부지법)

법원의 이 같은 판단은 2008년 대법원 전원합의체 판례에 따른 것이다. 당시 대법원은 아버지가 사망한 직후 둘째 부인 쪽 자녀들이 아버지 유언대로 유체를 공원묘지에 모시자 첫째 부인 쪽 장남이 낸 유체인도 소송에서 원고 승소 판결했다. 다수의견은 공동상속인들 사이에 협의가 이뤄지지 않을 경우 장남을, 장남이 없으면 장녀를 제사 주재자로 봐야 하는 점, 자신의 매장지를 지정하는 유언 내용에 무조건 따라야 할 의무는 없는 점 등을 근거로 들었다. 유언으로 자신의 매장 장소를 지정했다면 선량한 사회풍속에 반하지 않는 한 제사 주재자가 그 의사에 따르는 게 맞다. 하지만 그건 어디까지나 도의적인 차원에서 그렇게 하는 게 좋다는 것이지 반드시 그렇게 해야 하는 법률적 의무가 생기는 것은 아니라는 취지다. (대법원 2007다27670)

그렇다면 유언장의 어떤 내용이 법률적 효력을 지닐까. 민법 조항 관련 규정에 나오는 내용들만 추려보면 유언에 의한 증여, 유언집행자 지정, 상속재산분할 방법의 지정 등이다. 이 밖에 유언자가 남기는 내용은 권고사항이라 보면 된다.

유언장 쓰기 실전 가이드

살면서 한 번도 유언장을 써본 적 없던 나도 2017년 유언장을 작성했다. 여러 가족 관련 분쟁 사항을 취재하면서 유언장의 필요성을 절감했기 때문이다. 분쟁을 겪는 가족 중에는 수백억 원대 자산가도 있었지만, 대부분은 평생을 아끼고 모아 산 집 한 채에 땅 조금, 예금 얼마 정도를 상속재산으로 남기고 간 중산층이었다. 조금만 더 신경 써서 유언장을 썼으면 후손들의 분쟁을 막았을 것이란 아쉬움이 드는 경우가 많다. 그래서 법률가들의 도움을 받아 유언장을 직접 써보기로 했다.

일단 하얀 A4용지 맨 위에 '유언장' 세 글자를 적고 나니 왠지 경건해졌다. 뭐부터 써야 할까? 법조문을 찾아봤다. 자필 유언과 관련된 민법 조항은 간단하다. "유언자가 그 전문과 연월일, 주소, 성명을 자서하고 날인해야 한다"다. 일단 유언장 작성날짜를 적었다. 이제 전문을 쓸 단계다. 물려줄 재산이 뭐가 있는지 떠올려봤다. 가장 큰 것은 역시 대출을 끼고 산 집이었다. 함께 일군 재산인 만큼 집을 아내에게 상속한다고 썼다. 집 안 물건 중 책은 장남과 차남에게 물려주고 싶었다. 은행 예금은 두 아들에게 동등하게 나눠주고 성인이 되기 전까지는 아내가 관리하도록 했다. 만약의 상황에 대비해 부모님을 잘 모셔달라는 말까지 쓴 다음 현재 거주하고 있는 곳 주소를 끝까지 정확히 기재했다. 마지막 장엔 이름을 쓰고 지장을 찍었다.

가족법 전문 변호사들에게 완성한 유언장를 검토해달라 의뢰했다. 나름 잘 썼다고 자신했지만 전문가 시각에서는 분쟁의 소지가 많았다. 우선 두루뭉술하게 표현한 부분에 대해 지적이 들어왔다.

> '은행 예금 등 현금성 자산'이라고 적었는데 어느 은행 예금인지 구별이 안 될 수 있다. 현금성 자산이라고만 쓰면 어디까지인지 범위를 놓고 다툼이 생길 수도 있다. 분쟁을 막기 위한 목적에 충실하려면 어느 은행, 어느 계좌 수준으로 명확히 적어야 한다. 집도 한 채만 있으면 상관없는데 여러 채가 있다면 주소까지 적어서 정확하게 정하는 게 좋다.

유류분을 고려하지 않은 점도 상황에 따라 문제가 될 수 있다고 지적됐다.

> 제일 큰 재산인 아파트를 배우자에게만 상속한 것은 유류분 소송의 빌미가 될 수도 있다. 자녀들에게 분배되는 나머지 재산이 전체 재산에서 법정상속분의 절반 이상인지를 따져보는 것도 분쟁 방지를 위해선 필요하다.

마지막에 지장을 찍은 부분에 대해서는 문제가 없다고 봤다. 지장도 대법원 판례상 도장으로 인정되기 때문이다. 도장을 찍는다면 굳이 인감도장일 필요는 없다. 다만 도장 대신 사인만 했다면 논란의 소지가 있다. 또 작성 당시에는 태어나지 않은 둘째 아들도 상속권이 인정되므로 유언장에 포함해도 무방하다고 했다.

작성한 유언장은 어떻게 보관해야 할까. 특별한 보관 방법은 정해져 있지 않다. 그래도 사후 제대로 역할을 하려면 보관자를 정하여 보관하는 게 좋다. 보관자는 상속인 중 한 명도 상관없고 친구나 지인, 친척 등도 제한이 없다. 대체로 배우자나 믿을 만한 지인에게 맡기는 경우가 많다고 한다.

유의해야 할 사항을 몇 가지 더 적어보면, 자필 유언장은 말 그대로 자기가 직접 써야 한다. 타인이 대필하거나, 컴퓨터 등을 이용해 출력하면 무효다. 이는 작성 연월일, 주소, 성명까지 모두 마찬가지다. 작성한 유언장에 새로운 문구를 넣거나 삭제·변경할 때에는 유언자가 이를 직접 쓰고 날인해야 한다.

적어놓고 보니 간단치 않은 일이고 신경 쓸 게 많긴 하다. 하지만 잘못 쓴 유언장 때문에 자녀들이 겪을 혹시나 모를 분쟁을 미연에 방지하기 위해서 이 정도 수고는 필요하지 않을까? 관련 내용 취재 과정에서 만난 전문가들은 하나같이 유언장을 제대로 쓰는 것이 가족분쟁을 줄이는 가장 현실적이고 확실한 대책이라고 말했다.

3

가족 소송계의 끝판왕, 부양료 소송

"아버지를 아버지라 부르는 사람은 없어요. 대부분 ○○ 씨라며 이름을 부르지. 그래도 그 정도면 다행이게요. 한쪽에서 개XX라 쌍욕을 시작하고 저쪽에서 십XX라 반박하면 순식간에 법정이 난장판이 된다니까요. 부양료 소송은 수십 년간 가족이라는 이름으로 억눌러왔던 갈등이 폭발하는 소송이에요. 그야말로 가족 소송계의 끝판왕인 셈이죠. 뭐랄까. 보고 있자면 정말 서글퍼져요."

2014년 봄 서울 서초동의 한 식당. 친분이 두터운 한 변호사와 이런저런 세상 돌아가는 얘기에 열을 올리던 참이었다. 형사사건이 어떻고 구속영장이 어떻고 온갖 법조계 화제들이 술잔과 함께 삼겹살이 지글지글 타는 불판 위를 바쁘게 오고 갔다. 자정까지 이어진 술자리가 마무리될 무렵 그가 지나가는 말로 부양료 소송 얘기를 꺼냈다. 예전엔 찾아보기 힘들었던, 부모가 자녀를 상대로 "날 부양하라"라며 내는 소송이 크게 늘었다는 얘기였다. 또 여타 가족 간 소송과 비교되지 않을 정도로 격렬하고 수위가 세다는 말도 덧붙였다. 쌓인 술병 수만큼 혼미해졌던 정신이 갑자기 명료해졌다. 다른 모든 얘기를 다 잊어먹어도 이것만은 무슨 일이 있어도 기억하고 싶었다. 사력을 다해 휴대전화 메모장을 열고 '부양료' 세 글자를 적어뒀다. 숙취가 채 가시지 않은 이튿날 아침. 감기는 눈을 억지로 부여잡고 대략 해야 할 일들을 서둘러 마무리한 나는 그날부터 부양료 심판을 취재하기 시작했다.

본론에 앞서 부양료 심판청구란 용어가 낯선 분들을 위해 설명을 하자면, 이 소송 절차는 부양받을 권리가 있는 이가 부양할 의무가 있는 이에게 부양료를 달라며 내는 소송이다. 민법 974조는 부양 의무가 있는 친족을 ① 배우자와 직계혈족, ② 생계를 같이하는 기타 친족으로 정했다. 1958년 민법 제정 당시부터 존재한 오래된 조항이지만 실제 재판에서는 거의 활용되지 않아 사문화된 상태였다. 장남의 부모 봉양이 당연했던 사회 분위기에 따른 것이었다. 우리 사회가 어떤 사회인가. 예로부터 동방예의지국이라 불려온 나라다. 어린 자식이 늙은 어머니의 음식을 빼앗아 먹자, 어머니를 잘 모시지 못할까 봐 자식을 땅에 묻으려 했다는 손순의 일화(『삼국유사』, 제9효선편, 손순매아)가 교과서에 효행 미담으로 소개되기도 했던 사회다. 지금 그 같은 일이 일어나면 아동학대로 대서특필될 일이지만 말이다. 이런 사회다 보니 자녀가 부모 부양을 거부하고 사회적 몰매를 감수하는 일은 웬만해서는 일어나지 않았다. 부모로서도 혹여 자식이 자신의 의무를 모른 체해도 '교육을 잘못한 내 탓'이라며 속으로만 삭였지, 대놓고 부양 의무를 이행하라며 소송을 낼 생각까지는 차마 하지 못했다.

하지만 1990년대에 들어서면서 점점 분위기가 달라졌다. 부모가 자녀에게 전폭적인 투자를 하고 성인이 된 자녀는 물려받은 재산으로 돈을 벌어 부모의 여생을 책임지는 효(孝) 기반의 사적(私的) 복지체계가 점점 기능을 잃어갔기 때문이다. 무엇보다 핵가족으로 가족 형태가 재편된 영향이 컸다. 함께 사는 형제들이 부양 부담을 나눠서 지면 됐던 대가족 제도와 달리 핵가족 제도에서는 가족 내 여유 인력이 충분치 않았다. 70세 안팎이었던 평균수명이 80세까지 늘면서 부양기간이 장기화된 점도 우리 사회의 효자, 효녀를 희귀한 존재로 만드는 데 한몫했다. 관련 기사를 보자.

> 생활능력이 없는 부모가 자식을 상대로 부양료를 청구하는 소송이 잇따르고 있다. 10일 서울 가정법원에 따르면 김 모 씨(69세·여)는 지난해 11월 생활능력이 없는 자신을 돌보지 않는다며 외아들인 박 모 씨(51세)를 상대로 "부양료 3,000만 원을 지급하라"며 부양료 청구 소송을 냈다.
>
> 김 씨는 소장에서 "6.25 때 남편과 생이별한 후 오직 자식 하나만을 믿고 살았는데 아들이 지난 1976년 결혼한 뒤 며느리와 함께 자신을 학대해 1984년 집을 나와 식모살이 등으로 연명해왔다"면서 "20세대 규모의 다세대 주택을 신축해 월세를 받고 풍족한 생활을 하는 아들이 병에 걸린 채 떠돌이 생활을 하고 있는 생모에게 치료비와 생계비를 지급해야 한다"고 주장했다.
>
> 또 지난해 12월 7일에는 이 모 씨(81세·여)가 "30년 전 집을 나와 독신인 딸과 함께 살고 있는데도 아들이 전혀 부양료를 주지 않고 있다"면서 아들을 상대로 "6,700만 원의 부양료와 매월 생활비 30만 원씩을 지급하라"는 부양료 청구 소송을 역시 서울가정법원에 냈다._1994년 1월 10일,

《연합뉴스》, "老母들, 자식 상대 부양료 청구 소송 잇따라" 기사 중

이와 반대로 자녀가 부모에게 소송을 낸 사례도 기사화됐다.

…(전략)…그러나 동서양을 막론하고 이런 효도는 점점 찾아보기 어렵게 되고 있다. 가족윤리와 효도에 관해 그래도 아직은 모범이라는 자부심을 갖고 있는 우리나라에서도 최근 잇따라 '효도 실종'의 경종을 울리는 사건이 일어나고 있다. 얼마 전 부모를 살해한 끔찍한 패륜의 충격이 채 가시기도 전에 이번에는 딸이 노부모를 부양한 대가를 청구하는 소송을 냈다가 패소한 희한한 일이 세상에 알려졌다. 부모가 맡긴 돈 2,000여만 원을 써버린 이 딸은 돈을 돌려달라는 부모의 요구에 37개월간 부양한 데 든 5,600만 원을 내라고 부모를 고소했다는 것이다. 부양비의 근거로 한 끼 6,000원씩의 식비, 파출부 고용비 하루 1만 5,000원, 우유·간식비 등의 목록까지 만들어 재판부에 제출했다는 것이다. 그러나 법원은 "부모 부양비는 누구에 대해서도 청구할 수 없다"고 판결했다.
부양비를 내라고 부모를 고소하는 이런 사건을 보면 세월이 갈수록 부모·자식 사이가 서로 영수증을 주고받는 거래·계약 관계처럼 되지 않을까 하는 서글픈 생각이 든다. 《중앙일보》 유승삼 칼럼이 노후 부양을 보장받기 위해 자식들에게 교육비 등을 주면서 '차용증'을 받아 두자는 아이디어를 소개한 것이 새삼 실감이 간다. 차용증까지지는 아

니더라도 요즘 부모들은 죽을 때까지 일정한 재산을 갖고 있어야 한다는 확신을 점점 굳히는 경향이다. 재산을 다 물려주고 돈이 없으면 자식들이 거들떠보지도 않는다는 것이다. 어떤 사람은 늘그막에 재산을 다 물려주면서도 큼직한 황금식기 한 벌은 끝내 자기들이 갖고 있었다고 한다. 딸·며느리들이 수시로 찾아와 문안을 드리고 효성을 보였는데 실은 황금식기를 보고 들락거린 게 아니냐는 것이었다. 그러나 그 황금그릇이 실은 도금한 가짜였다는 얘기다. 그러니까 세상의 늙은 부모들은 자식들의 효성을 죽을 때까지 보장해줄 황금그릇 같은 것을 누구나 준비할 필요가 있는 셈이다._1994년 6월 16일, 《중앙일보》 2면, "효도 보장장치" 칼럼 중

이 같은 시대적 흐름에 결정타를 날린 것은 1990년대 말 찾아온 IMF 외환위기였다. 사회 안전망이 제대로 갖춰지지 않은 상태에서 폭탄처럼 터진 외환위기는 수많은 가정을 출구가 보이지 않는 가난의 구렁텅이로 몰아넣었다. 실직한 가장들은 어떻게든 위기를 헤쳐나가야 했고 이를 감당키 어려웠던 일부는 부모 부양을 포기했다. 이 같은 변화는 부모 부양에 대한 사람들의 인식도 점차 바꿔나갔다. 열 일 제쳐두고 부모 부양을 우선하는 사람은 줄어갔다. 대신 할 수 있는 만큼만 하자는 인식이 자리 잡았다. 다음 기사를 보자.

…(전략)… 우리나라 대부분의 자녀는 문 과장처럼 효의 중요성을 인식하지만 제대로 실천하지 못하는 것으로 조사됐다. 《중앙일보》와 경기문화재단이 여론조사전문기관 ANR에 의뢰해 최근 서울과 경기 지역 남녀 1,000명을 대상으로 의식조사를 한 결과다. 이에 따르면 '부모 부양은 자식의 책임이자 의무라는 데 동의하느냐'는 질문에 86%가 '그렇다'고 답했다.

'효도를 해야만 집안이 잘된다'라거나 '가족의 결속을 강화한다'는 데 대해서는 각각 80%와 85%가 동의했다. 응답자 가운데 51%는 '부모가 배우자보다 더 중요하다'고 답했다. 이렇게 효의 가치를 매우 높게 평가하면서도 응답자들은 현실적인 이유로 부모를 제대로 공경하지 못하고 있었다.

'집안에 일이 있을 때만 부모를 방문한다'는 사람이 39%로 가장 많았고, 두세 달 만에 한 번씩 간다는 경우가 22%였다. 부모 집에서 머무는 시간은 하루 정도(35%)가 가장 많았다. 이들이 자주 못 가는 이유로 가장 많이 든 것은 '본인이나 배우자의 직장 일로 시간이 없다(45%)'였다. '거리가 멀다'와 '경제적인 여건이 안 된다', '정성이 부족하다'는 등의 이유도 제시됐다._2005년 2월 11일, 《중앙일보》 1면, "효도 마음은 굴뚝같은데 손발이 안 따라주네" 기사 중

이 같은 변화를 뒷받침하듯 부모 부양에 대한 견해를 묻는 통계청 설문조사에서 스스로 해결해야 한다는 답변은 갈수록 늘고 있

다. 2002년 9.6%에서 2016년 18.6%로 배 가까이 늘었다. 가족이 해결해야 한다는 답변은 2002년 70.7%로 과반을 넘었지만 2016년에는 30.8%로 줄었다. 가족 내부에서는 누가 부양해야 하냐를 따져보면 장남의 비율은 줄었고, 모든 자녀가 같이 돌봐야 한다는 비율은 늘었다.

이는 지난 수백 년간 우리나라 사람들 마음 깊은 곳에 자리 잡았던 부모 자식 간 양육과 부양의 선순환적 교환 관행이 더 이상 잘 작동하지 않는다는 것을 의미한다. 이런 사회적 변화가 가장 당황스러운 것은 한국의 산업화를 일궈낸 세대다. 6.25전쟁을 거쳐 어렵게 살아남은 이들은 위로는 부모를 부양하고 아래로는 자녀를 나보다 나은 삶을 살게 하겠다는 일념으로 허리가 휘어지도록 교육시킨 세대다. 하지만 막상 그들이 부양을 받을 때가 되니 자녀가 부모를 부양하는 게 의무가 아닌, 선택사항인 시대가 도래했다. 결

▪ 부모 부양에 대한 견해 어떻게 변했나

*자료: 통계청, 2016년 사회조사

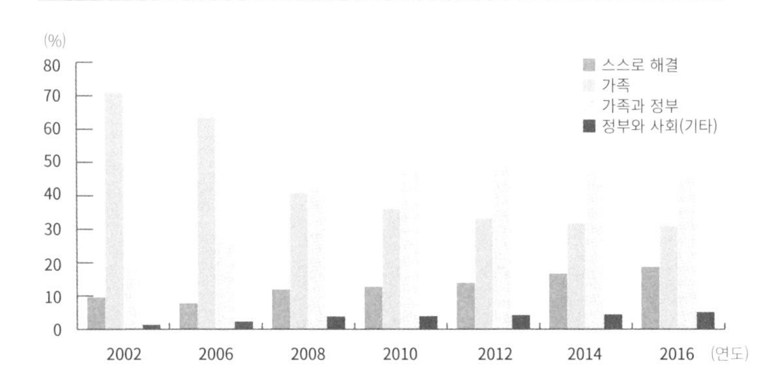

■ 가족 중 누가 부모를 부양해야 하나

*자료: 통계청, 2016년 사회조사

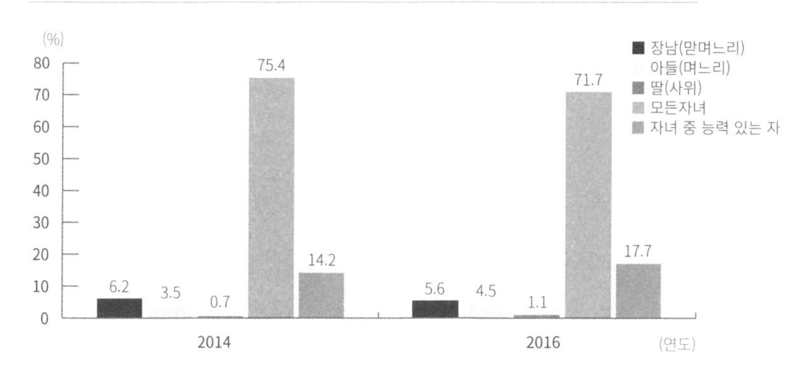

■ 현재 가족 중 누가 부모와 동거하나(2016년)

*자료: 통계청, 2016년 사회조사

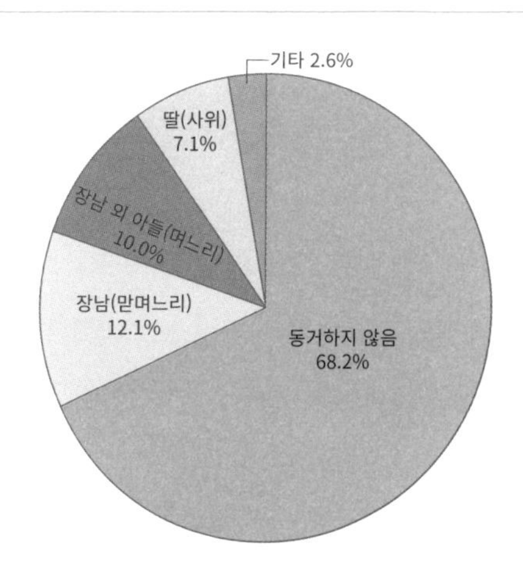

국 자식에게 모두 퍼주느라 대책 없이 늙어버린 부모 세대는 '같이 못 살겠으면 돈이라도 내라'라며그간 잘 활용하지 않은 법 조항 하나를 찾아내 실력행사에 나서게 됐다. 1990년대만 해도 언론에서

굉장히 이례적인 소송으로 취급됐던 부양료 소송은 2000년대 들어서는 심심찮게 제기되는 소송으로 기사 가치가 달라졌다.

> 부양 의무를 소홀히 하는 자식을 상대로 부양료 청구 소송을 제기하는 부모들이 늘고 있다. 7일 서울가정법원에 따르면 지난 한 해 부양료 청구 소송은 14건에 불과했으나, 올해의 경우 지난 1~5월 사이 벌써 18건의 소송이 진행 중이다. 법원 관계자는 "전국 규모를 감안하면 소송 건수는 이보다 훨씬 늘어날 것"이라며 "부모·자식 간은 천륜이라는데 부양 의무마저 법원에서 구해야 하는 현실이 참으로 안타깝다"고 토로했다._2004년 6월 7일, 《문화일보》, "'날 부양해' 자식 상대 소송 급증" 기사 중

77세 부모가 50세 자녀를 상대로 내는 노-노(老-老) 소송

한 해 법원에 제기되는 부양료 심판청구는 대략 200~300건 안팎이다. 대법원 집계에 따르면 2002년 68건이었던 이 숫자는 2016년 270건으로 늘었다. 부양료 심판만 세어서 그렇지 부모가 불효자식을 상대로 증여한 재산을 돌려달라며 내는 소유권이전등기말소 청구, 부당이득금 반환 청구, 증여계약 해제 등 관련 소송까지 합치면 그 숫자는 훨씬 늘어날 것이다.

도대체 어떤 부모와 자녀가 소송을 내고 당하는지 확인하기 위해 2007년부터 10년간 전국 법원에서 실제 선고된 부양료 심판 결

정문 269건을 분석했다. 이 중 부부간에 제기된 부양료 소송을 제외하고 부모 자식 간 부양료 소송 결정문 176건을 따로 추려냈다.

총 183명의 원고 중 아버지는 44.3%, 어머니는 43.7%였다. 아들이나 딸이 원고에 포함된 경우도 7.1%였다. 반면 소송을 당한 피고 중에선 아들이 48.9%로 절반 가까이 차지했다. 대부분 장남이다. 딸은 38.8%였다. 원고의 평균 나이는 76.9세, 피고는 50.6세였다.

소송을 낸 부모의 평균 월수입은 34만여 원이었다. 직업이 없는 경우가 94.9%로 대부분 국가에서 나오는 연금 수입에 의존하는 상태였다. 직업이 있어도 경비나 고물 수집, 국밥집이나 노점상 운영 등으로 벌이가 충분치 않았다. 청구액 평균은 월 150만 원이었지만 법원에서 인정된 부양료 액수는 47만 원이었다.

▪ 늘어나는 부양료 청구 사례

*자료: 대법원 사법연감

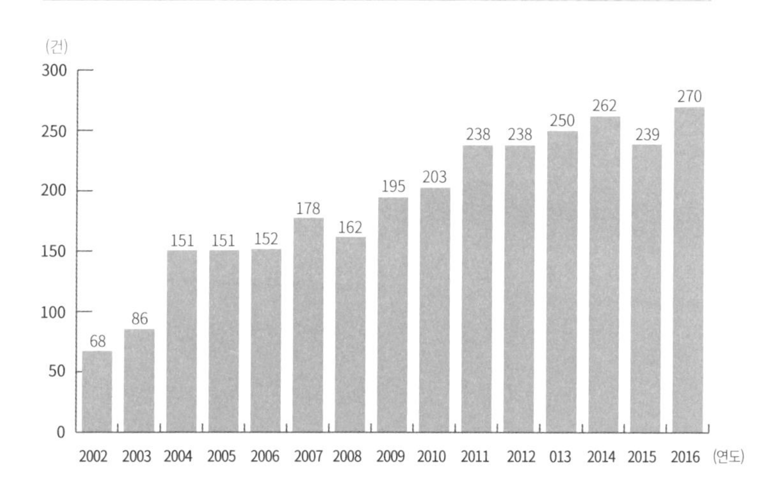

▪ 부양료 소송 누가 누구를 상대로 냈나

※자료: 2007~2016년 전국 법원 부양료 심판 결정문 176건 분석

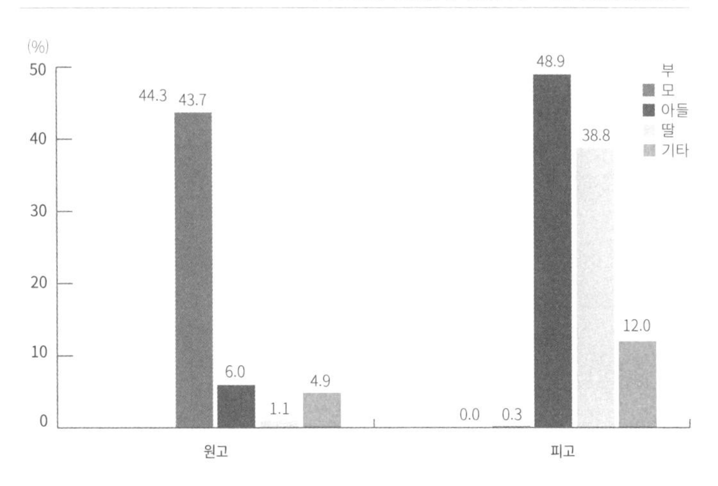

분석결과를 종합해보면 부양료 소송은 70대 부모가 50대 자녀를 상대로 내는 노-노 소송인 셈이다. 80대 후반인 아버지 손 모 씨가 60대 중반인 장남을 상대로 소송을 낸 사례는 전형적인 예다. 2남 2녀를 둔 아버지 손 씨는 공무원으로 일하며 가족들을 부양했다. 장남이 결혼할 때 집을 사주었고 사업을 할 때는 자금을 보태주거나 빚을 대신 갚아주는 등 지속적으로 지원한 전형적인 한국의 아버지였다. 하지만 2000년대 들어 건강이 나빠졌고 뇌경색과 뇌출혈 등의 증세로 입원하면서 사달이 났다. 연금만으로 생활비와 치료비 충당이 어려웠기 때문이다. 매달 30만 원씩 보내주던 아들에게 더 달라고 요구했지만 들어주지 않자 결국 법정행을 택했다. 그러나 아들이라고 사정이 좋은 게 아니었다. 이미 직장에서 은퇴

해 정기적인 소득이 없었기 때문이다. 사는 거야 아내 명의의 아파트에 거주한다 해도, 자녀들이 보내주는 생활비가 유일한 수입인 터라 아들도 생활이 막막하기는 마찬가지였다.

어떻게 결론이 났을까. 재판부는 "아들이 아버지에게 월 60만원씩 지급하라"라고 판결했다. 아들이 비록 자기 명의의 재산과 뚜렷한 수입원이 없더라도 가족들이 경제력이 있고, 이전에 아버지에게 상당한 경제적 도움을 받은 점 등을 감안한 결과였다.(2012년 서울가정)

장담컨대 대한민국의 수많은 소송 중 부양료 소송은 원피고의 평균 나이가 가장 높은 소송일 것이다. 가족은 핵가족으로 변했고 평균수명은 80세로 크게 늘었는데 노인부양을 포함한 복지정책은 여전히 대가족 제도, 평균수명 60세 시대의 틀에 맞춰져 있던 탓에 벌어진 씁쓸한 결과다. 자신은 당연히 부모를 부양해야 한다고 생각해 모시고 살면서 자기 자녀들에게는 "고생은 나로 족하다. 너희들은 공부만 잘해라"라며 열심히 키워왔던 세대가 인생 말년에 맞닥뜨린 슬픈 현실이기도 하다. 이런 소송이 대한민국에서 급속도로 늘어나고 있다. "우리 세대는 부모를 공양하고 모셨고, 또 자식들을 부양하는 세대다. 하지만 정작 자신들은 자식들한테 부양을 못 받는 세대"(장석주, 『베이비 부머를 위한 변명』, 연두, 2017 중)라는 한 시인의 자조 섞인 고백은 결코 과장이 아닌, 대한민국에서 실제 벌어지고 있는 현실에 대한 적확한 묘사다.

70대 여성 김 모 씨에게 50대 박 모 씨는 눈에 넣어도 아프지 않을 장남이었다. 1998년 남편이 죽었을 때 유일한 상속재산인 서울 소재 이층집과 부동산을 장남에게 주자고 차남과 두 딸을 설득한 것도 김 씨였다. 1985년, 20대 젊은 나이에 미국으로 이민 가 고생하는 장남이 자꾸 눈에 밟혔기 때문이다. 의류 무역업을 하는 그를 돕기 위해 푼돈만 받고 지하 골방에서 모자를 만들어 보내기도 했다. 그러기를 10여 년. 장남의 성공을 위해 몸이 부서져라 애쓰던 김 씨에게 어느 날 병마가 찾아왔다. 뇌출혈이었다. 수술을 받았지만 몸에 마비가 왔다. 6개월간 병원비만 3,000만원이 넘게 들어갔다. 병원비가 감당하기 어려울 정도로 커지자 김 씨는 미국에 있는 장남에게 미안해하며 도움을 요청했다. 하지만 머나먼 타국에서 새로운 삶을 꾸린 장남은 고향 땅에서 뒷바라지한 어머니의 고마움을 잊고 있었다. "절대 부담할 수 없다"라는 야멸찬 답이 돌아왔다.

배신감보다는 넉넉지 못한 형편에 병원비를 부담하는 차남과 딸들에게 미안한 마음이 먼저 들었다. 빈털터리였던 김 씨는 결국 장남을 상대로 부양료 청구 소송을 제기했다. 서울가정법원은 "박 씨가 장남으로서 혜택을 받은 만큼 의무도 부담해야 한다"라며 "과거 부양료로 김 씨에게 3,000만 원을 지급하고 매달 200만 원씩을 장래 부양료로 지급하라"라고 판결했다. (2013년 서울가정) 김 씨의

▪ 부양료 심판 왜 냈나

※자료: 2007~2016년 전국 법원 부양료 심판 결정문 176건 분석

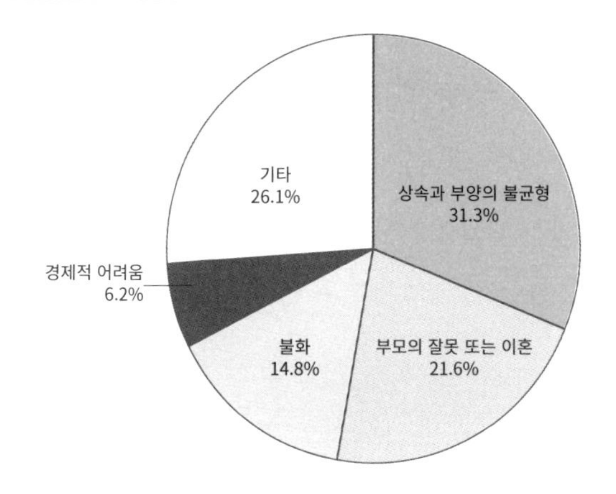

사례는 부양료 소송의 주요 청구 요인 중 하나인 '상속빈곤층' 부모의 전형적 모습이다. 부양료 심판 중 31.3%에서 부모가 재산을 자녀들에게 물려준 뒤 어려움을 겪다 부양료를 내라며 소송을 내는 사례가 나왔다.

흥미로운 것은 상속빈곤층으로 분류된 원고의 상당수(61.4%)가 어머니라는 점이다. 남성이 재산의 대부분을 소유해온 가부장제적 한국 가족 경제 상황의 특징이 반영된 결과로 해석된다. 즉, 재산을 가진 아버지가 사망한 뒤 어머니에게 돌아갈 몫까지 장남에게 다 물려준 상태에서 장남이 남은 어머니의 부양을 나 몰라라 하고 다른 형제들에게 부담을 미루다 다른 형제들과 어머니가 부양료를 내라며 소송을 내는 형태가 많다는 얘기다. 노후를 맡기는 셈 치고 자식에 먼저 재산을 나눠준 부모와 자신의 몫을 희생하며

재산을 몰아준 다른 자녀들이 부양 부담을 제대로 이행하지 않은 아들을 상대로 실력행사에 나서는 양상이다.

2010년 6남매 중 막내아들을 상대로 부양료 심판을 제기한 90대 여성 김 모 씨 사례를 보자. 성년이 된 이후 줄곧 부모와 함께 산 막내아들에게 김 씨는 남편 사망 후 집과 부동산을 모두 몰아줬다. 다른 자녀들도 아버지가 돌아가신 뒤 어머니를 계속 모시기로 한 막내에게 재산을 단독으로 물려주는 것에 합의했다. 문제는 막내가 사업이 잘 안 풀리면서 시작됐다. 김 씨가 노후자금으로 보유한 3억 원가량의 예금에 눈독을 들인 것이다. 막내가 "사업자금을 대달라"라며 거듭 부탁했지만 김 씨는 이를 거절했고 갈등이 커졌다. 결국 김 씨는 막내의 집을 나와 요양원을 전전하다 다섯째 아들 집으로 거처를 옮겼다. 이후 나이가 들고 예금 이자만으로 병원비를 감당하지 못할 상황이 되자 막내를 상대로 부양료 소송을 냈다.

재판에서 막내는 당시 80대 중반이었던 어머니 김 씨가 스스로 원해서 소송을 낸 것이 아니라 다섯째 형이 어머니 명의만 빌려서 낸 것이라 주장했다. 실제 가사조사기일에 출석한 김 씨는 "돈은 쓸 만큼 있다", "사건을 취소하고 싶다"라는 진술을 하기도 했다. 하지만 다음 기일에는 "막내에게 부양료를 청구하는 것이 맞고, 이 청구를 그대로 유지하고 싶다"라는 취지로 진술하자 재판부는 "어머니의 의사에 따른 청구"라며 막내의 주장을 기각했다.

막내는 또 자신이 어머니를 부양하는 조건으로 재산을 물려받지 않았다고 주장했다. 아버지가 생전에 자신의 간병을 도맡아 고맙다는 취지로 집을 물려준 것이지 어머니를 끝까지 부양하는 조건이 달려 있지는 않았다는 얘기다. 이 또한 재판부는 받아들이지 않았다. 이유는 다음과 같다.

> 김 씨 부부는 수십 년이 넘는 오랜 기간 함께 산 집을 여섯 명의 자녀 중 막내에게 단독으로 물려줬다. 이 집은 김 씨 부부 재산 중 가장 큰 규모의 재산인데 막내가 아버지를 간병했다고 볼 수 있는 기간은 4년이 채 되지 않는다. 또 아버지 사망 후 어머니가 막내와의 불화로 이 집을 나가기까지 약 9년간 별다른 이의 없이 함께 살았다. 이를 종합해보면 아버지 사망 후 어머니에 대한 공동 부양 의무가 있는 자식들 사이에서 막내가 이 사건 주택을 단독으로 상속받는 대가로 어머니를 부양하기로 하는 묵시적인 협의가 있었다고 보는 것이 상당하다.

재판부는 부양료로는 이례적으로 많은 월 150만 원씩을 막내가 어머니에게 지급하라고 결정했다. 평균 47만여 원 선인 다른 부모들보다 3배가량 많은 액수다. 막내가 컨설팅회사에 다니며 월급 500만 원을 받는 점, 자녀들이 이미 성년에 이른 점, 현재 살고 있는 집 외에 시가 수억 원 상당의 아파트와 토지를 갖고 있는 점 등을 두루 고려한 판단이었다. (2012년 서울가정)

생전에 재산을 자녀에게 증여한 경우에도 부양료 소송을 내는 경우가 많다. 부산에 사는 90대 남성 김 모 씨가 그랬다. 김 씨는 2015년 장남에게 부양료를 내라며 소송을 냈다. 십수 년 전 부산 중심가의 토지와 건물을 증여했는데도 자신의 부양을 다른 형제에게 맡겨놓고 신경 쓰지 않았다는 이유에서다. 장남은 빚이 많다는 점을 들어 난색을 표했다. 심리를 담당한 법원은 아버지에게 매달 50만 원씩 부양료를 지급하라고 결정했다. 재판부는 "김 씨가 자신의 재산 상당 부분을 장남에게 증여해준 탓에 지금 경제적으로 궁핍해진 것으로 보인다"라며 이유를 설명했다. (2016년 부산가정)

이 같은 사례들을 보면 재산을 물려준 부모는 모두 괘씸한 자녀를 상대로 부양료를 받을 수 있을 것 같다. 하지만 재산을 물려줬다고 모든 부모의 부양료 청구가 다 받아들여지는 것은 아니다. 통상 성인이 된 자녀와 부모 사이의 부양 의무는 2차적 부양 의무로 받아들여지기 때문이다. 잠시 부양 의무의 종류에 대한 대법원 판례의 설명을 보자.

부부 사이 상호부양 의무는 혼인관계의 본질적 의무로서 부양을 받을 자의 생활을 부양 의무자의 생활과 같은 정도로 보장하여 부부공동생활의 유지를 가능하게 하는 것을 내용으로 하는 제1차 부양 의무이고, 반면 부모와 성년의 자녀, 그 배우자 사이에 민법 제974조 제1호, 제975조에 따라 부담하는 부양 의무는 부양 의무자가 자기의 사회적 지위에 상응하는 생활을 하면서 생활에 여유가 있음을 전제로 하여 부양을 받을 자가 자력 또는 근로에 의하여 생활을 유지할 수 없는 경우에 한하여 그의 생활을 지원하는 것을 내용으로 하는 제2차 부양 의무이다. (대법원 2013스96)

즉, 성인이 된 자녀가 부모에 대해 지는 부양 의무는 2차적 부양 의무로 통상의 부양 의무보다는 약한 부양 의무다. 자기 생활을 하고 경제적 여유가 있을 경우 그 한도에서 부양 의무를 부담한다는 얘기다. 따라서 2차적 부양 의무를 지닌 이에게 부양료를 요구하려면 이를 요구하는 사람도 최저 생활을 유지할 수 없을 정도로 곤궁해야 한다는 게 판례의 태도다. 아래 수원지방법원 사례를 보자.

2011년 70대 아버지 이 모 씨가 40대 아들에게 부양료를 청구한 사건에서 법원은 기각결정을 내렸다. 이 씨가 자력이 있다는 이유에서였다. 재판부의 설명은 다음과 같다.

청구인은 현재 살고 있는 집(빌라)을 소유하고 있다. 이 건물은 담보나 보전처분 등의 설정이 없는 순수한 청구인의 재산이다. 혼자 살면서 점심식사는 복지관에서 무상으로 제공받고 있다. 국가에게 월 10만 원씩 연금을 받고 있다. 딸에게 매달 15만 원씩 부양료를 받고 있고 한때 동거했던 김 모 씨도 계속 청구인을 돌보고 있다. 반면 상대방인 아들은 중소기업 부장으로 270만 원 정도의 급여를 받고 있다. 다세대 주택을 전세자금대출 2,000만 원을 보태 보증금 6,500만 원에 임차해 아내와 아들과 함께 거주하고 있다.

결론적으로 청구인은 현재도 여러 사람과 국가에게 다양한 방법의 생활부조를 받고 있을 뿐만 아니라 자신 소유의 이 사건 건물을 담보로 주택금융공사나 민간 은행들에게 자금을 주택연금(역모기지) 등의 방법으로 융자받아 생활비로 이용할 수 있으므로 청구인 본인이 자력으로 생활을 유지할 수 없을 정도로 궁핍하다고 보기 어렵다. 부양 의무자인 상대방의 생활도 경제적 여유가 있어 보이지 않는다. (2011년 수원지법)

요약하자면 아들에게 부양료를 받지 않아도 충분히 자력으로 살 수 있는 만큼 기각하겠다는 의미다. 자녀가 극도로 가난한 경우에도 이런 상황은 벌어진다. 인천에 사는 70대 김 모 씨가 그랬다. 김 씨는 30대인 장남과 차남을 상대로 매달 25만 원씩 달라며 2009년 부양료 소송을 냈지만 기각됐다. 두 아들 모두 형편이 안 좋았기 때문이다. 당시 장남과 차남은 둘 다 직장에서 해고돼 별다른 직업이 없는 상태였다. 그 상황에서 장남은 아내와 아들 둘까지 부양해야 했다. 재판부의 설명이다.

부양의 의무는 부양을 받을 자가 자력 또는 근로에 의해 생활을 유지할 수 없는 경우에 한하여 이를 이행할 책임이 있다. 청구인은 위염 등으로 치료를 받고 있기는 하나 그 외에는 건강에 특별한 문제는 없어 보이고 현재 고물 등을 수거해 번 돈과 노령연금 등으로 생계를 유지하고 있다.

아들들이 청구인을 부양할 정도로 생활의 여유가 있다고 보기 어려우므로 기각한다. (2009년 인천지법)

자녀의 경제적 어려움은 부양료 심판의 주요 원인 중 하나다. 부양료 심판 중 10%가량에서 경제적 어려움 때문에 부모 부양을 거부한 사례가 나왔다. 부모도 사정이 안됐지만 자녀도 사정이 안 되는 탓에 어쩔 수 없이 부양을 제대로 못하게 된 사례들이다.

다자녀의 역설

평균 자녀 수 3.4명. 부양료 청구 소송 결정문 176건의 원고 183명을 분석한 결과다. 많게는 아홉 명까지 두 명 이상의 다자녀를 키운 부모는 86.4%로 절대 다수를 차지했다. 자녀가 한 명인 경우는 13.6%에 그쳤다. 많은 자녀를 키우느라 고생했지만 단 한 명의 자녀에게도 도움을 못 받는 '버려진 부모'는 65.3%였다. '자식농사 잘 지으면 노후걱정은 없다'라는 통념과는 달리 많은 자녀를 키웠어도 제대로 부양받지 못하는 이른바 '다자녀의 역설'이 나타나는 셈이다.

왜 그럴까? 우선 형제가 많을수록 '부양하는 자녀'와 '부양하지 않는 자녀' 사이에 편이 갈린다는 점을 생각해야 한다. "사촌이 땅을 사면 배가 아프다"라는 속담도 있지 않나. 불편한 건 참아도 불공평한 건 못 참는 게 사람 마음이다. 많은 자녀 중에 누군가를 골

■ 부양료 소송을 낸 부모들의 생존 자녀 수

*자료: 2007~2016년 전국 법원 부양료 심판 결정문 176건 분석

자녀 수	비율(%)
1명	13.6
2명	21.6
3명	24.4
4명	17.1
5명	10.3
6명	8.5
7명	2.3
8명	1.1
9명	1.1

■ 소송 낸 부모, 누가 부양하고 있나

*자료: 2007~2016년 전국 법원 부양료 심판 결정문 176건 분석

현재 부양자	비율(%)
없음	65.3
다른 자녀	29.0
배우자(재혼, 사실혼 포함)	4.5
형제자매	1.1

라 재산을 줬다면 받지 못한 자녀는 섭섭할 수밖에 없다. 그래도 재산을 받은 자녀가 부양 의무를 제대로 다했다면 그나마 괜찮다. 요즘은 그마저도 못하는 경우가 많다. 재산을 받을 때와 달리 평균수명이 훨씬 길어졌기 때문이다. 통계청에 따르면 남성의 기대수명은 1971년 59.8세에서 2016년 79.3세로 크게 늘었다. 반면 건강하게 살 수 있는 기간을 의미하는 건강수명은 2016년 기준 남성 64.7

▪ 한국인의 기대수명

*통계청, 2016년 생명표 보도자료

연도	남성 기대수명(세)	여성 기대수명(세)
1971년	59.8	66.3
1976년	60.6	68.6
1981년	62.4	70.9
1986년	65.3	73.8
1991년	67.9	76.4
1996년	70.2	78.3
2001년	72.9	80.1
2006년	75.4	82.1
2011년	77.3	84.0
2016년	79.3	85.4

세, 여성 65.2세에 불과하다. 과거에는 50대 후반, 60대 초반 나이에 생업 전선에서 이탈하고 그 후 수년간 말 그대로 '여생'을 살다 죽는 게 일반적이었지만, 요즘엔 수명이 늘었고 노년의 상당 기간을 병원에서 보내다 생을 마치는 경우가 많아졌다.

상황이 이렇다 보니 부모 부양 부담을 더 많이 짊어진 자녀들은 "왜 나만 모셔야 하냐"라며 다른 자녀들에게 동참을 요구한다. 반면 다른 자녀들은 "돈 받을 때는 가만히 있다가 지금 와서 다른 소리한다"라며 그간 참아온 섭섭함까지 합쳐서 분통을 터뜨린다. 결국 싸우다 해결이 안 되면 부양을 전담하고 있는 자녀가 부모를 압박하거나 부모를 대리해 지금까지의 부양료와 미래 부양료를 달라며 소송을 낸다. "긴병에 효자 없다"라는 말이 괜히 있는게 아니다.

▪ 늘어나는 유병기간

※자료: 통계청, 2016년 생명표 보도자료

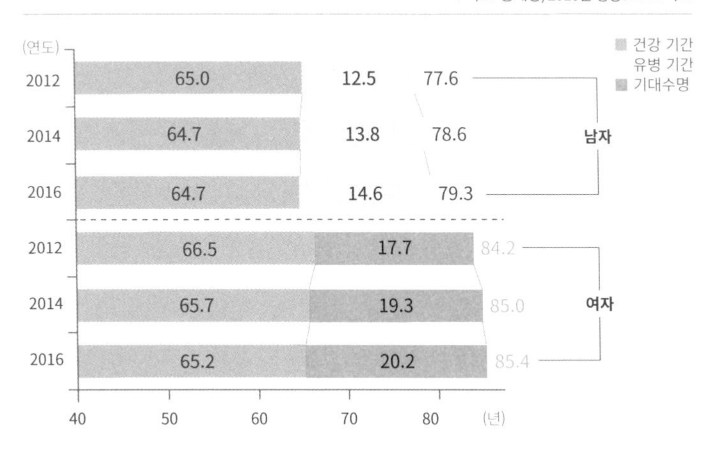

정말 엄청나게 재산이 많아 모든 부모 돌봄 노동을 외주화할 수 있는 재력이 없는 한, 일반적인 경제력을 가진 가정에서 부모 부양 부담을 혼자 짊어지기란 현실적으로 불가능에 가깝다. 이제 아들에게만 재산을 물려줬던 이 모 씨 사례를 통해 실제 현실에서 어떤 일이 일어나는지 들여다보자.

이 씨는 2004년 남편과 사별했다. 1남 4녀를 뒀지만 당시 8,000만 원가량의 아파트를 포함한 남편 재산은 모두 자신을 부양하기로 한 막내아들에게 줬다. 아들만 아버지 재산을 상속받은 걸 알게 된 딸들은 강력히 반발했다. 그러나 "출가외인에게 무슨 재산을 주냐"라는 어머니의 고집을 꺾지는 못했다. 수차례 자녀들이 편을 갈라 싸웠고 결국 넷째 딸을 제외한 나머지 딸들과는 이듬해인 2005

년부터 연락마저 끊었다.

이 씨는 5년 뒤 뇌경색으로 쓰러졌다. 병원에서 약 2년간 재활 치료를 받고 나서 간단한 의사소통은 할 수 있을 정도로 회복되기는 했지만 주사기를 통해 음식과 물을 섭취해야 했고 혼자 앉아 있지 못해 계속 입원해야 했다. 그동안 들어간 병원비만 5,000만 원이 넘었다. 이후로도 매달 병원비와 간병비를 합쳐서 200만 원씩 추가로 지출해야 했다. 감당하기 힘들어진 아들은 그나마 얘기가 통하는 넷째 누나에게 연락했다. 말도 제대로 못하는 어머니를 본 넷째 누나는 언니들에게 연락했고 다들 부양에 동참하기로 했다. 다만 지금보다 치료비가 싼 병원으로 옮길 것을 제안했다. 하지만 아들은 어머니의 병세 악화가 우려된다며 지금 병원을 고집했다. 결국 누나들을 설득하지 못한 아들은 어머니를 대리해 과거 부양료 4,000만 원과 앞으로 매달 각 40만 원씩 부양료를 주라며 누나들을 상대로 소송을 냈다. 법원은 "과거 부양료는 기각하고 앞으로 부양료는 매달 각자 25만 원씩을 내라"라며 원고 일부 승소 판결했다.

그렇다면 과거 부양료는 왜 기각됐을까. 다들 부양 의무가 있는 자녀들이고 해당 기간 아들이 어머니를 홀로 모시며 '독박 부양'을 했는데 말이다. 재판부의 설명은 이렇다.

① 아버지 재산을 단독으로 상속받은 대가로 어머니를 모시기로 한 합의가 묵시적으로 이뤄진 점 ② 증여받은 부동산 가액이 8,000만 원가량으

로 어머니를 위해 지출한 병원비보다 많은 점 ③ 병원비에 어머니 명의 통장에 들어 있는 예금 3,000만 원이 상당 부분 포함된 점 ④ 어머니가 쓰러진 뒤 딸들에게 연락조차 하지 않은 점 ⑤ 아들이 처음부터 어머니가 입원할 병원과 치료방법을 선택했던 점을 등을 종합적으로 고려했을 때 과거 부양료까지 지급하라고 한 것은 지나치다.

요약하자면 아들이 부모에게 재산을 단독으로 물려받은 만큼 부모를 위해 써야 하며, 과거 부양료가 이를 초과할 정도로 많이 들어가 보이지는 않다는 취지다. 장래 부양료는 딸들의 경제력이 아들보다 낫지 않은 점 등을 고려해 각각 25만 원씩으로 정해졌다. (2012년 대구가정)

재산문제를 떠나 자녀 간 불공평한 부양 부담은 잠재적인 화약고일 수밖에 없다. 부담이 많은 쪽이 못 견디겠다고 생각하는 순간 폭발한다. 여기서 적용되는 이론이 심리학에서 말하는 방관자 효과(bystander effect)다. 방관자 효과란 주위에 사람이 많을수록 곤경에 처한 사람을 돕지 않게 된다는 심리학 이론이다. 다른 사람이 돕겠거니 하는 생각으로 부담을 미룰 수 있기 때문이다. 부모 부양에 있어서도 자녀가 여러 명이면 다른 사람이 부양하겠거니 하고 부양 부담을 미루게 되는 경우가 많다. 특히 치매나 뇌병변으로 부양이 더 힘든 경우에 그렇다. 여기 조 모 씨 가족 사연을 보자.

1남 6녀를 둔 조 씨는 2009년부터 뇌경색과 알츠하이머를 앓

게 되면서 통원 치료를 받다가 이후 점점 상태가 악화돼 2010년부터는 요양원으로 옮겨졌다. 장남은 그간 아버지를 모시면서 들어간 부양료 3,000여만 원을 7분의 1씩 부담하라며 2014년 여자 형제들을 상대로 부양료 심판을 청구했다. 일견 합리적인 요구라 생각되지만 심리 과정에서 나온 집안 사정은 그렇지 않았다. 조 씨는 지방에 수억 원 상당의 지상 2층 주택을 소유하고 있었다. 이 주택 1층에 장남의 딸이, 2층에는 장남이 거주했다. 조 씨의 보험 만기환급금, 은행 예금 등 1억 원가량의 현금성 자산도 조 씨의 발병 이후 해지돼 사라졌다. 또 조 씨가 토지 매각대금으로 받은 돈 중 6억 원을 장남에게 주고 나머지 2억 원을 차남에게, 딸들에게는 각 5,000만에서 7,000만 원씩만 나눠준 사실도 드러났다. 재판부는 이 같은 객관적 자료를 바탕으로 장남의 청구를 기각했다. 현재 조 씨가 보유하고 있는 토지와 주택을 담보로 주택연금 등의 대출을 받으면 부양료를 충당할 수 있는 데다, 지금까지 장남이 낸 부양료도 자기 돈이 아닌 아버지 돈이라는 판단에서다. (2015년 수원지법)

수십 년 인연 끊은 부모도 연락하게 만드는 부양 의무자 규정

울산에 사는 90대 장 모 씨는 자신의 딸과 사위를 상대로 소송을 제기했다. 기초수급자로 매월 생계급여 및 노령연금 등 45만 원을 받았는데, 2012년 1월부터 사위의 연금소득이 월 300만 원가량 존재한다는 사실이 보고되면서 국가에서 받는 돈이 20만 원으로

줄었기 때문이다. 재판부는 딸과 사위가 함께 모자란 월 25만 원을 내도록 했다. (2012년 대구가정)

장 씨 사례처럼 경직된 부양 의무자 기준으로 기초생활수급자에서 탈락된 부모들이 소송을 제기하는 일이 종종 나온다. 국민기초생활보장법은 부양 의무자가 일정 소득과 재산이 있어 부양능력이 인정되면 수급권을 박탈한다. 한국보건사회연구원에 따르면* 부양 의무자가 재산이 있다는 이유로 기초수급자에서 탈락하는 신청가구 비율은 57.29%다. 문제는 부양 의무자가 존재하더라도 부양을 거부·기피하는 경우다. 부모 자식 간 관계가 단절되어도 자식에게 재산이 있거나 수입이 있으면 국가에서 받는 돈이 끊길 수 있기 때문이다. 법적으로 능력이 있는 부양 의무자가 있는데도 생계급여를 받을 수 있는 예외 조항은 다음과 같다.

> 제8조의2(부양능력 등) ① 부양 의무자가 다음 각 호의 어느 하나에 해당하는 경우에는 제8조제2항, 제12조제3항, 제12조의3제2항에 따른 부양능력이 없는 것으로 본다.
>
> 1. 기준 중위소득 수준을 고려하여 대통령령으로 정하는 소득·재산 기준 미만인 경우
>
> 2. 직계존속 또는 「장애인연금법」 제2조제1호의 중증장애인인 직계비속

* 여유진 외, 「국민기초생활보장제도 부양 의무자 재산기준 개선방안 연구」

을 자신의 주거에서 부양하는 경우로서 보건복지부장관이 정하여 고시하는 경우

3. 그 밖에 질병, 교육, 가구 특성 등으로 부양능력이 없다고 보건복지부장관이 정하는 경우

② 부양 의무자가 다음 각 호의 어느 하나에 해당하는 경우에는 제8조제2항, 제12조제3항, 제12조의3제2항에 따른 부양을 받을 수 없는 것으로 본다.

1. 부양 의무자가 「병역법」에 따라 징집되거나 소집된 경우

2. 부양 의무자가 「해외이주법」 제2조의 해외이주자에 해당하는 경우

3. 부양 의무자가 「형의 집행 및 수용자의 처우에 관한 법률」 및 「치료감호법」 등에 따른 교도소, 구치소, 치료감호시설 등에 수용 중인 경우

4. 부양 의무자에 대하여 실종선고 절차가 진행 중인 경우

5. 부양 의무자가 제32조의 보장시설에서 급여를 받고 있는 경우

6. 부양 의무자의 가출 또는 행방불명으로 경찰서 등 행정관청에 신고된 후 1개월이 지났거나 가출 또는 행방불명 사실을 특별자치시장·특별자치도지사·시장·군수·구청장이 확인한 경우

7. 부양 의무자가 부양을 기피하거나 거부하는 경우

8. 그 밖에 부양을 받을 수 없는 것으로 보건복지부장관이 정하는 경우

_「국민기초생활보장법」

여기서 문제는 7조다. 다른 조항들은 구체적인 기준이 있지만

부양을 기피하거나 거부하는 경우란 기준은 애매모호하기 짝이 없다. 보건복지부 지침을 통해 내용을 구체적으로 설명하고 있는데 아래와 같다.

(2) 부양 의무자와 가족관계 해체 상태로 정상적인 가족기능을 상실하여 정서적•경제적 부양을 받을 수 없다고 수급(권)자가 소명하여 시장•군수•구청장이 인정하는 경우

(가) 부 또는 모가 이혼 후 재혼하여 전 배우자와의 자녀에 대해 실질적으로 부양하지 않고 있는 경우

(나) 과거 가족 간의 관계 해체 사유(이혼, 폭력, 상해, 방임, 유기, 가출, 학대, 약물중독 등)의 이유로 가족관계가 해체되어 부양 의무자로부터 실질적인 부양을 받을 수 없는 경우 등

(다) 수급(권)자 가구가 미혼모·부 및 한부모가 되는 과정에서 부양의무자인 직계존속과 갈등(자녀입양 강요, 임신중절 강요 등)으로 가족관계가 해체되어 실질적인 부양을 받을 수 없는 경우

(라) 수급(권)자의 1촌의 직계비속인 부양 의무자가 19세 미만인 미성년 자녀(「민법」 제4조)로 그의 보호자인 이혼한 전 배우자가 조사를 거부하거나 기피하는 경우

※ 동 조항을 적용받던 부양 의무자가 19세 이상의 성년이 되면 계속 적용 불가

_보건복지부, 2017년 국민기초생활보장사업안내 중

즉, 가족관계가 해체되어 부양을 받을 수 없을 때는 생계급여를 받을 수 있지만, 기준이 애매모호한 탓에 담당 공무원의 재량으로 해체 여부를 판단할 수밖에 없다.• 결국 애매한 영역에서 탈락한 이들은 수년간 연락이 끊겨 남남처럼 살아온 자식들을 수소문해 다시 사정을 설명하고 안 통한다 싶으면 소송의 힘을 빌리게 된다. 60대 중반인 이 모씨 사례를 보자. 이 씨는 유 모 씨와 결혼해 1남 2녀를 뒀으나 30년 만인 2001년 협의 이혼했다. 이 과정에서 이혼 전 아내에게 증여한 재산과 관련해 갈등이 커졌다. 자녀들까지 싸움에 끼어들면서 증여 재산을 돌려달라는 이전등기 소송까지 냈다. 이후 재판에서 치고받고 싸우다가 소를 취하하면서 아내와 자녀들에게 각서를 썼다.

> 각서인은 1억 원을 수령함과 동시에 피각서인들과 관계되는 모든 채권, 채무 관계는 소멸한다. 각서인은 피각서인들을 상대로 가처분, 가압류, 명의신탁, 재산분할 청구 등 어떤 사유로도 민, 형사상의 소를 제기하지 않는다. 각서인은 전화, 방문 등 기타 어떠한 수단과 방법으로도 피각서인들을 괴롭히지 않는다. 각서인이 이를 위반했을 경우 피각서인들은 접근금지가처분 신청을 하여도 각서인은 이의를 제기하지 못한다. 각서인은 본 각서의 내용을 어겼을

• 배진수, 「부양 의무자 기준 폐지를 위한 입법방안에 대한 소고」 사회보장법 연구

경우에는 위 수령액의 5배에 상당하는 금액을 피각서인들에게 배상한다.

세월이 지나자 상황이 변했다. 아버지 이 씨가 생활이 어려워지면서 기초생활수급자 신청을 했으나 능력 있는 자녀들이 있다는 이유로 신청이 거부된 것이다. 이 씨가 부양료 청구 소송을 내자 자녀들은 반발했다. 소송을 내지 않겠다고 한 각서도 재판부에 제출했다. 하지만 법원은 "당시 각서는 이혼 전 증여한 부동산과 관련한 내용이고 부양 의무 발생 여부에 대해 당시로서는 쉽게 예측할 수 없었던 점 등에 비춰보면 부양료 심판을 청구할 수 있다"라며 세 명의 자녀가 함께 연대해 매달 40만 원씩 아버지에게 지급하라고 결정했다. (2012년 서울가정)

날 학대한 아버지도 부양해야 하나요?

17살 보형이(가명)는 아버지와 함께 한 평 남짓한 여관방에서 살고 있었다. 방에는 쓰레기가 수북하게 쌓였고, 참기 힘들 정도로 악취가 가득했다. 이런 사실은 주민센터 공무원이 확인했다. 이 공무원은 e아동행복지원시스템에 올라온 정보를 보고 보형이가 위험에 처했다는 걸 알게 됐다. 공무원은 주거비 지원을 받게 하고 학교에 다닐 수 있게 조치했다. 아버지가 아이를 방치하는 아동학대(방임) 행위가 의심돼 아동보호전문기관에 조사를 의뢰했다.

6살 선혜(가명)는 또래보다 말이 늦다. 출산 당시 부모가 미성년자라서 제대로 양육하지 못했다. 정부 시스템이 선혜가 위기에 놓였다는 점을 파악했다. 이를 전달받은 현장 공무원이 상담을 거쳐 복지지원 대상자로 선혜를 선정했다. 아이에게는 언어 치료와 생활비 지원 등이 이뤄지고 있다.

학대·빈곤 등 각종 위기에 처한 아동을 빅데이터로 빨리 찾아내서 보호하게 된다. 보건복지부는 19일 'e아동행복지원시스템'을 가동한다. 이 시스템이 가려낸 2만 1,000여 명의 위기 아동 명단을 우선 읍·면·동 주민센터에 전달하고, 담당 공무원이 5월 말까지 방문해서 확인하게 된다._2018년 3월 19일, 《중앙일보》, "학대·빈곤에 처한 아동, 빅데이터로 찾아내 보호한다" 기사 중

부모라고 다 같은 부모가 아니다. 위 기사에서 나오듯 자녀를 제대로 돌보지 않고 방치하는 부모도 상당수 있다. 방치만 하면 그나마 낫다. 아동보호전문기관에 따르면 2016년 한 해 동안 총 2만 9,674건의 아동학대 신고가 접수됐다. 산술적으로 계산하면 하루 평균 81건의 신고가 접수된 셈이다. 2012년 1만 943건이었던 신고 건수는 매년 급증하고 있다.

아동학대가 많다고 생각할 수 있지만 어떻게 보면 사실 줄어든 것일 수도 있다. 아동학대에 대한 경각심이 커지고 자녀를 나와는 다른 하나의 인격체로 대하는 인식이 확산된 근래 들어서야 이 같

은 통계를 집계했으니 말이다. 체벌에 훨씬 관대하고 자녀를 부모의 소유물로 인식하는 경향이 강했던 과거에는 아동학대가 훨씬 더 심했을 수도 있다.

부양료 심판에도 이런 어두운 과거의 흔적들이 다수 남아 있다. 부양료 심판 결정문 중 21.6%에서 부모 중 한쪽이 양육과정에서 자녀를 학대·방치했거나 배우자와 이혼해 나 몰라라 한 정황이 나타났다. 젊었을 적 가족을 버린 '파렴치 부모'들이 늙어서 나타나 "그래도 부모이지 않냐"라며 부양을 요구하고 자녀는 "부모라고 나한테 해준 게 뭐가 있냐"라며 이를 거부하는 드라마에서나 나올 법한 일들이 현실에서 벌어지고 있다.

분석 대상 결정문을 보면 자녀에게 부양을 거절당한 '파렴치 부모'의 사연은 크게 세 가지 정도로 정리된다. 우선 '학대형 부모'다. 60대 중반인 이 모씨는 유 모 씨와 결혼해 1남 3녀를 뒀다. 건축업계에서 일했던 이 씨는 자녀들이 어릴 때부터 밤낮 없이 몇 시간 동안 폭행했다. 아이들을 무릎 꿇리고 칼이나 망치로 아내의 생명을 위협하는 일도 잦았다. 술을 자주 마시면서 생활비와 학비도 제대로 주지 않아 자녀들은 학비를 걱정하며 학교를 다녀야 했다. 첫째 딸은 고등학교를 졸업한 뒤 아버지에게 벗어나기 위해 집을 떠나 직장생활을 시작했고 어머니와 동생들도 2000년대 초반 이 씨를 피해 같은 도시로 도망쳤다. 첫째와 둘째가 직장생활을 하며 번 돈으로 5인 가족이 힘들게 생활했다. 이 씨는 가족들이 떠난 뒤 찾지도 않고 생활비나 학비도 주지 않았다. 가끔 연락이 되는 친척들을 통해 "눈에 띄면 가만두지 않겠다"라는 무시무시한 말만 전했다. 하지만 그 무섭던 아버지도 흐르는 세월을 이길 순 없었다. 10년 뒤 당뇨 합병증으로 망막 수술을 받은 이 씨는 6개월 이상 쉬어야 한다는 진단을 받았다. 일을 할 수 없게 된 이 씨는 기초생활수급자 신청을 했으나 첫째 딸이 돈을 번다는 이유로 신청이 거부되자 첫째 딸을 상대로 월 600만 원의 부양료를 내라는 소송을 제기했다.

어떻게 됐을까? 재판에 나선 첫째 딸은 아버지의 과거 만행을 낱낱이 고하며 한 푼도 줄 수 없다고 했지만 재판부는 그래도 줘야 한다고 판단했다. 부모와 자녀 사이의 부양 의무는 혈연관계에 따른 것이지 부모가 과거에 자녀에 대한 양육 의무를 다했는지 여부나 자녀에게 폭력을 행사해 고통을 줬는지 여부에 따른 것은 아니라는 이유에서다. 부모가 미성년 자녀가 자기 마음에 들지 않는다고 부양 의무를 모른 척할 수 없듯이, 반대로 자녀도 부모가 자기를 잘 돌봐주지 않았다고 부양 의무가 사라진다고 말할 수 없다는 논리다. 다만 재판부는 이 씨의 학대 전력을 감안해 부양료 액수를 월 30만 원으로 정했다. (2010년 서울가정)

흥미로운 것은 이 사건의 후일담이 다른 결정문에서 발견된다는 점이다. 이 사건 확정 후 매달 30만 원을 받게 된 이 씨가 이듬해 둘째 딸을 상대로 또 부양료 소송을 냈기 때문이다. 학원 강사를 하며 한 달에 100만원이 조금 넘는 급여를 받는 둘째 딸에게 그는 매달 300만 원의 부양료를 청구했다. 하지만 이번에는 법원도 지나치다고 판단했다. 재판부는 "둘째 딸은 현재 동거하는 어머니와 동생들을 부양하느라 자기 수입의 대부분을 사용해 청구인을 부양할 여력이 없다. 또 청구인은 이미 첫째 딸에게 매달 30만 원의 부양료를 받고 있으므로 더 이상의 부양료가 필요 없다"라고 밝혔다. 정말로 부모 자식 사이란 무엇인가에 대해 깊게 고민하게 만드는 씁쓸한 사례가 아닐 수 없다.

폭력을 행사한 부모는 또 있다. 이번에는 60대 초반인 오 모씨 사례를 보자. 1남 1녀를 둔 오 씨는 술버릇이 고약했다. 폭음을 즐겼으며 자주 만취해 아내와 자녀들을 때렸다. 견디다 못한 아내와 자녀들은 폭력을 피해 오 씨 몰래 지하 단칸방으로 도망 나왔다. 이후 장남은 아버지에게 일절 지원을 받지 못한 상태에서 대학에 진학했고 휴학과 복학을 반복하며 연안부두의 하역작업 등 고된 아르바이트를 병행했다. 어렵게 학업을 마친 뒤에는 번듯한 직장에 취업했다. 장남이 취업한 걸 알게 된 오 씨는 근저당 채무를 못 갚아 자신의 빌라가 경매로 다른 사람에게 넘어갈 위기에 처하자 아내와 장남을 찾아가 이를 해결하라며 괴롭혔다. 결국 장남이 대출금 연체이자 등을 대신 내주고 경매를 취하해줬다. 그 후에도 장남은 아버지의 대출금 채무이자를 꾸준히 갚아줬고 수년 뒤에는 마이너스 통장에서 인출한 돈으로 대출금 전액을 상환해줬다. 이제 끝났나 싶었지만 끝이 아니었다. 이듬해 1월 구청에서 "오 씨가 위독한 상태이며 구청에 생활보호대상자 신청을 했다"라는 연락을 받았다. 찾아가보니 해당 부동산은 아버지를 돌봐온 작은아버지의 딸, 즉 사촌에게 소유권이 넘어가 있었다. 치매로 정신이 온전치 못한 아버지를 돌보던 작은아버지가 오 씨를 대리해 장남을 상대로 부양료 소송을 냈고 법원은 월 15만 원의 부양료를 내도록 했다. 이쯤 되면 아무리 친아버지라 해도 정말 너무한 것 아닌가 싶다. (2011년 인천지법)

파렴치 부모 중 두 번째 많은 유형은 '방임형'이다. 성장 과정에서 제대로 자녀를 돌보지 않은 이들이다. 60대 중반인 이 모씨 사례를 보자. 이 씨는 한 모 씨와 1970년 결혼한 뒤 딸 둘을 낳았다. 하지만 딸들이 자라는 과정에서 육아는 뒷전으로 돌리고 다른 여성을 만나러 다녔다. 어린 딸들에게 다른 여자를 소개해주면서 "이 분을 엄마라고 불러라" 하는 일도 있었다. 결국 유부녀와 간통사건으로 수사를 받은 이후 이 씨는 집을 나갔고 별거하게 됐다. 별거기간에도 생활비를 보내주기는커녕 음주, 도박에 빠져 아내 한 씨와 딸들에게 지속적으로 돈을 요구해 불화를 빚었다. 이후 말기 암으로 투병하게 된 이 씨는 "별다른 재산이나 수입이 없다"라며 한 씨와 딸들을 상대로 부양료를 청구했다.

분노한 한 씨는 이 씨를 상대로 이혼 소송을 냈고 2010년 말 법원은 "혼인관계가 파탄에 이른 원인은 혼인기간 중 만취 상태로 자주 상대방과 가족들에게 폭언을 하고 여자문제로 말썽을 일으키고

약 20년간의 별거기간 동안 가족에 대한 부양 의무를 제대로 이행하지 않은 이 씨에게 있다"라며 이를 받아들였다. 부양료 소송에서도 한 씨에 대한 청구는 기각됐다. 부부간 부양 의무는 결혼이라는 계약관계에 기초하므로 상대적이라는 아래 대법원 판결 취지에 따른 것이다.

> 민법 제826조 제1항이 규정하고 있는 부부간의 부양·협조 의무는 정상적이고 원만한 부부관계의 유지를 위한 광범위한 협력의무를 구체적으로 표현한 것으로서 서로 독립된 별개의 의무가 아니라 할 것이고, 부부의 일방이 정당한 이유 없이 자신의 부양·협력의무를 스스로 저버리고 있다면 상대방에게 부양료의 지급을 청구할 수 없다. (대법원 91므245)

하지만 법원은 딸들에 대한 부양료 청구를 인정해 매달 60만원을 보내라고 결정했다. 앞서 설명했듯이 부모와 자녀 사이의 부양 의무는 계약관계가 아닌 혈연관계에 따른 것이기 때문이다. (2011년 부산지법)

마지막 파렴치 부모의 유형은 앞선 방임형에서 한발 더 나아간 '이혼형'이다. 일찌감치 이혼한 뒤 후처와 후처 소생 자녀를 돌보느라 전처와 전처 소생 자녀의 양육에는 소홀해놓고 나중에 도와달라고 손 벌리는 이들이다. 80대 김 모씨의 사연이다. 이 모 씨와 1961년 결혼한 김 씨는 슬하에 네 명의 아들을 뒀다. 자세한 사정은 알 수 없지만 판결문상으로 그는 20년 뒤 처자식과 살던 동네를 떠나 자신의 고향으로 이주했다. 이후 그곳에서 만난 여성과 살며 혼외자를 뒀다. 버림받은 아내 이 씨는 김 씨의 형(시부)의 도움을 받고 과일행상을 하며 아들들을 명문대에 진학시키는 등 번듯하게 키워냈다.

언제나처럼 세월이 흐른 뒤가 문제다. 김 씨는 고혈압 등 병원 치료비가 급속도로 늘면서 생활에 쪼들리기 시작했다. 하던 일마저 잘 안 풀려 살던 집에서 쫓겨나 차고에서 거주하게 되자, 좋은 직장에서 돈을 많이 벌고 있는 장남을 상대로 부양료 소송을 냈다. 법원은 월 20만 원씩 장남이 아버지에게 지급하라 결정했다. (2012년 서울가정)

이 같은 결정문을 자꾸 읽다 보면 답답한 마음이 든다. 자신을 학대하며 다른 여자와 불륜을 일삼은 아버지의 늙은 얼굴을 성년이 돼 다시 마주한 것만 해도 힘든 일이다. 그런데 매달 아버지에게 돈까지 보내야 한다니 자식 입장에서는 분통이 터지지 않을 리 없다. 하지만 다소 잘못이 있더라도 권리남용에 해당할 정도로 잘못이 크지 않고 부모의 경제력이 크게 부족하다면 소액이라도 부양료 청구를 받아들이는 게 현 시점의 확고한 판례 경향이다.

물론 자녀의 억울함과 답답함을 판사들도 모르는 게 아니다. 그렇다 하더라도 혈연은 혈연이기 때문에 최소한의 의무는 해야 한다는 얘기다. 이런 답답한 심정에 대해 한 판사가 판결문에 다음과 같은 당부의 말을 남기기도 했다. 자녀들이 아버지가 이혼하기 훨씬 전부터 시종일관 자기 행복만을 추구하며 살았다며 부양료 청구를 거부한 사건이었다.

> 방론(당부의 말씀): 부모가 자녀에게 존경을 받지 못한다고 하더라도 부모는 자녀에게 사랑을 베풀 줄 알아야 하고, 자녀가 부모에게 사랑을 받지 못한다고 하더라도 자녀는 부모를 존경할 줄 알아야 합니다. 부모가 자녀를 낳는 그 순간부터 부모와 자녀는 사랑과 존경이라는 끈으로 묶어지는데, 장성한 자녀이든 노년의 부모이든 눈으로만 바라봐서는 이 끈을 찾을 수 없고 오직 따뜻한 마음으로 바라봐야만 이 끈을 찾을 수 있습니다. 이 사건 당사자 모두 따뜻한 마음으로 서로를 바라보면서 자신들을 감싸고 있는 사랑과 존경이라는 이 아름다운 끈을 찾을 수 있길 바랍니다. (2010년 서울가정)

결국 부모와 자식 간 인연은 살면서 다양한 경험을 하며 멀어질 수 있지만 낳아준 은혜에 대한 최소한의 도리는 해야 한다는 것이 판례의 태도가 아닌가 싶다. 그래도 내 부모니까.

불효자 방지법

2014년 시청률 40%를 넘나들며 인기를 끈 드라마 <가족끼리 왜 이래>에는 흥미로운 장면이 나온다. 주인공 차순봉이 자신의 세 자녀를 상대로 '불효 소송'을 낸다. 허리를 다쳤는데도 병원에 찾아오지 않은 채 자신이 운영하는 두부가게 건물의 명의를 넘겨달라는 뻔뻔한 자식들을 상대로 "스무 살 이후 들어간 모든 양육비를 돌려받겠다"라며 소송을 낸 것이다. 드라마는 차순봉이 불효 소송을 취하하며 훈훈하게 마무리됐지만 현실에서는 이런 해피엔딩을 보기 쉽지 않다. 다음의 기사를 보자.

노모를 부양하는 조건으로 수억 원짜리 부동산을 물려받고도 약속을 지키지 않은 아들에게 법원이 재산을 어머니에게 돌려주라고 판결했다.
서울지법 민사합의1부는 22일 김 모 씨(65세)가 아들 박 모 씨(39세)에게 넘겨준 부동산을 돌려받게 해달라고 낸 소송(소유권 이전등기 말소 청구소송)에서 "피고는 부동산 소유권을 어머니에게 넘기라"라고 판결했다. 판결문에 따르면 김 씨는 1998년 "부양과 치료를 해달라"라며 둘째 아들인 박 씨에게 서울 용산구 소재 대지 30여 평과 미등기 지상건물 소유권을 넘겼다.
1993년 중풍 후유증으로 언어장애 증세를 보인 김 씨는 간병인의 도움 없이는 생활할 수 없는 장애 1급 상태였다. 게다가 1996년 큰아들이 어머니의 재산 가운데 4억여 원을 주식투자로 날린 터라 둘째 아들에게 넘긴 부동산이 유일한 재산이었다. 그러나 둘째 아들은 부동산을 넘겨받은 뒤 어머니에게 치료비나 간병비를 주지 않았다._

2001년 5월 23일, 《중앙일보》 27면, "노모 부양 약속어긴 아들 재산상속 취소 판결" 기사 중

기사에 나오는 김 씨처럼 십수년 전만 해도 자신의 노후를 돌봐달라는 부탁과 함께 전 재산을 생전에 자녀들에게 증여하는 부모들이 종종 있었다. 불안한 노후를 내 피붙이에게 보장받고자 하는 심리다. 하지만 재산을 받을 당시 "잘 모시겠다"라는 자녀의 다짐은 얼마 지나지 않아 공염불이 되는 일이 많다. 살다 보면 별의별 일이 다 있기 때문이다. 또 사람은 망각의 동물이기도 하니 처음 재산을 물려받을 때는 감사하게 생각하고 부모님을 잘 모신다 해도 세월이 지나다 보면 부모 부양을 헌신짝처럼 내팽개치는 자녀도 나오기 마련이다.

재산을 준 부모도 잘못이 없지는 않다. 처음에는 든든하게 생각하다가도 조금이라도 자녀가 소홀해지면 본전 생각을 하는 경우가 많다. 부모가 외롭고 섭섭한 마음이 들기 시작하면 상황은 걷잡을 수 없이 나빠진다. 여기에 재산을 물려받지 못한 자녀까지 합세하면 물려준 재산을 다시 토해내라는 이른바 '불효자 소송'이 순식간에 진행된다. 실제 판례를 보자.

수도권 소재 3층 주택이 전 재산이었던 80대 이 모씨는 2013년 딸에게 다음과 같은 증여계약서를 작성해줬다.

1. 이 씨는 딸에게 별지 목록 기재 각 부동산을 증여할 것을 예약하며 딸은 이를 승낙한다.
2. 본 증여예약의 완결일자는 2014년 X월 X일로 하며 위 완결일자가 경과했을 때에는 이 씨의 딸의 증여예약 완결의 의사표시가 없어도 당연히 증여가 된 것으로 본다.
3. 이 씨는 본 예약체결과 동시에 별지 목록 기재 각 부동산에 대해 증여예약의 의한 소유권 이전 청구권 보전의 가등기 절차를 이행하기로 한다.

딸은 각 부동산에 대한 소유권이전 청구권 가등기까지 마쳤다. 하지만 2015년 이 씨는 딸을 상대로 가등기 말소 청구 소송을 냈다. "제대로 부양하고 있지 않다"라는 이유에서였다. 1심에서는 부양 의무를 제대로 이행하지 않는다는 증거가 부족하다는 이유로 기각됐다. 하지만 2심에서 뒤집어졌다. 80세가 넘는 이 씨가 별다른 소득이 없는 점, 유일한 재산인 집이 딸에게 넘어가면 백내장 등 병원비를 충당할 수 없는 점, 해당 주택 2층에 살고 있는 세입자가 전세금을 빼달라고 하는데 돌려줄 수 없는 점 등을 감안하면 증여계약 체결 후 이 씨의 재산 상태가 현저히 변경됐다고 볼 수 있다는 판단에서였다. 또 부양 의무가 있는 딸이 계약 체결 후 부양 의무를 이행하지 않고 아들이 부양하고 있는 점도 고려했다. 즉, 민법상 증여행위는 ① 증여자 또는 그 배우자나 직계혈족에 대한 범죄행위가 있는 때, ② 증여자에 대하여 부양 의무 있는 경우에 이를 이행하지 아니하는 때, ③ 증여 계약 후 증여자의 재산상태가 현저히 변경되고 그 이행으로 생계에 중대한 영향을 미칠 때에 해지할 수 있는 데, 이 씨의 상황이 ③번에 해당되고 딸의 행위가 ②번에 해당된다고 판단한 것이다. 대법원은 이 판결을 2017년 5월 확정했다. (대법원2017다207574)

광주에 사는 김 모 씨도 부양 의무를 제대로 이행하고 있지 않다는 이유로 3남 2녀 중 장남을 상대로 소송을 냈다. 김 씨는 1990년 남편이 사망한 뒤 남겨준 토지와 집을 수년 뒤 장남에게 증여했다. 아들이 "부동산을 물려주면 현재 살고 있는 낡은 주택을 보수해 쾌적한 환경에서 여생을 즐길 수 있도록 하고 생활비 일체를 부담하겠다"라고 약속했기 때문이다.

재판에서 장남은 부양 의무를 다했다고 주장했지만 법정에 드러난 증거들은 정반대였다. 일단 김 씨가 사는 집의 환경은 극도로 열악했다. 대문이 낡아 도저히 지나갈 수 없어 옆 창고 문으로 드나들어야 했다. 일부 방은 천장이 쏟아져 내렸으며 화장실과 세면실도 제대로 갖춰지지 않은 데다 온수도 사용할 수 없었다. 연탄 보일러를 가동해도 난방이 되지 않고 벽과 천장에 균열이 있어 연탄가스 누출 위험도 큰 것으로 드러났다. 정기적으로 주겠다는 생활비 역시 주지 않았다. 재판부는 증여의 조건이었던 부양 의무를 제대로 다하지 않았다는 이유로 토지와 집의 소유권을 다시 김 씨에게

넘겨줄 것을 명했다. (2017년 광주지법)

3남 3녀를 둔 김 모 씨도 부당이득금 반환 소송을 낸 엄마다. 김 씨는 남편 사망 당시 상속재산이었던 경기도 소재 7,870제곱미터의 부동산에 대한 자신의 상속지분을 전부 포기하고 장남에게 몰아줬다. 전 재산을 물려주면 평생 정성껏 모시겠다는 말을 믿었기 때문이다. 이후 15년간 김 씨는 장남 소유 주택에 살며 매달 40만원가량의 생활비를 받았다. 하지만 2013년 장남이 김 씨가 살던 집을 포함한 상속재산을 약 30억 원에 다른 사람에게 팔면서 문제가 생겼다. 장남이 김 씨가 살 집을 구해주지 않고 큰딸 집으로 옮기게 하는 동시에 생활비 지급도 끊어버린 것이다.

김 씨는 2016년 장남을 상대로 부당이득금 반환 소송을 냈다. 장남은 "상속재산은 어머니와 관계없이 아버지에게 직접 받은 것"이라 항변했다. 하지만 법원은 "장남은 김 씨에게 상속지분에 해당하는 3억 원을 지급하라"라고 판결했다. 김 씨가 상속재산 지분을 전부 포기하고 장남에게 준 것은 향후 여생 동안 적절히 부양하겠다는 조건에 따랐다 봐야 하는데, 이를 어긴 만큼 계약은 해제됐다는 게 재판부의 설명이다. (2017년 수원지법)

앞서 언급한 부모들은 계약서, 효도 각서 등 문서 형태의 증거를 가지고 있던 덕분에 재산을 돌려받을 수 있었다. 이들은 그나마 불행 중 다행인 부모라 할 수 있다. 대부분의 부모는 소송을 내도 불효자에게 재산을 돌려받기가 쉽지 않다. 통상 자녀에게 재산을 떼어주면서 계약서까지 쓰는 경우는 드문 데다, 민법 제558조는 이미 증여가 이뤄진 재산에 대해서는 해제의 효력이 미치지 않도록 하고 있기 때문이다.이 때문에 자식에게 재산을 이미 물려준 부모가 제대로 된 별도의 각서를 마련하지 않았다면 부양 의무를 제대로 이행하지 않는 등 망은행위를 하더라도 재산을 되찾기 힘들다. 한 모 씨의 소송 사례를 보자.

한 씨는 2009년 손자에게 지방 소재 주택의 소유권을 넘겨준 뒤 함께 살았다. 2013년에는 효도계약서를 작성했다. "손자 부부는 한 씨를 성심껏 부양하고 행복한 가정을 만들기 위해 노력해야 하며 만약 손자 부부가 한 씨를 부양하지 않거나 이혼 등을 한 경우 증여를 취소하고 증여로 인한 모든 이익금을 반환한다"라는 취지였다. 3년 뒤인 2016년 한 씨는 손자 부부가 자신을 제대로 부양하지 않고 서로 심각하게 다툰 뒤 이혼 소송을 냈다며 증여계약 취소 소송을 냈다. 하지만 재판부는 이를 받아들이지 않았다. 계약서가 이미 증여에 따른 이전등기가 완료된 지 3년 10개월 후에 작성됐기 때문이다. 이미 증여가 이뤄진 데다 계약서 또한 늦게 작성된 만큼 부담부 증여라 보기 어렵다는 취지였다. (2016년 대구지법)

80대 후반인 김 모씨도 버림받은 엄마다. 그는 1964년 큰아들에게 넘겨준 부동산 소유권을 놓고 2006년에 소송을 냈다. 당시 남편을 여의고 남은 재산을 정리해 마련한 토지와 주택을 큰아들 명의로 뒀는데 큰아들은 2000년에 부동산을 모두 팔아버렸다. 김 씨는 소송에서 당시 증여가 자신과 동생들을 잘 보살피는 조건으로 한 민법상 부담부 증여였다고 주장했다. 약속을 지키지 않았으니 증여를 취소해야 한다는 것이다. 하지만 이런 주장을 뒷받침할 만한 증거가 없었다. 오로지 김 씨의 진술뿐이었다. 결국 법원은 상대에게 의무가 발생하는 부담부 증여가 아닌, 단순 증여라며 김 씨의 주장을 기각했다.

이처럼 생전 증여 후 자녀의 변심으로 버림받는 부모들이 종종 생기면서 해당 법률조항의 문제점을 지적하는 목소리는 지속적으로 나오고 있다. 무엇보다 이미 이뤄진 증여행위는 취소할 수 없다는 부분을 개선하라는 요구가 많다. 2007년에는 이를 폐지하라는 헌법소원이 제기되기도 했다. 다섯 아들의 엄마였던 최 모씨는 1963년 남편이 사망하자 상속재산을 정리한 뒤 서울 소재 토지와 주택을 구입해 장남에게 줬다. 그런데 장남은 2000년 어머니 허락 없이 이 부동산을 8억 원에 다른 사람에 팔아버렸다. 그러자 어머니 최 씨는 "나와 다른 형제들을 부양하는 조건으로 증여해준 것"이라며 법원에 판매 가격의 절반인 4억 원을 돌려달라는 소송을 냈다. 하지만 1심과 2심 법원 모두 "부담부 증여임을 입증할 증거가 없고 단순 증여로 볼 경우 이미 계약이 이행된 경우에는 되돌릴 수 없다"라며 받아들이지 않았다. 판결을 수긍할 수 없었던 최 씨는 헌법소원을 제기했다. 최 씨의 핵심 주장을 요약하자면 아래와 같다.

증여를 받은 은혜를 입었음에도 불구하고 부양 의무를 이행하지 않는 등 망은행위를 한 경우에는 증여받은 재산을 반환하게 하는 것이 정의와 공평의 견지에서 당연하다. 장남이 어떠한 망은행위를 하더라도 이미 증여가 이뤄진 재산에 대해 해제할 수 없도록 한 민법 제558조는 헌법에 보장된 증여자의 기본권인 재산권, 사적 자치권 등을 침해하는 것이다.

한마디로 "내가 줬던 재산 내가 다시 돌려받겠다는 데 왜 국가에서 막느냐"라는 취지다. 하지만 해당 법령을 담당하는 법무부는 헌법재판소에 합헌을 주장하는 의견을 냈다.

망은행위를 이유로 증여계약을 해제할 수 있다 하더라도 증여의 이행이 완료되면 증여자의 의사도 명확하게 되고 또한 경솔하게 행하지 않았다고 볼 수 있다. 증여의 법률관계를 조속히 안정시키고, 증여 해제 시에도 증여자의 일방적인 의사에 의하여 법률관계가 불안정하게 좌우되는 것을 최소화하기 위해 이 조항은 필요하다.

요약하자면 "아무리 자녀에게라도 이미 준 재산이라면 돌려달라 할 수 없다" 정도가 아닐까 싶다. 증여가 해제됐다고 다른 사람에게 판 재산을 돌려달라고 하면 엉뚱한 제3자가 피해를 볼 가능성도 있기 때문에 이를 함부로 해지할 수 없게 해야 된다는 취지다.

격론이 오고 갔지만 헌법재판소는 재판관 전원 일치된 의견으로 법무부 쪽 손을 들어줬다. “이미 확정된 증여까지 취소하게 하면 법률관계가 지나치게 복잡해지는 데다 부양 의무를 불이행할 경우 부양료 소송을 내면 된다”라는 판단이 나왔다. (헌법재판소 2007헌바135)

헌재는 합헌 결정을 내렸지만 같은 일들이 반복되자 정치권에서는 이른바 ‘불효자 방지법’을 도입하려는 움직임이 본격화됐다. 아예 법을 바꿔서 재산을 주고 버림받는 현대판 고려장을 미연에 방지하자는 취지다. 물꼬는 2015년 민병두 더불어민주당(당시 새정치민주연합) 의원이 민법일부개정법률안과 형법일부개정법률안을 발의하면서 텄다. 이 개정안에는 증여자 또는 그 배우자가 직계혈족에 대한 범죄행위가 있는 때 증여를 해제하도록 한 민법 제556조를 “학대, 그 밖에 현저하게 부당한 대우를 한” 경우에도 해제할 수 있도록 적용 폭을 넓혔다. 또 이미 이행한 계약은 해제할 수 없도록 한 제558조도 삭제하도록 했다. 당시 많은 화제를 모았지만 반대 여론도 만만치 않아 국회 문턱을 넘지 못하고 자동 폐기됐다.

하지만 2015년 말 ‘효도 각서’를 제대로 이행하지 않은 아들의 불효를 이유로 증여계약 해제를 확정한 대법원 판결이 언론에 대대적으로 보도되면서 불효자 방지법 논의는 다시 급물살을 탔다. 사연은 이렇다. 유 모 씨는 2003년 12월 아들에게 서울 소재 시가 20억 원 상당의 2층 단독주택을 물려주며 효도 각서를 받았다. 함께 살면서 제대로 봉양하지 않으면 재산을 모두 되돌려 받겠다는 내용이었다. 하지만 재산을 물려받은 아들은 태도가 변했다. 함께 살기는 했지만 식사도 같이 하지 않았다. 허리가 아픈 어머니의 간병은 따로 사는 누나와 가사도우미에게 맡겼다. 2013년에는 스스로 거동할 수 없게 된 어머니에게 "요양원에 가시는 게 어떻겠느냐"라고 권유했다. 이에 실망한 유 씨가 따로 나가 살겠다며 집을 다시 돌려달라 하자 아들은 "천년만년 살 것도 아닌데 맘대로 한번 해보시지"라며 막말을 퍼부었다. 결국 유 씨는 딸의 집으로 이사한 뒤 아들을 상대로 부동산 소유권을 돌려달라는 소송을 냈다. 대법원 민사3부는 "유 씨가 부동산을 넘긴 행위는 단순 증여가 아니라 (효도라는) 의무 이행을 전제로 한 부담부 증여다. 조건이 충족되지 않았으므로 계약을 해제할 수 있다"라며 원고 승소 판결한 원심을 확정했다. (대법원 2015다236141)

20대 국회 들어서는 같은 취지의 법안이 여러 건 발의됐다. 이명수 자유한국당 의원, 민병두 더불어민주당 의원, 이철규 자유한국당 의원, 서영교 더불어민주당 의원, 박완주 더불어민주당 의원● 등이 발의한 안들이다(표 참조). 법안 명은 다르지만 내용은 대동소이하다.

① 수증자가 학대 또는 부당한 행동을 한 경우 해제 조항 추가

② 해제권을 행사할 수 있는 기간을 연장

③ 이미 재산을 증여한 경우에도 원상회복

● 「민법 일부개정법률안 검토보고서」 서영교 의원 대표발의, 제9126호

▪ 20대 국회에 발의된 불효자 방지 관련 법안 *자료: 국회 법제사법위원회 검토 보고서 종합

개정안	주요 내용
이명수 의원 대표발의 (2016. 8. 10 발의)	-부양 의무 있는 친족 간 증여의 경우 수증자의 부양 의무 불이행 시 증여자가 법원에 부양 의무 이행청구 할 수 있도록 함. -법원에 이행청구 한 이후에도 수증자가 부양 의무 불이행 시 증여자가 증여를 해제하고 원상회복을 구할 수 있도록 함.
민병두 의원 대표발의 (2016. 9. 12 발의)	-증여해제 사유에 '증여자에 대한 학대', '그 밖에 현저하게 부당한 대우를 한 경우'를 추가함. -증여자의 재산상태 변경으로 인한 증여해제의 경우 수증자는 생계에 중대한 영향을 미치지 않는 한 받은 이익이 현존하는 한도에서 증여자의 생계에 필요한 금액을 지급하도록 함.
이철규 의원 대표발의 (2016. 12. 14 발의)	-부양 의무 있는 관계에서 이루어진 증여를 부담부 증여로 추정. 수증자가 부양 의무를 불이행한 경우 증여자에게 제척기간 없는 해제권 부여하고 수증자는 원상회복의 의무를 부담.
서영교 의원 대표발의 (2017. 9. 6 발의)	-수증자가 학대나 부당한 대우를 한 경우에도 증여해제 권한 부여하고 이 경우 수증자는 원상회복 의무 부담.
박완주 의원 대표발의 (2018. 2. 12 발의)	-부양 의무의 불이행, 증여자 등에 대한 범죄행위로 증여가 해제되는 경우 수증자로 하여금 증여자에 대해 그 증여의 원상회복 의무를 부여.

실제 해외에서는 이 같은 법 조항을 도입한 나라들이 있다. 독일은 "중대한 망은의 책임이 있는 때에는 증여를 철회할 수 있다"라고 규정하고 있고 스위스는 "친족법상의 의무를 중대하게 위반할 때" 철회하도록 하고 있다. 프랑스도 "생명에 위해를 가하거나, 학대·모욕의 범죄를 저지른 경우, 증여자에 대한 부양을 거절한 경우" 증여 의사를 철회하는 법을 가지고 있다.

하지만 실제 입법이 될지는 알 수 없는 일이다. 반론이 만만치 않기 때문이다. 일단 학대 또는 부당한 행동이 의미가 불명확하다

는 지적이 있다. 어디부터 어디까지 부당한 행동이라 볼지를 모두 법에 적을 수 없다. 결국 법원이 결정해야 할 텐데 판례가 쌓이기 전까지 아무도 기준을 알 수 없는 상황에서 부모 자식 간 소송이 남발되는 상황을 만들 수 있다. 또 부모가 재산으로 자식의 효를 강제하는 것이 과연 합당한 것인가도 동의하지 못하는 이들이 많다. 이미 증여가 이뤄진 후에도 다시 원상회복을 할 수 있게 하면 증여세 환급 등 복잡한 법률관계 문제가 발생한다는 점도 반대의 논거다.

이 문제와 관련해 개인적으로 오죽하면 이런 논의까지 나오는 상황이 됐나 싶어 안타까운 마음이 크다. 그러나 이게 과연 불효자 방지법을 제정한다고 해서 해결될 문제인지는 분명치 않다. 한국 사회에서 대부분의 사람이 일평생 일군 재산이라고 해봐야 집 한 채가 전부다. 자식한테 주지 말고 주택연금 등으로 돌려 자신의 노후를 위해 쓰면 좋으련만, '어렵다'라며 눈물로 호소하는 자녀를 외면하기는 정말 쉽지 않은 일이다. 돈을 받아간 자녀들이 잘되면 좋겠지만 이미 고도성장기가 끝난 우리나라에서 부모 이상의 부를 쌓기도 쉽지 않은 일이다. 커지는 노후비용 부담을 감당하지 못해 갈등의 골이 깊어지고 결국 물려준 재산을 돌려달라는 소송까지 이어지는데, 이게 과연 불효자 방지법으로 자녀들만 속칭 '조진'다고 해결될 일이겠냐는 얘기다. 실제 우리나라 청장년층의 노년부양비(생산가능인구 100명이 부담해야 하는 65세 이상 인구의 수)는 급속도로 커지고 있다.

결국 급속도로 늘어나는 고령층에 대한 사회적 해법을 찾아야만, 버림받는 부모와 불효자 사이에 벌이는 불행한 소송전을 최소화하고 국민들의 고통도 경감할 수 있다. 그 과정에서 불효자를 단죄하는 방안도 논의해야겠지만 그렇게 한다 한들 실효성이 있을지는 의문이다. 안 그래도 소송이 많은 나라인데 불효자처럼 감정이 개입된 갈등을 소송으로 해결할 경우, 재판이 1심, 2심, 3심으로 이어지며 생계 곤란에 빠진 노인들이 더 곤란해질 가능성이 높다. 그보다는 부모 부양을 외면하지 않는 자녀에게 더 이득을 주는 방식으로 사회적 논의가 진행되면 좋을 것 같다. 다음 기사를 보자.

▪ 우리나라의 노년부양비

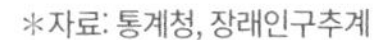

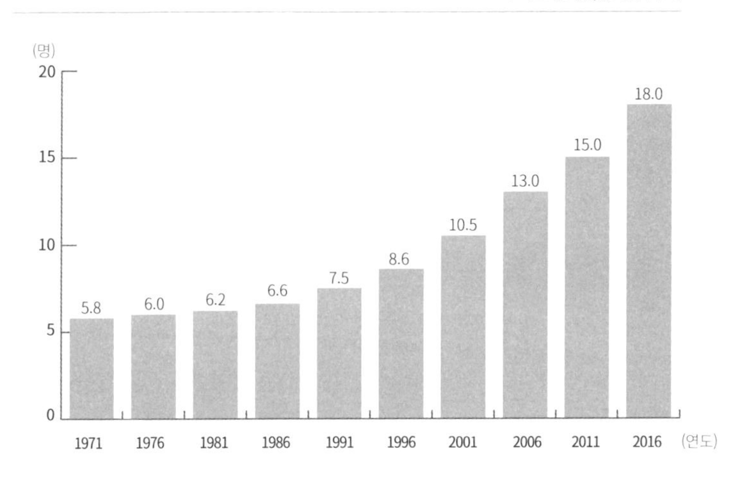

보험설계사로 10년 넘게 일했던 허 모 씨는 2012년 세무서에서 증여세 약 2,166만 원을 부과받았다. 부모가 살고 있는 서울 노원구의 아파트 소유권을 2010년에 넘겨받았는데 세금을 내지 않았다는 것이었다. 허 씨는 "어머니에게 2002년부터 10여 년간 매달 120만 원씩 생활비를 보내고 있고 아파트 담보 빚 6,200만 원도 대신 갚는 등 대가를 지급한 매매 계약"이라며 조세심판을 청구했다. 하지만 조세심판원은 "일상적 부양을 한 것"이라며 청구를 받아들이지 않았다. 다만 담보 빚을 갚아준 점은 인정해 이를 제외하고 증여세를 다시 계산하도록 했다. 세무서가 증여세를 약 922만 원으로 줄여 다시 부과하자 허 씨는 소송을 냈다.

대법원 1부(주심 고영한 대법관)는 허 씨가 성동세무서를 상대로 낸 소송에서 "증여세 부과처분을 취소하라"라는 원심을 확정했다고 6일 밝혔다. 재판부는 "원심 판결과 상고 이유를 모두 살펴봤으나 원심의 판단은 정당하다"라며 "증여세 전부를 취소한다"라고 말했다. 이번 판결은 부모가 자식에게 집을 물려주는 대가로 생활비를 받는 '자식연금'을 인정한 대법원의 첫 확정판결이다.

법원은 주요 판단 근거로 실제 대가가 지급됐는지 여부를 들었다. 허 씨의 경우 월 120만 원씩을 아파트 소유권을 넘겨받기 훨씬 전부터 매달 정해진 날짜에 어머니에게 꼬박꼬박 보냈다. 못 보냈을 때는 바로 다음 달에 모아서 보낼 정도로 철저하게 지켰다.

이 같은 송금 내역은 은행거래 등 객관적 자료로 입증됐다. 또 허 씨가 아파트에 걸려 있던 담보 빚을 대신 갚아줘야 할 정도로 부모의 사정이 어려웠던 정황, 이미 부모에게 준 돈의 총액(1억 3,110만 원)이 해당 아파트 가격(1억 6,100만 원)에 상당한 정도인 점 등도 감안했다. 김선일 대법원 공보관은 "소유 주택을 담보로 맡기고 노후생활자금을 지급받는 주택연금과 비슷한 거래 형태인 만큼 증여가 아닌 매매로 봐야 한다는 취지"라고 설명했다._2014년 11월 7일, 《중앙일보》, "대법원 '자식연금' 첫 인정" 기사 중. (대법원 2014두9752)

이 대법원 판결은 부모에게 아파트를 받고 매달 돈을 보냈으면 증여세 약 2,166만 원을 물지 않아도 된다는 내용이다. 즉, 부모에게 받은 재산으로 부모를 부양했다면 이는 매매로 봐 세율이 높은 증여세를 물지 않아도 되는 만큼, 재산을 물려준 부모도 물려받은 자녀도 윈-윈(win-win)할 수 있는 길을 제시한 것이다. 이 같은 대법원 판례를 법제화해 안정성을 보장한다면 재산을 토해내라는 불효자 방지법보다 더 효과가 있을 것 같다.

자녀에게 다 주지 마라

지금까지 부양료 소송부터 물려준 재산을 토해내라는 불효자 관련 소송까지, 부모 부양을 둘러싼 다양한 소송 사례들을 살펴봤다. 관련 소송 중 특히 부양료 소송은 승소율이 꽤 높은 편이다. 일부 승소를 포함하면 80%가 넘는다. 일반 민사 소송 승소율인

59.8%를 크게 웃도는 수치다. 비록 부모들의 승리로 끝나는 경우가 많지만 소송이 좋을 건 하나도 없다. 어느 부모가 친자식과 소송을 벌여서 받은 부양비로 행복하겠냐는 말이다. 불효자 방지법 등 사회적 차원의 해법 논의도 있겠지만 개인적 차원의 해법도 존재한다고 생각한다.

우선은 자녀에 대한 부모의 인식을 바꿔야 한다. 자녀가 적절한 교육을 받고 사회에 자리 잡을 수 있게 도와주는 것도 중요하지만, 적어도 여력이 되는 선에서 도와줘야지 노후 자금까지 박박 긁어 줘서는 곤란하다. 중산층 부모 중에서는 자녀 1인당 사교육비를 매달 100만 원 이상 쓰는 경우도 많다. 이런 경우 자녀가 두 명만 돼도 노후준비를 하는 것은 불가능에 가깝다. 많은 교육비를 투자해 유학까지 보내도 자녀가 돌아와 번듯한 직장을 잡는 것은 하늘의 별 따기다. 취직해도 결혼을 시키려면 최소한 전세자금은 도와줘야 한다. 과도한 자녀사랑으로 빈털터리가 된 부모들은 결국 노후를 사회에서 책임지길 바란다. 이 부분과 관련해서는 취재 과정에서 만나 인터뷰한 서이종 서울대 사회학과 교수의 말을 그대로 옮겨보겠다.

우리나라 부모들은 자녀에게 봉이다. 먹여주고 입혀주는 걸로 부족해 대학원에 해외 유학까지 보내주고 나서도 취직을 못 하면 데리고 산다. 급기야 결혼할 때는 살 집까지 해준다. 나는 이걸 지나친 가족주의라 칭한다. 지구상에 이런 나라가 없다. 너무 심하다. 물론 돈이 많으면 다 해줄 수 있다. 하지만 여유가 없는 이들도 그렇게 하는 건 문제다. 수명이 짧을 때는 가능했지만 지금처럼 부양비용이 급증하는 시대에는 부적절하다. 성인이 된 자녀는 경제적으로 독립시키고 부모는 자력으로 살아가는 보다 느슨한 가족관계로 가는 게 맞다.

간혹 어르신 중에 보면 자녀에게 재산 다 나눠주고 이제 돈이 없으니 국가가 부양을 책임지라고 하는 분도 계신다. 그건 지나친 요구다. 공동체의 지속 가능성을 해치는 일이기도 하다. 그 많은 노인 인구를 어떻게 국가가 다 책임지나. 기본적으로 자기 재산은 자기를 위해 다 쓰고 죽는다는 개념으로 가야 한다. 그러다 남는 건 사회에 기부해야 한다. 정 벌어놓은 게 없는 사람은 국가가 당연히 도와줘야겠지만 원칙적으론 그러는 게 맞다.

더구나 거액의 상속은 사회적으로 많은 부작용을 야기한다. 우선 자녀의 독립성이 현격히 떨어진다. 학생들을 가르치다 보면 너무 행복한 이들이 있다. 아버지에게 건물 몇 채 받을 수 있는 학생들이다. 월세만 가지고 먹고살면 되는데 공부를 뭐 하러 열심히 하겠는가. 그러다 보니 부모 도움을 적게 받은 학생들은 상대적 박탈감이 커지고 금수저, 흙수저 논란까지 나오는 것이다. 또 재산을 물려준다 한들 높아질 수 있는 생활수준에는 한계가 있다. 단기간 좋아지더라도 장기적으로 원래 상태로 떨어진다. 자기 실력으로 얻은 게 아니라 지속 가능성이 떨어지기 때문이다. 그럴 바엔 물려주지 않는 게 맞다. 재벌 상속만 문제가 아니다. 우리 사회 근간을 이루는 중산층 모두에게 해당되는 문제다. 지금처럼 젊은 세대가 부모 재산에 대해 큰 기대를 품고 의존하게 두어서는 안 된다.

중요한 건 애당초 재산에 대한 기대를 가지지 않게 자녀를 어릴 때부터 교육시켜야 한다는 점이다. 기대를 안 하면 부모에 대한 원망도 안 생긴다. 나도 자녀가 세 명인데 어릴 때부터 '대학을 졸업하면 독립해야 한다'고 가르쳤다. '내 재산은 다 기부할 것'이라는 얘기도 반복해서 해줬다. 대학을 졸업한 첫째는 이미 알아서 독립했다. 나머지 두 자녀도 그럴 것이라 본다._2017년 6월 18일, 《중앙SUNDAY》, "100세 시대, 자식에게 재산 물려준다는 생각 버려야" 기사 중

대략 요약하면 자기가 번 돈은 자기가 다 쓰고 가는 방향으로 사회가 변해야 한다는 취지다. 부모가 재산을 물려줘도 자신이 쓰지 않고 부모 노후를 위해 쓰는 게 자식 된 입장에서도 도리가 아닐까. 결국 자녀가 부모 재산에 헛된 욕심을 안 품고 자립하며, 부모도 자신의 노후는 스스로 책임져야만 혈연 간 소송으로 인한 가족 해체를 조금이나마 줄일 수 있을 것이라 본다. 사회적으로 "자녀에게 다 주지 마라" 캠페인을 전개해야 할 시점이다.

2부

부부의 해체

4

더 이상 범죄가 아닌 간통

간통죄 위헌 이전의 한국사회

"나 절대로 이혼 못 해. 누구 좋으라고. 너네들 무슨 지랄해도 인정 못 해. 사랑? 좋아하네. 너넨 현재 스코어, 간통이야. 알아?" 2008년 개봉한 영화 <아내가 결혼했다>의 주인공 덕훈의 대사다. 덕훈은 다른 남자와 결혼하겠다는 아내를 붙잡기 위해 찾아갔지만 아내를 끝내 설득하지 못하고 울분에 찬 협박만 내뱉는다. 여기서 눈여겨볼 대목은 덕훈의 대사 한 구절이 현재 시점에서는 성립할 수 없다는 점이다. 간통죄다. 2015년 2월 26일 헌법재판소의 위헌 결정과 함께 1953년 형법 제정 이후 62년간 부정행위에 대한 가장 강력한 제재로 기능했던 간통죄는 역사 속으로 사라졌다.

이 장에서는 간통죄가 폐지된 이후 한국의 부부간 외도 문제와 이를 둘러싼 환경의 변화를 살펴보려고 한다. 간통죄가 어떤 죄인가. 2015년 2월 25일까지만 해도 시퍼렇게 살아 있던 법이다. 법령을 살펴보자.

형법 제241조

① 배우자가 있는 자가 간통한 때에는 2년 이하의 징역에 처한다. 그와 상간한 자도 같다.

② 전항의 죄는 배우자의 고소가 있어야 논한다. 단, 배우자가 간통을 종용 또는 유서한 때에는 고소할 수 없다.

참 심플하다. 부정행위를 저지를 경우 2년 이하 징역에 처한다는 얘기다. 지금 생각해보면 유부남, 유부녀가 바람을 피웠다고 징역형을 선고하는 게 좀 이상한 얘기 같지만 당시에는 필요하다는 사람이 많았다. 특히 혈통을 중시하던 전통 사회에서 여성의 부정행위는 말 그대로 주홍글씨였으며 중대한 잘못으로 다스려졌다. 칠거지악 세 번째 조항이 '아내가 바람을 피우는 경우'였다는 점을 감안하면 잘 알 수 있다. 기혼 여성의 성을 통제해 가문의 순수한 혈통을 지키는 게 주요 목적이었던 셈이다.

그래서인지 1905년 제정된 대한제국 형법에 이 조항은 "기혼 여성이 간통한 경우에 간통한 여성과 그 상간자를 6개월 이상 2년 이하의 징역에 처하도록 한다"라는 조문으로 도입됐다. 남편이 바람을 피우는 경우에 대한 처벌 조항은 없었다. 하지만 광복 이후 1953년 형법을 제정하면서 여성만 처벌하는 게 봉건적이라는 비판이 많았다. 아예 없애자는 주장도 나왔지만 필요하다는 의견도 많아서 논박을 벌이다, 결국 남녀를 동일하게 처벌하되 친고죄(피해자가 고소해야만 공소를 제기할 수 있는 범죄) 형태로 두는 방식으로 형법에 포함했다.● 도입 취지는 선량한 성 도덕, 일부일처주의 혼인제도 유지, 가족생활 보장, 부부간 성적 성실의무 수호, 간통으로 인한 사회적 해악의 사전예방이었다. 이후 헌법재판소에서 위헌 결

● 여성정책연구원, 2014, 「간통죄에 대한 심층분석」

정을 내리기 전까지 이 조항은 살아 있었다. 신문기사를 뒤져보면 간간히 이 법률 위반으로 옥살이를 하게 된 이들의 사연이 나온다.

> 서울형사지법 성동지원은 29일 유부녀를 간통한 혐의로 구속 기소된 가수 금 모 피고인(35세·본명 서○○)에게 간통 사기죄 등을 적용, 징역 8개월을 선고하고 금 피고인과 함께 놀아난 한○○ 피고인(33세)에게 징역 10개월을 선고했다. 금 피고인은 작년 7월 27일부터 30일 사이 김 모 대위의 부인인 한 피고인을 꾀어 워커힐, 빌라·하우스에 데려가 동침한 뒤 시가 30만 원짜리 롤렉스 팔목시계 한 개를 사취한 혐의로 작년 10월 구속 기소돼 징역 1년 6개월을 구형 받았다._1973년 1월 30일, 《중앙일보》 7면, "금 모 씨에게 8월 선고 유부녀와 간통" 기사 중

표현만 봐도 지금과는 정말 다른 세상임이 느껴지지 않나? 법률상 배우자를 무시하고 '놀아난' 유부남, 유부녀에게 국가가 형벌로 대가를 치르도록 하는 게 사회적으로 당연했던 시절의 기사다. 이 시기에는 연예계 치정사건에 간통죄가 얽힌 일도 많았다. 여성의 정조를 강조하는 보수적 사회 분위기 속에서 간통 혐의로 기소된 여배우는 지탄의 대상이 되곤 했다. 1962년 영화배우 최무룡, 김지미 씨 커플이 대표적이다. 최 씨의 부인이자 역시 배우인 강효실 씨가 김 씨를 간통 혐의로 고소해 두 사람은 구속됐고 일주일간 유치장 신세를 졌다. 김 씨는 거액의 위자료를 강 씨에게 물어줬

고, 이후 최 씨와 1969년까지 부부로 살았다. 1980년대 초반 절정의 인기를 누리던 여배우 정윤희 씨가 당시 중앙건설 조규영 회장과 만나다 조 회장 부인에게 간통죄로 고소당해 구속되는 일도 있었다. 하지만 세월이 지나면서 사람들의 인식이 달라졌다. 아래 기사를 보자.

> 간통사건 피고인에게 1심에서 집행유예가 선고됐다. 이는 간통 피고인들에게 1심에서 거의 예외 없이 실형을 선고해오던 종전의 관례에 비춰 주목된다. 서울형사지법은 30일 이 모 씨(38세·서울), 윤 모 씨(21세·여) 피고인 등 두 명에게 간통죄를 적용, 징역 10월에 집행유예 2년씩을 각각 선고했다. 재판부는 판결문에서 "이 피고인이 부인 박 씨와 이혼한 상태는 아니지만 1년 전부터 부부관계를 맺지 않는 등 사실상 혼인상태가 파탄된 상태에서 이루어진 범죄이기 때문에 위법의 정도가 약하다"며 집행유예선고의 이유를 밝혔다._1984년 10월 30일, 《중앙일보》 7면, "간통사건에 집유선고" 기사 중

이 기사가 신문지상의 좁은 틈을 비집고 들어간 이유는 딱 하나다. 실형 선고가 일반적인 간통죄에 대해 법원이 이례적으로 집행유예를 선고했기 때문이다. 간통죄는 조문에 벌금형이 포함되지 않은 탓에 유죄가 인정되면 대부분 실형이 선고됐다. 그런데 추상같던 간통죄에 대한 사회적 인식이 점차 달라지기 시작했다. 남녀

간 내밀한 애정 문제를 국가가 형벌로 다스리는 것은 국민의 기본권인 성적 자기 결정권을 지나치게 침해한다는 지적이 잇달아 제기됐기 때문이다. 결혼한 이들의 부정행위는 윤리적으로 비난받을 문제이긴 하지만, 이를 두고 형사 처벌까지 하는 것은 지나치다는 인식이 일반에 널리 퍼지면서 간통죄의 위상은 추락하기 시작했다. 또 간통을 형벌로 처벌했던 나라 대부분이 간통죄를 폐지한 만큼 우리도 세계적 추세에 따라야 하는 것 아니냐는 주장도 많았다. 덴마크는 1930년, 스웨덴은 1937년, 일본은 1947년, 독일은 1969년, 프랑스는 1975년, 스페인은 1978년, 스위스는 1990년, 아르헨티나는 1995년, 오스트리아는 1996년에 간통죄를 폐지했다.

소수였던 간통죄 폐지 주장은 1990년 이후 헌법재판소에서 네 차례 위헌심리를 거치면서 점차 힘을 얻었다. 처음에는 세 명의 재판관이 위헌의견을 냈지만 점차 늘어 2008년엔 합헌 의견(네 명)보다 위헌의견(다섯 명)이 더 많아졌다. 아쉽게 위헌 정족수(여섯 명)에 못 미쳐 살아남았지만 다음번에는 간통죄가 폐지되지 않겠냐는 관측이 많았다.

이 같은 사회 분위기 변화는 피고인의 형을 결정하는 판사들에게도 큰 영향을 미쳤다. 유죄를 선고해도 실형이 아닌 집행유예를 택하는 경우가 많아진 것이다. 2007년에 간통죄에 대해 위헌법률심판제청을 한 당시 서울북부지법 도진기 판사의 제청 사유는 판사들의 변화된 인식을 잘 보여준다.

▪ 간통죄 위헌성 판단 어떻게 변했나

연도	1990년	1993년	2001년	2008년	2015년
결론	합헌	합헌	합헌	합헌	위헌
비율 (합헌:위헌)	6:3	6:3	8:1	4:4:1 ('1'은 헌법불합치)	2:7

(간통은) 본질상 배신행위에 대한 책임을 물어 이혼법정이나 민사법정에서 다뤄야 할 문제이지 형사법정에 세워야 할 문제는 아니다. 배우자가 이미 몸과 마음이 서로 떠났는데 타인과의 성행위를 범죄로 봐야 할지 의문이다.

국가권력이 개입해 (간통을) 처벌하겠다는 것은 성행위에 지나친 비중을 두는 구시대적 관념이 아닌지 따져봐야 한다. 여성의 사회·경제적 지위와 법적권리 향상으로 간통죄의 역할이 의문스럽게 됐다. 법이 이불 안까지 들어와서는 안 된다.

이 같은 변화로 일각에서는 간통죄가 식물형법이 됐다는 말까지 나올 정도였다. 실제로 간통죄 위헌 결정이 나오기 직전인 2014년 6월과 9월 사이 전국 1심 법원에서 선고된 간통사건 판결문 92건을 전수 분석한 결과, 실형이 선고된 사건은 간통 혐의에 더해 사문서 위조 혐의까지 인정돼 징역 10월이 선고된 사건 한 건뿐이었다. 선고형량도 '징역 6월에 집행유예 1년'이 가장 많았다. 법률이

▪ 간통죄 1심 결과

※자료: 2014년 6월~9월 간통사건 판결문 92건 분석

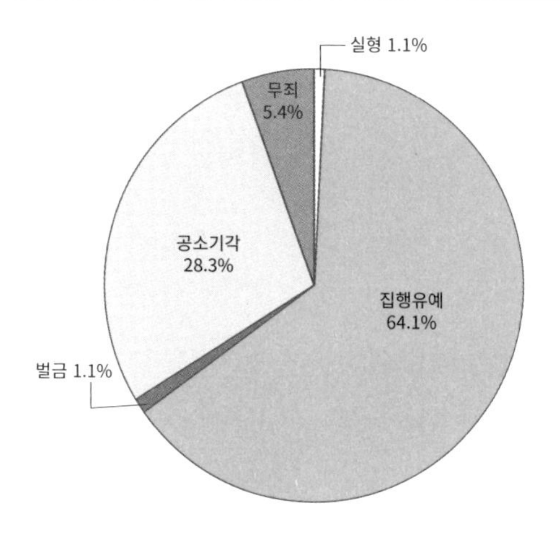

존재하는 만큼 유죄로 판단하되 양형에 있어서 실제 징역형을 살게 할 필요는 없다는 게 판사들의 공통된 인식이었다고 추정할 수 있는 대목이다.

흥미로운 것은 남편(39.1%)보다 아내(60.9%)가 간통으로 기소된 경우가 많았다는 점이다. 여성계 일각의 주장처럼 간통죄가 바람피운 남편에게 버림받은 아내를 보호하는 제도라기보다, 오히려 남편이 아내를 옥죄는 도구였을 수도 있었다는 얘기다. 법원 안팎에선 여성의 사회진출이 늘어난 데다 남성 쪽이 배우자 부정행위에 대해 끝장을 보려는 경향이 강하기 때문에 생긴 현상이라는 해석도 나왔다.

결국 헌법재판소는 2015년 간통죄를 규정한 형법 제241조가

헌법에 위반된다고 선언했다. 법이 제정된 지 62년 만에, 위헌 심리만 다섯 차례 진행된 끝에 내려진 결론이었다. 위헌결정을 내린 주요 요지는 다음과 같다.

사회 구조 및 결혼과 성에 관한 국민의 의식이 변화되고, 성적 자기결정권을 보다 중요시하는 인식이 확산됨에 따라 간통행위를 국가가 형벌로 다스리는 것이 적정한지에 대해서는 이제 더 이상 국민의 인식이 일치한다고 보기 어렵고, 비록 비도덕적인 행위라 할지라도 본질적으로 개인의 사생활에 속하고 사회에 끼치는 해악이 그다지 크지 않거나 구체적 법익에 대한 명백한 침해가 없는 경우에는 국가권력이 개입해서는 안 된다는 것이 현대 형법의 추세여서 전 세계적으로 간통죄는 폐지되고 있다. 또한 간통죄의 보호법익인 혼인과 가정의 유지는 당사자의 자유로운 의지와 애정에 맡겨야지, 형벌을 통하여 타율적으로 강제될 수 없는 것이며, 현재 간통으로 처벌되는 비율이 매우 낮고, 간통행위에 대한 사회적 비난 역시 상당한 수준으로 낮아져 간통죄는 행위규제규범으로서 기능을 잃어가고, 형사정책상 일반예방 및 특별예방의 효과를 거두기도 어렵게 되었다. 부부간 정조의무 및 여성 배우자의 보호는 간통한 배우자를 상대로 한 재판상 이혼 청구, 손해배상 청구 등 민사상의 제도에 의해 보다 효과적으로 달성될 수 있고, 오히려 간통죄가 유책의 정도가 훨씬 큰 배우자의 이혼수단으로 이용되거나 일시 탈선한 가정주부 등을 공갈하는 수단으로 악용되고 있기도 하다. 결국 심판대상조항은 과잉금지원칙에 위배하여 국민의 성적 자기결정권 및 사생활의 비밀과 자유를 침해하는 것으로서 헌법에 위반된다. (헌법재판소 2009헌바17)

요약하자면 부정행위 문제는 개인이 알아서 해결해야지 국가가 나서서 벌을 줄 필요까지는 없는 문제라는 판단이다. 위헌 결정은 대체로 환영받았지만 일각에선 '불륜은 곧 형사처벌'이라는 심리적 저항선이 사라짐에 따라 부정행위를 양산하거나 바람피워놓고 당당히 이혼을 청구하는 남녀를 양산할 것이라는 우려도 나왔다.

"바람피웠으면 돈이라도 내놔" 위자료 청구 급증

"국가는 개인 결혼생활이나 애정사에 개입할 수 없다. 불륜은 손해배상 등 민사적 수단으로 풀어야 할 문제다." 2015년 2월 27일 헌법재판소 대심판정. 박한철 당시 헌재소장이 간통죄 처벌조항(형법 제421조)에 대해 재판관 7(위헌) 대 2(합헌) 의견으로 위헌을 선언하면서 간통죄는 역사 속으로 사라졌다. 1990년 1기 헌재가 "선량한 성도덕, 일부일처주의, 부부간 성적 성실의무 수호 등을 위해 필요하다"라며 합헌으로 판단한 이후 다섯 번째 만에 나온 위헌 결정이었다. 법조계 안팎에선 "시대 변화에 따른 당연한 결정"이란 환영 의견이 주를 이뤘지만 "가정 보호나 배우자에 대한 책임감이 약해지는 문제가 발생할 것"이라는 우려도 일부 제기됐다.

그 후로 3년. 한국사회에서 부부와 부정행위를 저지른 남녀의 관계는 어떻게 바뀌었을까. 가장 두드러진 특징은 '형사(刑事)의 민사(民事)화'가 이뤄졌다는 점이다. 간통죄 조항이 존재할 때만 해도 부정행위에 대한 단죄는 형사소송을 통해 이뤄졌다. 즉, 간통으로 배우자와 간통 상대방을 고소한 다음 소 취하를 조건으로 거액의 합의금을 받아내든가, 아니면 형사처벌을 받게 만드는 방식이 일반적이었다. 하지만 간통죄 폐지로 이 방법을 쓸 수 없게 되자 상간남녀와 배우자를 대상으로 "정신적 고통으로 받은 피해를 배상하라"라며 소송을 내는 이들이 크게 늘었다. 부정행위에 대해 '징역형을 살게 할 수는 없으니 돈이라도 내놔라' 방식으로 변한 셈이다.

이 같은 경향은 통계 수치로도 명확히 확인된다. 대법원 사법연감에 따르면 이혼 소송 시 위자료를 함께 청구한 사건 수는 2014년 3,276건에서 2016년 6,050건으로 두 배가 됐다. 법원도서관 판결정보 검색 시스템을 통해 집계한 부정행위에 대한 손해배상 소송 판결문 건수는 간통죄가 존재했던 2014년만 해도 60건에 불과했으나 2017년엔 462건으로 급증했다. 판결 이유를 따로 쓰지 않는 손해배상액 3,000만 원 이하의 소액 사건 소송까지 합치면 실제 규모는 훨씬 더 많을 것으로 추정된다. 간통죄 폐지로 부정행위를 형사 처벌할 수 없게 되면서 배우자들이 민사적 제재 수단인 손해배상 및 위자료 청구 소송으로 몰리고 있는 모양새다. 부정행위를 형사적으로 처벌하는 법 조항 자체는 사라졌지만 응보감정은 여전히 남아 있기 때문이다.

▪ 간통죄 폐지 이후 늘어난 이혼 시 위자료 병합 청구

*자료: 대법원 사법연감

연도	이혼 소송(건)	위자료를 함께 청구한 이혼 소송(건)	비율(%)
2012년	44,014	1,882	4.3
2013년	42,244	2,716	6.4
2014년	41,050	3,276	8.0
2015년	39,287	6,298	16.0
2016년	37,400	6,050	16.2

▪ 부정행위에 대한 민사상 손해배상(위자료 청구) 소송 판결문 건수

*자료: 대법원 판결정보 검색 시스템 집계

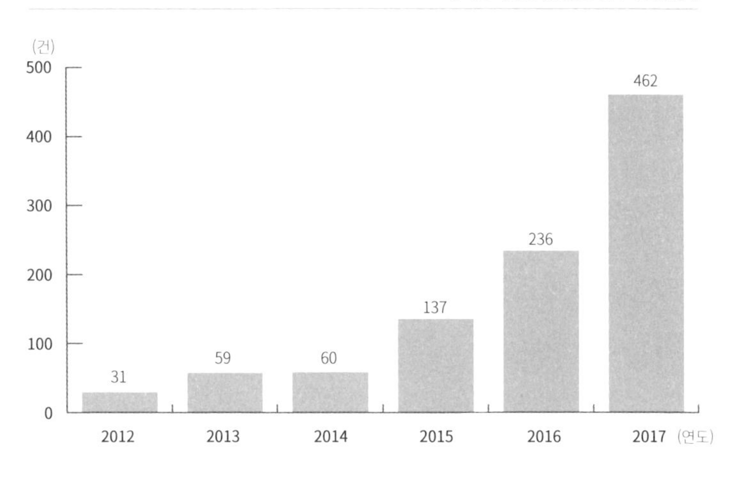

부정행위 처벌에 대한 형사의 민사화가 이뤄지면서 소송을 내는 주체도 변했다. 2016년 7월부터 2017년 9월까지 전국 법원에서 선고된 부정행위에 대한 손해배상 판결문 93건과 서울·부산·광주 가정법원에서 선고된 위자료 청구 소송 판결문 64건 등 총 157건을 분석한 결과, "배우자의 외도로 피해를 봤다"라며 소송을 낸 원

고의 71.3%가 아내였다. 남편은 28.7%에 그쳤다. 이는 간통죄 폐지 전인 2014년 6~9월, 전국 법원에서 선고된 간통죄 판결문 92건에서 남편이 아내를 고소한 사건이 전체 60.9%로 더 많았던 것과 비교해보면 사뭇 달라진 결과다.

왜 이런 결과가 나왔을까? 가사 소송 전문 변호사들은 간통죄의 특수한 구조가 이 같은 결과를 야기한 것으로 해석한다. 간통죄는 형사소송법상 '혼인이 해소되거나 이혼 소송을 제기한 후'가 아니면 고소할 수 없다. 즉, 배우자와 최종 이별을 결심해야 고소가 가능하다. 이로 인해 통상 사회·경제적으로 남편보다 기반이 부족한 아내들이 이혼을 감수하면서까지 배우자와 상간녀를 형사고소하기란 쉽지 않았다. 반면 민사소송은 남편은 용서하고 같이 살면서

▪ 부정행위에 대한 민사소송 원피고는 누구인가

※자료: 2016년~2017년 부정행위 관련 판결 157건 분석

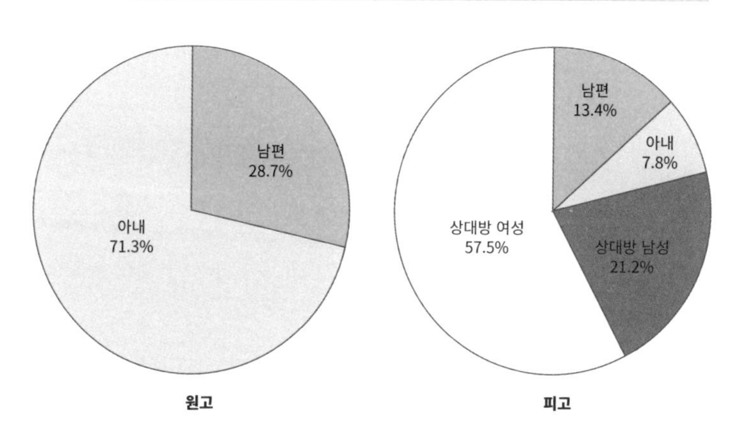

▪ 원피고 관계는

*자료: 2016년~2017년 부정행위 관련 판결 157건 분석

종류	비율(%)
배우자-상간남녀	75.2
부부간	10.8
모두	14.0

결혼생활을 유지하면서도 내 배우자를 빼앗아 간 부정행위 상대방에 대해 소송을 낼 수 있다. 즉, 소송의 문턱이 낮아진 만큼 남성보다 피해자가 많은 여성 쪽에서 더 폭넓게 활용했다는 해석이다.

부정행위로 피해를 본 당사자가 자신의 배우자를 제외한 상대방 남녀를 상대로 소송 낸 경우가 75.2%를 차지하는 점도 이 같은 분석을 뒷받침한다. 또 부정행위 자체는 일반적으로 남성이 더 많이 저지르지만, 간통죄의 경우 피소된 남편이 아내에게 거액의 돈을 주고 소를 취하하도록 하는 경우가 많았고, 여성의 경우 합의금을 낼 여력이 없어 처벌받은 사례가 많았을 것이란 추정도 가능하다.

이혼 사건 전문 변호사들 사이에서는 간통죄 폐지로 남녀 간 부정행위가 더 늘었다는 명확한 증거는 없다는 게 정설이다. 다만 이미 파탄 난 부부 사이의 외도가 더 늘었다는 추정은 많다. 즉, 외도의 문턱은 분명 낮아졌지만, 법이 없어져서 외도하는 사람이 늘었다기보다는 이미 갈 데까지 간 부부 사이에서 외도에 대한 부담이 줄었다는 얘기다.

대한민국, 부정행위의 대가는 얼마?

"민법상 부부간 정조 의무는 남아 있다." 간통죄 위헌 결정이 내려진 이후 나온 각계 반응 중 가장 기억나는 한마디다. 즉, '간통죄 폐지가 곧 부정행위 면죄부'가 아닌 만큼 민사상 부정행위에 대한 단죄가 많이 늘 것이란 주장이었다. 예언처럼 들린 이 말은 간통죄 폐지 이후 3년여가 지난 2018년 현재 그대로 들어맞았다. 이혼 시 위자료 병합 청구 건수와 부정행위에 대한 민사소송이 크게 늘었기 때문이다.

그렇다면 대한민국 사법부는 부정행위의 대가로 얼마의 위자료, 손해배상을 인정할까. 간통죄 폐지 당시만 해도 여성계를 중심으로 위자료 액수를 올려야 한다는 주장이 많았다. 통상 정찰제처럼 1,000만~3,000만 원 사이, 많아야 5,000만 원 정도인데 간통죄가 없어진 만큼 그보다 더 올려야 한다는 얘기였다. 하지만 판결문 157건을 분석해 계산한 위자료 및 손해배상액 평균은 약 1,892만 원(민사 1,567만 원, 가사 2,365만 원)이었다. 서울가정법원에서 조사한 자체 위자료 평균액(2014년 서울가정법원 판결 316건 집계, 이혼 소송에 위자료 청구가 인용된 사건만 계산)이 2,416만 원• 인 점을 감안하면 크게 변하지 않은 수준이다. 믿었던 배우자에 대한 배신감, 가정이 깨졌다는 정신적 고통을 받은 이들이 변호사를 고용해 소송을

• 조현락, 「이혼 등 재판에서의 위자료 산정 실무」, 가사소년재판연구회

■ 불법행위 유형별 적정한 위자료 산정방안 *자료: 대법원, 사법발전을 위한 법관세미나

유형		기준금액	가중금액	
교통사고		1억 원	2억 원	
대형재난사고		2억 원	4억 원	
영리적 불법행위		3억 원	6억 원	
명예훼손	일반 피해	5,000만 원	1억 원	피해가 매우 중대한 경우 훼손된 가치에 상응하도록 초과
	중대 피해	1억 원	2억 원	

내고 받은 금액이 2,000만 원 안팎이라면 그렇게 많은 금액은 아니다. 한때 간통죄로 징역형을 선고하기도 했던 법원은 왜 이렇게 손해배상과 위자료에 인색한 것일까. 위자료 산정방안을 정리한 표에 일정 부분 해답이 나와 있다.

이 표는 2016년 사법연수원이 주최한 '사법발전을 위한 법관세미나'에서 나온 법원 위자료 현실화 방안이다. 당시 가습기 살균제 사건 등 악의적인 기업범죄로 피해 본 사람들에게 법원이 위자료를 너무 적게 인정한다는 여론이 커짐에 따라, 이를 개선하기 위해 과거보다 올려서 산정한 액수다. 여기서 보면 교통사고로 인한 사망사고 위자료 기준액이 1억 원인 점을 알 수 있다. 판사들 입장에서 보면 부정행위는 사람이 죽은 것은 아닌 만큼 이보다 더 적은 수준에서 결정할 수밖에 없다는 얘기다.

많지 않은 액수이긴 하지만 개별 사안마다 액수 차이가 나기는 한다. 어떤 경우에 많고 어떤 경우에 적은지 명확한 기준이 있는 것은 아니지만 판례상 혼인기간, 자녀 수, 부정행위의 기간과 그 내

▪ 위자료 얼마나 인정됐나

*자료: 2016년~2017년 부정행위 관련 판결 157건 분석

인정 액수	비율(%)
기각	3.2
1,000만 원 이하	20.4
1,000만 원 초과~2,000만 원 이하	51.6
2,000만 원 초과~3,000만 원 이하	17.2
3,000만 원 초과~4,000만 원 이하	5.1
4,000만 원 초과~5,000만 원 이하	1.9
5,000만 원 초과	0.6

용, 부정행위가 혼인 파탄에 미친 영향의 정도, 혼인 파탄 경위와 과정, 원고와 피고의 나이, 피고의 경제적 능력 정도가 기준으로 제시된다. 실제 판결 분석 결과도 결혼 기간이 길수록, 자녀가 많을수록 대체로 많은 위자료가 인정됐다. 부정행위 지속 기간이 5년 이내인 사건의 경우 평균 약 1,751만 원의 위자료가, 5년을 초과한 사건은 약 3,461만 원의 위자료가 인정된 점, 무자녀일 때는 평균 약 1,496만 원, 자녀가 세 명 이상일 때는 약 2,715만 원의 위자료가 인정된 점이 그 예다.

분석 대상 판결 중 가장 많은 액수인 1억 원의 위자료가 인정된 70대 여성 김 모 씨의 소송사례를 보자. 1970년대 결혼한 남편 이 모 씨와의 사이에 성년 자녀 세 명을 둔 김 씨는 2015년 이혼 소송과 함께 위자료 1억 원을 청구했다. 법조계에서 일한 이 씨는 부업으로 음식점 및 부동산 임대사업을 병행하며 상당한 소득을 올리

는 자산가였다. 하지만 신혼 때부터 이 씨는 결혼 전 알고 지냈던 여성과 불륜관계를 지속했다. 몇 년 뒤 이 사실이 들통나 협의이혼을 했으나 "다시는 그러지 않겠다"라는 다짐을 하고 다시 재결합했다. 그래도 이 씨의 외도는 계속됐고 급기야 혼외자까지 태어나는 상황으로 이어졌다. 싸우고 화해하길 반복하던 부부관계는 이 씨가 일방적으로 집을 나가 다른 여성과 동거하면서 돌이킬 수 없는 강을 건넜다.

법원은 재판에서 "혼인관계가 파탄이 난 주된 책임이 이 씨의 외도에 있다"라며 "혼인기간, 나이, 직업, 경제력 등을 감안해 1억 원의 위자료를 지급하라"라고 판결했다. 물론 수백억 원의 재산 중 40%가량을 나눠주도록 한 재산분할금은 별도로 계산했다. (2017년 서울가정) 40년이 넘는 혼인기간 동안 남편의 지속된 외도에도 가정을 지키기 위해 참아온 정신적 고통을 인정한 것이다.

부정행위 상대방에 대한 위자료도 동일한 판단 기준이 적용된다. 두 번째로 많은 금액인 5,000만 원의 손해배상액이 인정된 경우다. 1980년대 초 결혼한 박 모 씨 부부는 슬하에 1남 2녀를 뒀다. 미국에 교환교수로 가게 된 남편을 따라 박 씨와 자녀들은 미국으로 이주했다. 남편이 한국으로 돌아간 이후에도 박 씨와 자녀들은 미국에 머물렀다. 가족을 모두 미국에 둔 기러기 아빠였지만 남편은 이상하게 미국에 잘 오지 않고 한국에 머물러 있는 시간이 길었다. 최근 몇 년 사이에는 한 번도 방문하지 않았다. 한국에 있는 자신의 연구소 관리가 바빠서라 했지만 너무 관심이 없었다. 그러던 2014년의 어느 날, 박 씨는 남편이 연구소 비서 김 모씨와 내연관계를 맺었으며 혼외자도 두 명을 뒀다는 사실을 알게 됐다. 거기에 자신 몰래 혼외자들을 공동 명의 주택에 거주하게 했으며 남편 연구소 명의의 부동산을 별다른 대가 없이 김 씨와 혼외자들에게 줬다는 사실도 확인했다. 결국 박 씨는 미국법원에 이혼과 재산분할 심판을 청구하는 한편, 한국법원에 김 씨를 상대로 손해배상 소송을 냈다. 재판에서 김 씨는 자신이 교제하던 시점에 부부관계가 파탄 난 상황이었고 이후 자신과 교제했으므로 불법행위가 성립할 수 없다고 주장했다. 하지만 재판부는 두 사람이 교제하던 도중에 박 씨의 막내아들이 태어난 점 등에 비춰보면 부부관계가 끝났다고 볼 수 없다며 이를 받아들이지 않았다. 재판부는 부정행위가 15년이나 지속됐고 그사이 두 명의 혼외자까지 태어난 점, 이를 들킨 다음에도 재산은닉을 시도한 점 등을 종합적으로 고려해 5,000만 원의 위자료를 지급하도록 했다. (2017년 서울가정)

부정행위 양태도 위자료 액수를 늘리는 변수다. 결혼 기간 내내 아내를 핍박했던 최 모 씨가 그런 경우다. 최 씨는 1982년 정 모 씨와 결혼한 뒤 세 명의 자녀를 뒀다. 정 씨는 결혼 후 6년간 시집살이를 하며 시부모님, 시할머니, 시동생 수발을 들었고 자녀를 양육하는 틈틈이 시댁의 농사일까지 도왔다. 하지만 공무원인 최 씨는 다방 종업원인 박 씨와 연인관계를 유지했다. 수시로 외박을 하는

가 하면 야간근무를 핑계로 박 씨의 집에서 자고 오기도 했다. 이를 목격한 뒤 항의하는 정 씨에게 폭력을 행사하고 폭언을 일삼았다. 몇 년 뒤부터는 아예 박 씨와 살림을 차렸다. 생활비조차 제대로 받지 못했지만 정 씨는 홀로 자녀를 양육하며 시부모의 수술 병간호를 도맡는 등 혼인관계를 유지하려고 노력했다. 1990년대 말 최 씨는 박 씨와 동거생활을 마치고 10년 만에 귀가했지만 변한 것은 없었다. 정 씨나 자녀들에게 욕설과 폭언을 퍼붓는 것은 다반사였다. 임신 중인 딸이 보는 앞에서 정 씨를 때리기도 했으며 생활비를 절약하라며 저녁에 TV와 전등불을 모두 끄도록 하는 등 기행을 일삼았다. 숱한 수모를 감수하며 이혼만은 참아보려 한 정 씨지만 남편의 서류 꾸러미 속에서 발견한 영수증을 보고는 참을 수 없게 됐다. 남편이 박 씨와 헤어진 뒤에도 매달 수십만 원에서 수백만 원을 송금했던 것이다. 정 씨는 살던 집을 나와 결혼한 딸의 집으로 거처를 옮겼다. 그러자 최 씨는 "개XX야. 평생 거기서 살고 오지 마라. 부탁이다. 그리고 재산은 없어", "세상에 미련하다고 해도 너같이 미련한 인간은 처음 본다" 등의 메시지를 보냈다. 정 씨는 이혼 소송을 내는 한편, 최 씨와 박 씨를 상대로 위자료를 청구했다. 최 씨는 법정에서 황당한 주장을 했다. 정 씨가 시부모를 모시고 싶지 않고 자신의 밥과 빨래 등을 해주기 싫어서 이혼을 청구했다고 주장한 것이다. 하지만 이를 인정할 증거는 없었다. 재판부는 이혼 청구를 인용하는 한편 최 씨에게 위자료 5,000만 원(박 씨 부담 3,000만 원)과 재산분할금 8,900만 원을 정 씨에게 지급하도록 했다. 혼인 중 부정행위로 관계가 파탄 난 것에 대한 책임을 물은 것이다. (2016년 광주가정)

지금까지 소개한 사례는 상대적으로 위자료 액수가 많은 편이다. 이렇게까지 많은 금액을 인정받는 경우는 드물다. 분석대상 판결 중 절반인 51.6%가 1,000만~2,000만 원 사이의 위자료를 인정받았다. 1,000만 원 이하로 받은 경우도 20.4%나 됐다. 가장 위자료가 적게 인정된 강 모 씨(여) 재판을 보자. 선원인 남편은 2015년 동창모임에서 박 씨를 만났다. 박 씨가 마음에 들었던 남편은 자신을 '돌싱'으로 소개했다. 이후 1년간 수백 건의 문자 및 카카오톡 메시지를 주고받았고 자신이 탄 배가 항구에 일시 정박할 때는 박 씨를 가족으로 위장해 배에 함께 승선하기도 했다. 그해 말 남편의 휴대전화를 보다가 이를 알게 된 강 씨는 이듬해 박 씨를 상대로 남편과의 부정행위로 자신에게 입힌 피해를 보상하라며 손해배상 소송을 냈다. 박 씨는 법정에서 이혼남인줄 알았기 때문에 잘못이 없다고 주장했다. 하지만 강 씨가 자신의 존재를 박 씨에게 알린 이후에도 "사랑해" 등의 표현이 담긴 메시지를 주고받은 점이 드러나 받아들여지지 않았다. 또 남편이 집을 나와 강 씨에게 이혼을 요구하고 있는 점 등도 고려했다. 재판부는 "박 씨는 강 씨에게 400만 원을 지급하라"라고 판결했다. (2016년 대구지법)

2012년 결혼한 김 모 씨 사례도 유사하다. 김 씨는 남편과 바람을 피운 이 모 씨를 상대로 2016년 위자료 소송을 냈다. 남편은 이 씨를 처음 만났을 때 자신을 미혼이라고 속였다. 이를 믿었던 이 씨는 남편과 연인관계를 유지해오던 중 우연히 SNS에서 아내 김 씨의 존재를 알게 됐다. 이에 남편을 추궁하자 남편은 김 씨와 이혼한 상태라 주장했다. 부정행위는 김 씨가 소송을 낼 때까지 계속됐다. 재판부는 남편이 미혼이라고 피고를 속였던 것이 부정행위의 큰 원인이 된 점, 그럼에도 불구하고 김 씨와 남편의 혼인관계가 유지되고 있는 점 등을 고려해 위자료 금액을 500만 원으로 정했다. (2017년 광주지법)

개별 사안마다 다르겠지만 결국 종합해보면 위자료 액수는 당사자들의 태도, 잘못을 인정하고 반성의 의사를 표했는지 여부, 현재 결혼의 상태, 부정행위 당시 부부의 관계 등을 종합적으로 고려해 정한다고 보면 될 것이다.

부정행위 상대 1위는 직장동료

2,069시간. 2016년 기준 한국인 취업자의 1인당 연평균 근로시간이다. 경제협력개발기구(OECD) 35개 회원국 중 멕시코에 이어 두 번째로 긴 시간이다. OECD 평균인 1,764시간과 비교하면 한국인은 1년에 305시간씩 더 직장에서 일한 셈이다.● 이 자료는 주로 근로시간 단축을 위한 근거로 쓰이는데, 간통과 부정행위 문제

● 〈연합뉴스〉, "韓노동시간 OECD 2위…獨보다 넉달 더 일하고 임금은 70%"

▪ 부정행위 남녀관계 분석해보니

*자료: 2016년~2017년 부정행위 관련 판결 157건 분석

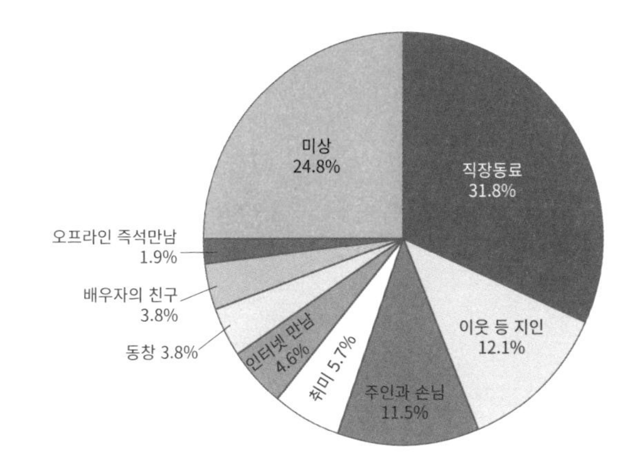

를 다루는 이번 장에 뜬금없이 꺼낸 이유는 긴 근로시간이 부정행위에도 영향을 미친다는 얘기를 하고 싶어서다. 긴 근로시간이 미치는 악영향은 이루 말할 수 없겠지만 부부관계에서도 부정행위를 유발하는 데 일조한 측면이 있다. '오피스 허즈번드(office husband)', '오피스 와이프(office wife)'라는 말이 괜히 생긴 게 아니다. 한발만 더 나아가면 부정행위로 이어지기 십상이다. 이런 얘기를 하는 이유는 다음 통계 때문이다.

부정행위로 인한 손해배상, 이혼 위자료 관련 157건의 판결문을 분석한 결과 가장 많은 유형은 직장동료 사이로 31.8%나 됐다. 이제 이해가 갈 것이다. 사실 역사상 이성관계에 대해 무수히 많은 격언이 쏟아져 나왔지만 이 말보다 더 명확한 진실을 담은 격언은

찾기 어렵다고 생각한다. "눈에서 멀어지면 마음에서도 멀어진다(Out of sight, out of mind)." 취재과정에서 만난 한 이혼 전문 변호사의 솔직한 얘기다.

> 부부는 같이 살아야 부부예요. 이혼 사건 하다 보면 무늬만 부부가 사실 많죠. 특히 직장에서 새로운 사람을 만난 경우는 얼마나 핑계 대기 편합니까. 일하느라 늦게 들어왔다고 얘기하면 되잖아요. 아내와 지내는 시간보다 회사 동료와 지내는 시간이 늘어나고 그러다 보면 사람 일이란 게 모르는 거니까요. 특히 익숙함에서 오는 호감 때문에 부정행위를 쉽게 시작할 수 있는 측면도 존재합니다. 성범죄에 괜히 가족, 이웃 등 면식범이 많은 게 아니에요. 접근하기가 편하니까요. 불륜도 비슷한 측면이 있습니다.
> 이혼 전문 변호사로서 최대 고객은 기러기 부부라고 생각해요. 기러기 부부 생활을 결정하는 순간 간통에 대한 사전 동의를 받은 것과 마찬가지입니다. 이건 옳고 그름의 문제가 아니에요. 밤에 옆에 자는 사람이 없는 것 하나만으로 기회가 얼마나 늘어나는데요. 그래서 전 주변 지인이 자녀 교육 문제로 기러기 생활을 하겠다 하면 극구 만류합니다. 자녀가 좋은 학교 가면 뭐합니까. 부모가 이혼하는데요.

김 모 씨가 아내와 부정행위를 한 이 모 씨를 상대로 낸 소송을 보자. 2005년 결혼한 김 씨는 아내와의 사이에 2남 1녀를 뒀다. 맞벌이 부부였던 김 씨는 직장 본사가 지방으로 이전하면서 주말부부 생활을 하게 됐다. 떨어져 지낸 지 1년여. 아이들에게서 아내의 귀가가 많이 늦어졌다는 얘기를 들었다. 애들을 재워놓고 밤에 나가는 일도 있다고 했다. 김 씨는 아내가 남편 없이 혼자 아이 세 명을 키우다 보니 스트레스가 쌓여 밤에 친구들을 만나러 가나 보다 생각했다. 되도록 아내와 시간을 많이 갖기 위해 먼 길을 마다하지 않고 주말마다 서울로 올라왔다. 이상한 것은 주말에 올라오면 아내가 회사에 나가는 것이었다. 약속이 있다며 새벽에 들어오는 일도 많이 생겼다. 그러던 어느 주말, 새벽에 아내의 휴대전화가 울렸다. 아내가 자느라 전화를 못 받자 김 씨가 대신 받았다. 수화기 너머에서 어떤 남자 목소리가 들리고 끊겼다. 수상한 마음에 다시 전화를 걸었지만 받지 않았다. 자신의 휴대전화로 문자를 보내자 "직장 동료인데 술 마시고 운전한다기에 걱정돼서 전화했습니다. 실례했습니다"라는 답이 돌아왔다. 그날은 그렇게 넘겼다. 하지만 한 달쯤 뒤 김 씨는 아내의 휴대전화에서 메시지를 발견했다. 연인 사이에서나 나눌 법한 은밀한 대화와 성관계를 암시하는 각종 표현들을 보고 김 씨는 엄청난 충격을 받았다. 아내의 카드 사용내역을 보니 비싼 남성 속옷을 구매한 내역까지 나왔다. 이 씨에게 선물한 것이다.

아내는 김 씨의 추궁에 외도 사실을 인정했다. "남편이 있는데

다른 사람을 만났으니 잘못했죠. 결혼생활 10년 넘었는데 아이들 빼고는 의미 없는 시간만 간 거 같아요. 당신도 나를 별로 도와주지 않았고요. 어머니도 힘들었고 생활도 힘들었으니까. 나도 이날까지 비싼 거 사본 적 없어요. 당신만 열심히 산 거 아니야. 나도 열심히 살았어. 노력했고. 애들 챙기면서 너무 힘들었어. 어쨌든 미안해. 다 내 잘못이야….” 김 씨는 아내의 외도를 알았지만 섣불리 이혼을 할 수는 없었다. 아이들에게 엄마라는 존재가 절대적으로 필요하다는 점을 생각해 이혼을 미루고 같이 살아보기로 했다. 다만 아내와 사귄 이 씨에 대해서는 부정행위에 대한 책임을 묻는 손해배상 소송을 냈다. 법원은 “2,000만 원을 배상하라”라고 판결했다. (2017년 서울남부)

박 모 씨는 아내와 1남 1녀를 뒀다. 하지만 성격 차이로 아내와 다툼이 잦았고 각방을 쓰는 경우도 많았다. 화가 난 아내는 수차례 이혼을 요구했으며 가출을 한 적도 있었다. 그러던 차에 박 씨는 같은 직장에서 일하게 된 직원 최 씨와 가까워졌다. 남편을 수상하게 여긴 아내는 뒤를 쫓다 남편과 최 씨가 호텔방에서 속옷만 입고 있는 현장을 급습했다. 아내와 최 씨 사이에는 다음과 같은 대화가 오갔다.

> 아내: 애들 있는 유부남인거 알았죠? 당신은 결혼도 안 했죠?
>
> 최 씨: 예.
>
> 아내: 그런데 왜 그랬어요.

최 씨: 제가 처음 사랑한 분이었어요.

아내: 좋아해? 이게 사랑이야? 당신 불륜 간통이야.

최 씨: 그래서 그렇게 그만하려고 계속 얘기했는데. 그만 안 한다고 자꾸 그러니까. 그럼 지금 그냥 이혼하라고 했었죠. 그게 더 나은 거 아니냐고, 나한테도 그렇지만, 이렇게 하면 어떻게 사냐고요.

그 날 이후 두 사람은 별거했고 아내는 최 씨를 상대로 손해배상 소송을 냈다. 최 씨는 두 사람이 만날 무렵 박 씨의 부부관계가 파탄되어 회복될 수 없을 정도였고 박 씨가 기혼자라는 사실도 아내를 직접 만나기 전까지는 몰랐다고 주장했다. 하지만 박 씨의 SNS에 게시된 딸 사진을 최 씨가 보고 댓글을 쓴 사실이 드러나 인정받지 못했다. 법원은 최 씨가 아내에게 2,000만 원을 배상하라 판결했다. (2017년 수원지법)

부정행위 유형에는 이웃이나 학교 동창 등 기존 주변의 지인 관계, 가게 손님과 주인 관계도 많다. 지방 소재 초등학교를 나온 최 모 씨는 동창 몇몇과 연락을 주고받기 시작한 2013년부터 수도권에 사는 이들을 중심으로 동창 모임을 결성했다. 자신이 회장을 맡고 여성인 정 모 씨가 총무 역할을 하게 됐다. 자주 모임을 갖는 과정에서 두 사람은 가까워졌고 수시로 연락을 주고받는 사이가 됐다. 대화 내용도 "잘 자용. 쪽", "내 꿈 꾸고 코 자", "고마워, 요봉. 추운 데 나와서 목소리 들려줘서. 흑. ㅠㅠ 사랑해. 울 여봉" 등 수위가 높았다. 크리스마스이브에는 단둘이 식사를 하기도 했다. 이를 알게 된 아내 박 씨는 정 씨를 상대로 정신적 손해로 인한 위자료를 내라며 소송을 냈고 법원은 1,500만 원을 주라고 판결했다. (2017년 서울남부)

현장 덮치기를 대신한 스마트폰과 블랙박스

간통 사건에 일가견이 있는 장기를 살려 정직 중에도 부업으로 흥신소를 운영하고 있는 '간통 전문 형사' 선우. 복직을 3일 앞두고 남편의 외도 현장을 잡고 싶다는 김수진의 의뢰를 받아 남편을 미행한다. 현장을 잡기 위해 모텔 옆방에서 기다리다 수진에게 건네받은 맥주를 마시고 잠이 든 선우. 시간이 흘러 정신을 차린 그의 옆에는 시체가 있다.

2012년 개봉한 영화 <간기남(간통을 기다리는 남자)> 앞부분의 대략적인 줄거리다. 영화에서 나오듯 간통죄로 배우자를 고소하려는 사람들은 흥신소에 의뢰하거나 정황증거가 충분하면 경찰관을 대동해 현장을 덮치는 경우가 많았다. 간통죄로 처벌하기 위해서는 성관계를 했다는 점을 증명해야 했기 때문이다. 하지만 2015년 간통죄가 폐지된 이후에는 상황이 달라졌다. 형사처벌에서 민사상 손해배상으로 단죄 방식이 바뀜에 따라 필요한 증거도 달라졌기 때문이다. 민사상 손해배상은 배우자의 부정행위로 인한 피해를 배상하는 것이다. 여기서 부정행위란 성관계를 포함한 더 넓은 개념이다. 즉, 부부는 동거하며 서로 부양하고 협조할 의무를 지니는데(민법 제826조) 이런 동거의무, 혼인이 유지되도록 포괄적으로 협력할 의무를 부담하지 않고 부정행위를 한 경우 손해배상을 해야 한다. 대법원의 판시 사항을 살펴보자.

> 배우자의 부정한 행위라 함은 간통을 포함하여 보다 넓은 개념으로서 간통에까지는 이르지 아니하나 부부의 정조의무에 충실하지 않는 일체의 부정한 행위가 이에 포함되고 부정한 행위인지 여부는 각 구체적 사안에 따라 그 정도와 상황을 참작하여 평가하여야 한다. (대법원 92므68)

즉, 성관계까지 이르지 않더라도 이성교제가 강하게 의심되는 부정한 행위의 정황을 보여준다면 이 또한 손해배상 요건이 된다는 의미다. 성관계 증거가 있으면 결정적이겠지만 굳이 없더라도 배우자 외의 다른 사람과 부정한 행위를 한 점을 입증할 수 있다면 손해배상금을 받을 수 있다. 이 같은 변화에 따라 사람들의 증거 수집 방식도 많이 달라졌다. 성관계를 갖는 결정적 장면을 잡는 것도 중요하지만 비교적 확보하기 쉬운 스마트폰이나 자동차 블랙박스 등에서 다른 이성과의 접촉한 증거를 수집해 제출하는 것이다.

다음 표에서 보는 것처럼 관련 재판에 가장 많이 제출된 증거는 문자, 카카오톡 등 메시지 증거다. 김 모 씨 사례를 보자. 아들 한 명을 둔 30대 여성 직장인 김 씨는 2015년 수술을 받았다. 치료를 위

▪ 부정행위 입증에 사용된 증거

※자료: 2016년~2017년 부정행위 관련 판결 157건 분석

구분	비율(%)
메시지(문자, 카톡 등)	45.2
현장 발각	12.1
자백	8.9
휴대전화 영상과 사진	5.7
차량 블랙박스	5.1
카드, 현금 사용내역	3.2
혼외자 출생	3.2
전화통화	2.5
SNS	1.9
기타	1.9
미상	10.2

해 병원을 오가던 김 씨는 이듬해 남편 차에서 처음 보는 화장품을 발견했다. 수상한 생각에 블랙박스를 확인했지만 삭제돼 있었다. 남편에게 묻자 "회사 여직원들과 식사하러 갔을 때 누군가 흘린 것이고 블랙박스는 술 마신 모습을 보여주고 싶지 않아 삭제했다"라는 답이 돌아왔다. 뭔가 미심쩍었다. 그러던 차 회사 후배라는 여직원 이 모 씨가 남편에게 새벽 4시에 수차례 전화하는 일이 있었다. 남편이 술을 마시면 이곳저곳 전화하는 술버릇이 있던 터라 처음에는 그냥 넘어갔지만 한 번 든 의심은 쉬이 가시지 않았다. 결국 남편이 술에 취해 잠든 사이 휴대전화를 열었다. 카카오톡에는 남편이 이 씨를 '자기'로 지칭하며 "항상 가던 모텔에 가자"라는 메시지가 발견됐다. 김 씨는 남편과 별거하고 여직원을 상대로 정신적

피해에 대한 손해배상 소송을 냈다. 법원은 "김 씨에게 3,000만 원을 배상하라"라고 판결했다. (2016년 부산지법)

판결을 읽다 보면 지나치게 순진하게 세상사를 보는 이들도 많이 발견된다. 부정행위 사실을 꽁꽁 숨겨도 모자랄 판에 SNS에 버젓이 올리는 이들이다. 계정을 비공개로 하는 등의 조치를 취해도 매일 같은 집에서 생활하는 배우자의 의심의 눈초리를 피하기는 쉽지 않다. 최 모 씨는 직장 동료 정 모 씨와 사귀면서 SNS에 진행 상황을 실시간으로 올렸다. 예컨대 다음과 같은 문구다.

> 최 씨: 오늘 나는 또 그의 여자가 되어 있구나. 고마워요. 내게 와줘서.
>
> 정 씨: 맘에 없는 이별. 이제 정말 안 하겠다고 다짐해봤어요. 난 이미 당신 남자가 돼 있는 게 때론 너무 좋고 때론 너무 벅차고 때론 두렵기도 합니다.

수개월간 아내가 수상한 행동을 반복하자 남편은 아내의 휴대전화를 몰래 봤다. 결국 SNS에 올라 있는 글들을 발견했고 부정행위 상대방인 정 씨를 상대로 손해배상 소송을 냈다. 재판부는 "정 씨가 남편에게 3,000만 원을 배상하라"라고 판결했다. (2017년 수원지법) 아내 최 씨는 "자신의 SNS를 몰래 봤다"라며 남편을 정보통신망 이용촉진 및 정보보호 등에 관한 법률 위반 혐의로 고소해 벌금

200만 원이 선고됐다.

블랙박스 기록도 증거로 자주 활용된다. 2000년 결혼한 박 모 씨는 아내와 세 명의 자녀를 뒀다. 박 씨는 회사를 다녔고 아내는 식당을 운영했다. 어느 날 박 씨는 아내에게 가족모임에 가자고 했다. 하지만 아내는 식당일을 핑계로 그날과 그다음 날 모임을 모두 거절했다. 뭔가 미심쩍었던 박 씨는 며칠 뒤 아내 차량의 블랙박스 기록을 열어봤다. 아내의 차량이 오전 9시부터 식당이 아닌 다른 장소의 주차장에 있다가 밤늦게 돼서야 운행한 기록이 나왔다. 이튿날에는 모텔촌에 차량을 주차한 기록이 나왔으며 낯선 남자와 함께 우산을 쓰고 가는 모습도 촬영됐다. 격분한 박 씨는 아내를 추궁했고 아내는 식당 손님으로 자주 방문하던 남성과 불륜 관계임을 인정했다. 박 씨는 해당 남성을 상대로 손해배상 소송을 냈다. 법원은 이를 받아들여 1,200만 원을 배상하도록 했다. (2016년 수원지법)

카드 사용내역도 마찬가지다. 어디든 흔적은 남고 꼬리는 잡히기 마련이랄까. 상대가 바람을 피우는 느낌이 들면 어떻게든 증거는 찾을 수 있는 법이다. 간통 전문 수사관도 울고 갈 만할 수사력을 발휘한 이 모 씨(여) 사례를 보자. 이 씨의 남편은 어느 날 새벽 3시 30분에 귀가했다. 술에 만취해 들어온 남편의 휴대전화에서 모텔에서 신용카드를 사용한 문자를 발견한 이 씨는 남편과 그즈음 같은 부서에서 친하게 지내는 회사 동료 안 모 씨에게 이튿날 아침 남편을 가장해 문자를 보냈다.

이 씨: 나 어제 기억이 없는데 어떻게 됐지?

안 씨: 진짜 기억 안 나는구먼.

이 씨: 어. 실수 안 했냐.

안 씨: 실수했다.

이 씨: 왜. 모텔 내역이 있는데 기억나?

안 씨: 응. 난 술 거의 깼었어.

이씨: 너랑 간 거야?

안 씨: 네가 예상하는 그거 맞다.

이 씨: 너랑 잤냐.

안 씨: 맞다, 맞어. 덕분에 아침에 뒤지게 혼났음.

대화를 통해 남편이 다른 여성과 성관계를 가졌다는 것을 알게 된 이 씨는 남편을 추궁했다. 남편을 상대로 이혼 소송을 내 이혼하고 위자료 3,000만 원을 받은 이 씨는 안 씨를 상대로도 손해배상 소송을 냈다. 안 씨는 재판에서 남편 쪽이 술에 취한 자신을 강간한 것이라 주장했지만 받아들여지지 않았고 1,500만 원을 이 씨에게 배상하라는 판결이 내려졌다. (2017년 서울가정)

판결문에는 배우자들이 어떻게 상대방의 부정행위를 의심하기 시작했는지도 나온다. 모텔에서 신용카드를 쓴 기록 등 딱 떨어지는 증거도 있지만 대부분의 사람은 평상시와는 다른 모습에서 위

화감을 느끼고 의심을 시작한다. 주로 잦은 전화통화와 문자, 밤낮을 가리지 않는 외출, 늦은 귀가 등이 의심의 시작점이다.

김 모 씨 사례를 보자. 평소 업무를 마치면 퇴근 후 바로 귀가하는 성실한 남편이었던 그는 최근 너무 달라졌다. 퇴근 후에도 회식을 한다며 새벽까지 들어오지 않는 경우가 많았다. 아내가 집 앞에 마중 나오는 것을 좋아했던 김 씨였지만 어느 날부터 "아파트 앞에서 기다리고 있다"라고 전화하면 짜증을 내기 시작했다. "왜 자꾸 전화질이냐. 그놈의 전화 지겹다"라는 등의 막말도 서슴지 않고 했다. 점점 수위가 높아지는 막말을 이상하게 생각한 아내는 남편 차

▪ 부정행위 발각 계기

*2016년~2017년 부정행위 관련 판결 157건 분석

구분	비율(%)
잦은 통신	29.3
잦은 외출	24.8
부정행위 상대방의 폭로	7.0
상간남녀와의 여행	7.0
수상한 태도(불화)	5.7
금전, 카드 사용내역	5.2
사진, 동영상 발견	4.5
자백	2.5
제보	2.5
수상한 흔적	1.3
현장 발각	1.3
혼외자	1.3
미상	7.6

량의 블랙박스를 확인했고 다른 여성과 다정하게 만나는 장면을 보게 됐다. 남편의 카카오톡에서 서로 사랑한다는 메시지를 주고받은 사실도 확인했다. 결국 아내는 상대 여성에게 손해배상 소송을 냈고 3,000만 원을 배상받았다. (2017년 인천지법)

자녀가 수상한 상황을 눈치채는 경우도 있다. 자녀가 엄마가 자기 몰래 전화 통화하는 모습을 보고 아빠에게 얘기해 불륜이 들통난 것이다. 아내의 카카오톡에서 가게 이름을 쓴 가명의 남자와 대화를 한다는 것을 알게 된 전 모 씨는, 외출한 아내의 뒤를 밟아 낯선 남자와 골프를 치는 현장을 적발한 뒤 해당 남성을 상대로 소송을 냈다. 법원은 3,000만 원을 배상하도록 했다. (2016년 부산지법)

신 모 씨는 남편의 수상한 카드 사용내역을 보고 불륜을 파헤친 경우다. 2013년 생전 개에는 관심이 없던 남편이 애견미용학원에서 수십만 원을 결제한 것이 계기였다. 잘못 결제됐나 싶어 카드사용처인 애견학원을 찾아갔는데 내연 관계의 여성과 남편이 함께 있는 것을 발견했다. "더 이상 만나지 말라"라는 신 씨 말을 남편이 듣지 않자 소송을 냈다. 법원은 1,500만 원을 배상하라 했다. (2016년 부산지법)

가사 전문 법관, 이혼 전문 변호사들은 아무리 주의를 기울여도 부정행위는 결국 드러날 수밖에 없다고 말한다. 한 가정법원 판사의 설명이다.

같이 사는 사람을 장기간 속이는 것은 불가능에 가깝다. 태도부터

미묘한 언행의 차이까지 배우자 심경의 변화를 가장 잘 아는 사람인데 어떻게 속일 수 있겠나. 다정하던 사람이 나한테 퉁명스럽게 대하고 짜증이 늘면 시작이다. 매일 일찍 들어오던 사람이 늦게 들어온다든지 전화가 왔는데 밖에 나가서 오랫동안 받는다든지 평소와 다르게 휴대전화를 계속 만지작거린다든지 갑자기 휴대전화에 비밀번호를 건다든지 하면 누구나 의심할 수밖에 없지 않나. 갑자기 향수를 뿌리고 무스를 바르면 사실 100%다.

요즘에는 이 같은 의심을 기술의 발달이 잘 뒷받침해준다. 사건을 심리하다 보면 성관계 장면을 사진이나 영상으로 남겨놓는 이들이 은근히 많다. 주고받은 문자도 잘 지우지 않는다. 계속 보고 확인하고 싶은 게 사람 마음이기 때문이다. 결국 보고 또 보고 하다 걸리는 것이다. 배우자가 마음만 먹으면 얼마든지 확인할 수 있다. 샤워할 때 몰래 보기도 하고 술 취해 잠들었을 때 보기도 하고 그렇다. 비밀번호를 걸어놔도 배우자는 뚫기 쉽다. 아이 생일, 부모님 생일 등 짐작 가능한 번호로 설정하는 경우가 많기 때문이다. 또 내가 조심한다 해도 상대방이 SNS에 올리는 일도 있다. SNS에 달린 댓글로 친구의 친구의 친구를 타고 가다 보면 배우자가 다른 사람이랑 다정하게 찍은 사진이 나오는 세상이다. 결국 아무리 조심한다 해도 완전한 비밀은 없는 법이다.

부정행위 기간이 1년이 채 안 되는 경우가 절반이 넘는다는 조

▪ 부정행위 지속 기간

※자료: 2016년~2017년 부정행위 관련 판결 157건 분석

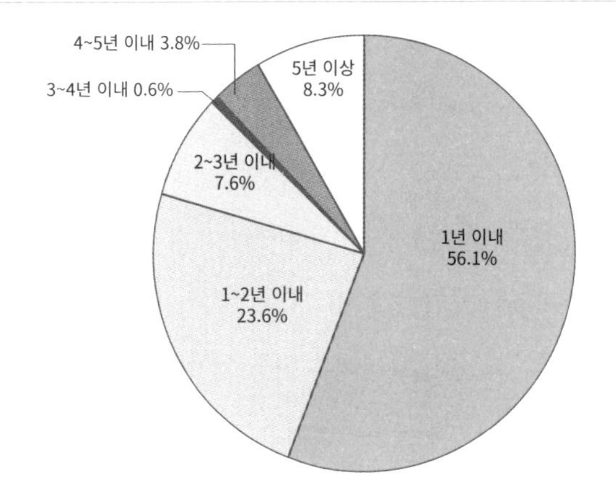

사 결과는 이 같은 분석을 잘 뒷받침한다. 수년간 지속된 부정행위도 양태를 자세히 들여다보면 잘 숨겼다기보다는 이미 관계가 파탄 난 부부관계에서 벌어진 일들이 대부분이다. 상대방에게 마음이 떠난 상태에서 부정행위를 묵인하는 경우가 아닌 한, 길어야 1년 이내에 탄로가 난다.

부정행위 고위험군은 결혼 6~10년 차, 아이 둘 둔 부부

어떤 사람들이 부정행위를 저질렀을까. 판결문에는 이름, 나이, 주소 등 개인 식별 정보가 모두 지워져 나오기 때문에 알 수 있는 정보는 상당히 제한적이다. 하지만 결혼한 지 얼마나 됐는지 자녀가 몇 명이나 되는지 같은 정보는 판결문에서 수집할 수 있었다. 분석 결과 부정행위로 관계가 파탄 난 부부는 결혼한 지 6~10년 된

부부가 가장 많았다. 전체 157건 중 24.2%였다. 아이는 두 명을 둔 집이 많았다. 직장에서나 가정적으로나 어느 정도 안정된 상황에 접어들었을 것으로 추정되는 사람들이다.

왜 그럴까? 취재 과정에서 만난 전문가들은 다양한 해석을 쏟아냈다. 그중 가장 많았던 해석은 부부가 가장 바쁘고 힘든 시기에 위기가 찾아온다는 것이다. 결혼 6~10년 차 부부는 나이로 치자면 30대 후반 40대 초반 정도로, 즉 아이를 키우고 직장에서도 과장급이며 조직에서 일을 가장 많이 하는 이들이다. 일이 많다 보니 스트레스가 쌓이고, 부부간 사소한 갈등이 큰 다툼으로 이어지기 십상이다. 결국 가정보다 더 많은 시간을 보내는 직장에서 다른 이성을 만나 위안을 얻고 최종적으로는 부정행위로까지 이어진다는 해석

▪ 부정행위 결혼 후 언제 발생했나

※2016년~2017년 부정행위 관련 판결 157건 분석

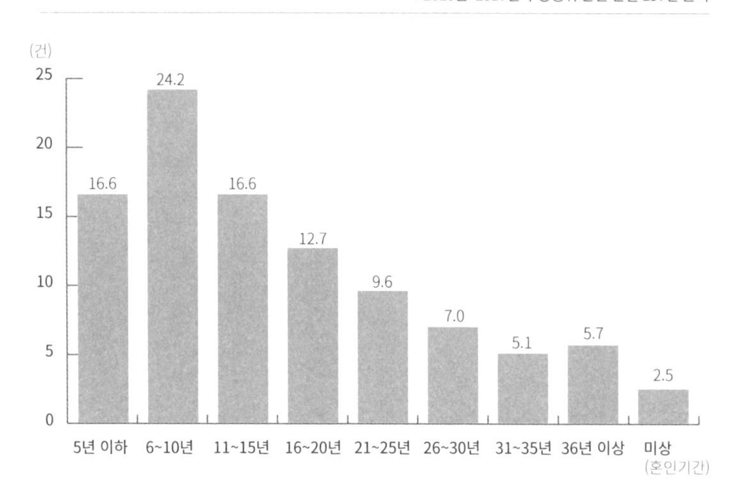

▪ 부정행위 파탄 가정 자녀 수

*2016년~2017년 부정행위 관련 판결 157건 분석

자녀 수	비율(%)
없음	24.8
1명	22.9
2명	43.9
3명	8.4

이다. 실제 대한민국에서 30대 직장인 아빠, 엄마는 가장 바쁜 집단이다. 통계청의 2014년 생활시간조사• 에 따르면 30대 직장인 아빠의 하루 평균 여가시간은 191.1분, 엄마의 여가시간은 142.3분이다. 한국인 전체의 평균 여가시간이 284.5분인 점을 감안하면 그야말로 시간 압박에 가장 많이 노출되는 집단인 셈이다.

일각에서는 '뉴 페이스 효과'를 거론하기도 한다. 남녀관계에서 최대 경쟁력은 새로움에서 오는 신선함이라 보는 시각이다. 한 이혼 전문 변호사의 설명이다.

> 대부분의 사건에서 부정행위 상대가 현재 배우자보다 나은 점은 거의 없다. 외모나 경제력, 학력, 성격까지 모든 측면에서 객관적으로 기존 배우자가 우월하다. 하지만 부정행위 상대에게는 기존 배우자가 절대 가질 수 없는 새로움이라는 경쟁력이 있다. 슬픈 현

• 《중앙선데이》, 4월 21일, "돌봄·가사노동, 일하는 아내 하루 208분…무직 남편은 72분"

실이지만 부부관계가 어느 시점, 소위 말하는 권태기에 이르면 이 새로움이 주는 성적 매력이 다른 모든 요소를 압도해버리는 경우가 생긴다. 그때 부정행위가 발생하는 일이 많다.

숙종과 인현왕후의 이혼 소송은 받아들여질까?

조선 19대 임금 숙종이 요즘 세상에 살았다면 장희빈과 결혼하겠다고 인현왕후와 헤어질 수 있었을까? 아마도 가정법원에 이혼 소송을 낼 수는 있겠지만 기각될 가능성이 매우 높다. 왜냐면 우리 대법원이 채택하고 있는 유책주의 판례 때문이다.

헌법재판소의 위헌결정으로 간통죄가 역사 속으로 사라진 뒤 가족법 전문가 사이에서 다음 타자는 유책주의 판례가 될 것이라는 예측이 많았다. 유책주의는 이혼할 때 상대방의 책임을 따져 묻는 재판상 이혼의 한 방식이다. 법에는 부부간에 지켜야 할 동거, 부양, 정조의 의무가 있는데 이를 어긴 사람은 이혼을 청구해도 상대가 원치 않으면 이혼을 못 하는 방식이다. 바람피운 배우자의 이혼 청구는 받아들이지 않는다고 이해하면 쉽다. 전문가들은 유책배우자의 경우 대부분 부정행위를 저지른 경우가 많았는데 간통에 대한 형사처벌이 사라진 만큼 이혼 시 잘잘못을 따져 이혼 허용 여부를 결정하자는 유책주의도 폐기될 것이란 전망을 많이 했다. 유책주의와 달리 파탄주의 입장은 결혼 과정에서 누가 무슨 잘못을 했는지 여부는 따지지 않고 해당 시점 부부관계가 결혼생활을 지속할 수 없을 정도로 심하게 망가졌는지만 보고 이혼을 허가할지 말지 결정하는 방식이다. 좀 더 구체적으로 살펴보자. 우리 민법은 재판상 이혼 원인을 아래와 같은 여섯 가지로 규정하고 있다.

제840조(재판상 이혼원인)

부부의 일방은 다음 각호의 사유가 있는 경우에는 가정법원에 이혼을 청구할 수 있다.

1. 배우자에 부정한 행위가 있었을 때
2. 배우자가 악의로 다른 일방을 유기한 때
3. 배우자 또는 그 직계존속에게 심히 부당한 대우를 받았을 때
4. 자기의 직계존속이 배우자에게 심히 부당한 대우를 받았을 때
5. 배우자의 생사가 3년 이상 분명하지 아니한 때
6. 기타 혼인을 계속하기 어려운 중대한 사유가 있을 때

중요한 것은 제6호의 해석이다. 여기에 부부관계가 파탄 난 때가 포함되면 파탄주의 입장이고 포함되지 않으면 유책주의 입장인 것이다. 우리 대법원은 1965년 이 부분을 분명히 하는 판례를 내놨다. 공무원 김 모 씨가 아내 유 모 씨를 상대로 낸 이혼 소송 상고심에서다. 김 씨는 아내가 아이를 낳지 못한다며 별거를 했고 다른 여성을 소위 첩으로 들였다. 이후 이혼 소송을 제기했다. 대법원의 판시 사항은 다음과 같다.

남편이 가정의 평화와 남녀의 본질적 평등을 무시하고 그 책임에 속하는 축첩행위를 하였을 뿐만 아니라 그 내연의 처에 대한 애정에만 사로잡혀 정처를 돌보지 않고 냉대한 결과, 가정의 파경을 초래하였다면 축첩생활에 기인한 애정의 냉각이 있다 하여 재판상 이혼을 주장할 수 없다. (대법원65므37)

요약하자면 "결혼생활이 깨지게 된 근본 원인은 아내가 불임이라는 이유로 첩을 들인 김 씨가 제공했으므로 유 씨가 원하지 않는 한 김 씨의 뜻대로 이혼을 허용해줄 수 없다"라는 취지다. 이 같은 유책주의가 목표하는 지점은 분명하다. 상대적으로 약자인 쪽이 부당한 대우를 받고 쫓겨나는 것을 막고자 하는 보호막의 성격이 강하다. 경제력이 있는 남편이 바람을 피우고 아내에게 이혼을 요구하는 축출(逐出) 이혼을 예방하기 위한 뜻이라고 보면 큰 무리가 없다. 앞서 숙종과 인현왕후도 그런 사례다. 인현왕후가 원하지 않는 한 법원은 바람피운 숙종이 청구한 이혼을 받아들이지 않는다는 얘기다. 이후 50여 년간 대법원은 "혼인생활의 파탄에 주된 책임이 있는 배우자는 원칙적으로 그 파탄을 사유로 하여 이혼을 청구할 수 없다. 다만 상대방이 정당한 사유 없이 오기 또는 보복으로 이혼 청구에 응하지 않고 있다고 볼 사정이 있는 특수한 경우에는 예외적으로 유책배우자의 이혼 청구가 허용된다"라는 입장을 고

수해왔다.

언제나 그렇듯 문제는 판례는 고정돼 있는데 세상이 변하고 사람이 변하는 데서 온다. 1965년 당시 상황에서 유책주의는 우리 사회의 정의 관념에 잘 부합했다. 그만큼 경제력 측면에서 남편의 지배력은 공고했고, 이혼하면 당장 생계가 막막한 아내의 처지는 곤궁했기 때문이다. 두 사람 사이가 어떻게 됐든 간에 부정행위를 저지른 남편이 아내를 내쫓는 것은 막아야 된다는 사회적 공감대가 강했다. 하지만 시대가 변하면서 유책주의가 보호하는 장점은 희미해졌고 부작용은 커졌다. 남녀관계는 점차 평등해졌고 이혼 소송에서 재산분할제도가 도입되면서 경제활동을 하지 않은 여성의 금전적 어려움도 상당 부분 해결됐기 때문이다. 그런 상황에서 더 이상 같이 살고 싶어 하지 않는 '무늬만 부부'에게 계속 부부로 살 것을 강요하는 게 어느덧 부당해 보이기까지 하는 분위기가 형성됐다. 이미 수십 년간 별거 상태에 있어 사실상 남인데 굳이 법률상 부부로 살라고 법관이 강요하는 게 과연 합리적이냐는 지적에 힘이 실리기 시작한 것이다.

이 같은 사회적 분위기는 2009년 대법원이 유책배우자의 상대방도 대등한 잘못이 있는 경우 이혼을 허용한다는 판례를 내놓으면서 본격화됐다. 11년간 집을 나가 있던 유책배우자 이 모 씨가 청구한 이혼 사건에서다. 이 씨는 1990년 김 모 씨와 결혼한 뒤 슬하에 아들딸 남매를 뒀다. 결혼생활은 녹록지 않았다. 남편의 잦은 음주와 외박 때문이었다. 견디다 못한 이 씨는 1997년 집을 나갔고 2003년 "다시는 그러지 않겠다"라는 김 씨의 말을 믿고 집으로 들어왔다. 하지만 한 달 뒤 미안하다는 내용의 편지를 남기고 또다시 가출했다. 4년 뒤에는 다른 남성을 만나 동거하면서 딸을 출산했다. 반면 김 씨와의 사이에 태어난 자녀들은 김 씨와 시어머니가 키웠다. 떨어져 산 지 11년이 지난 2008년 이 씨는 김 씨를 상대로 이혼 소송을 냈다.

1심 법원은 이혼 청구를 기각했다. 부부관계가 파탄 난 점은 인정했고 남편 김 씨가 잦은 음주와 외박으로 갈등을 야기한 점도 맞다고 봤다. 하지만 결정적 잘못은 아내 이 씨가 한 만큼 유책배우자의 이혼 청구를 받아들일 수 없다고 결정했다.

> 원고와 피고의 혼인생활이 현재 돌이킬 수 없을 정도의 파탄 상태에 이른 점은 인정되나, 원피고의 혼인관계가 파탄에 이르게 된 데에는 잦은 음주와 외박으로 갈등을 야기한 피고의 잘못이 일부 있기는 하지만, 파탄의 근본적이고 주된 책임은 갈등을 극복하기 위한 최선의 노력을 다하지 아니한 채 미성년 자녀들을 남겨두고 일방적으로 집을 나가 결국은 다른 남자와 실질적인 중혼관계를 유지하면서 딸까지 둔 원고에게 있다 할 것이다.

전형적인 유책주의 판결이다. 하지만 항소심은 이를 뒤집고 이혼 청구를 받아들였다. 이 씨가 잘못이 있지만 두 사람의 동거기간이 7년 남짓인데 별거기간은 11년으로 더 장기간인 점, 두 사람 사이 자녀는 중고교생으로 이 씨의 돌봄이 없더라도 스스로 어느 정도 자기 문제를 해결할 수 있지만 이 씨가 새로 낳은 딸은 이 씨의 보살핌이 절실한 점, 두 사람이 재결합할 가능성은 거의 없는 점 등을 고려할 때 이혼을 허용하는 게 합리적이라는 취지였다.

유책배우자의 이혼 청구를 인정하지 아니하는 주된 이유는 가능한 한 가정의 해체를 막아 미성년자의 이익을 보호하고 남성에 의한 여성의 축출로부터 여성을 보호하기 위함이다. 하지만 오늘날에 이르러 여성의 지위가 향상되고 여성이 이혼 청구를 주도적으로 하는 현실에서는 (유책주의의) 여성 보호 의미가 퇴색했다. 반면 재판 과정에서 장황하게 상대방의 잘못을 주장·입증하여야 하므로 공개법정에서 상대방의 지난 잘못을 낱낱이 드러내어 공격해야 하는 결과 부부 사이에 깊은 감정의 골이 생기게 되고 이혼 후 자녀 양육이라는 공동의 의무를 다하기 어렵게 돼 오히려 미성년자녀의 보호에 역행하게 하는 폐단이 생겼다. 이에 선진 각국의 이혼법은 경제적 약자 지위에 있는 배우자나 자녀를 보호하고 유책배우자의 이혼 청구가 상대방에게 가혹한 결과를 가져오지 않도록 하기 위해 예외 조항을 두는 파탄주의로 이행하는 추세에 있다.
1심 견해(유책주의)를 따르면 독립적인 인격 사이의 자유로운 의사에 의하여야 할 혼인관계에 따른 배우자로서의 지위와 그에 따른 의무 이행을 국가가 강제하는 것이 돼 개인이 지닌 인간으로서의 존엄과 가치 및 행복을 추구할 권리를 침해하게 될 것이다. … (중략) … 아울러 혼인 관계의 파탄은 대부분 그 책임의 정도에 차이는 있다 할지라도 부부 쌍방의 작은 갈등과 오해에서 비롯되거나 이런 갈등을 대화와 설득을 통해 해결하지 못하고 증폭·확대시키는 상호 간의 잘못에 그 원인이 있는바, 과연 누구에게 혼인관계 파탄의 주된 책임이 있는지 가리기 쉽지 않다. 또 파탄 후 오랫동안 별거하다 나중에 이혼을 청구하는 경우 실제로는 혼인생활 중 부당한 대우를 받아 부득이 별거하는 등 사정이 있어도 입증이 불가능해 유책배우자로 인정돼 이혼 청구가 기각되는 불합리한 결론에 이를 수 있다. … (중략) … 이혼으로 자녀의 행복이 심각하게 침해될 우려가 있는 등 특별한 사정이 없는 한 혼인생활이 이미 파탄 상태에 이른 이상 유책배우자의 이혼 청구도 허용함이 상당하다.

항소심 판단은 파탄주의를 전면적으로 수용한 결론이었다. 대법원에서도 이혼은 받아들여졌다. 다만 이유는 조금 달랐다. 아내 이 씨도 잘못했지만 남편 김 씨도 음주와 외박으로 부부간 갈등을 야기했고 아내가 집을 나간 뒤에도 잘못을 고치려 하지 않은 잘못이 있으므로 이혼을 허용해야 한다는 취지였다. 서로 똑같이 잘못했으니 이혼을 허용하는 것이지 유책배우자인데도 이혼을 허용하는 것은 아니라는 취지다. 아무래도 파탄주의 입장을 전면적으로 수용하기엔 부담스러웠던 게 아닌가 싶다. (대법원 2009므2130)

이후 하급심 위주로 완화된 유책주의를 채택한 이혼판결들이 속속 나오기 시작했다.• 김 모 씨는 결혼 초부터 외도로 얻은 성병을 아내에게 옮겼으며 상의 없이 주식 투자를 해 재산을 탕진하기도 했다. IMF 외환위기로 실직한 이후에는 별다른 직업 없이 지내며 노래방 도우미 등으로 일한 아내에게 생활비를 받아다 썼다. 다툼이 잦아진 두 사람은 별거했다. 10년 뒤 큰 병에 걸린 김 씨는 이혼 소송을 냈다. 이혼하지 않으면 기초생활수급자 신청 대상자가 될 수 없었기 때문이다. 일견 김 씨의 잘못이 명백하고 아내가 이혼에 반대하고 있어 기각될 가능성이 높아 보였지만 법원은 청구를 받아들였다. 재판부는 "혼인관계 파탄의 주된 책임은 김 씨에게 있지만 (이혼을 원치 않는다고 한) 아내가 그렇다고 재결합할 의사도 없는 점, 별거 상태가 10년가량 계속된 데에는 아내 책임도 있는 점, 외형상 법률혼 관계만 유지하는 것은 쌍방에게 별다른 의미가 없는 점을 종합적으로 고려했다"라고 밝혔다. (2014년 서울가정)

김 모 씨는 아내 이 모 씨를 대입 재수학원에서 만났다. 이듬해 같은 학교에 진학한 두 사람은 교제를 이어갔다. 이후 군에 입대한 김 씨가 휴가 나왔을 때 두 사람은 성관계를 가졌고 임신으로 이어졌다. 결국 김 씨가 군에 있는 상황에서 두 사람은 결혼식을 올렸다. 어린 나이에 아버지가 된 김 씨는 결혼생활을 제대로 할 의지도

• 정용신, 2015, 「민법 제840조 제6호에 관한 실무적 고찰」, 서울가정법원.

능력도 없었다. 휴가 나왔을 때조차 아이를 돌보지 않고 자신의 방에서 음란물을 봤다. 제대한 이후에도 "향후 인생계획에 대한 고민이 필요하다"라며 아내, 아이와 같이 살지 않고 지방에 있는 자기 부모님 댁으로 가면서 자발적인 별거에 들어갔다. 양육비는 한 푼도 지급하지 않았다. 갈등이 커지던 상황에서 김 씨는 이혼 소송을 냈다. 재판부는 혼인생활 파탄의 주된 책임은 김 씨에게 있다고 봤다. 하지만 김 씨가 유책배우자더라도 이혼을 받아들일 수 있다고 봤다.

유책배우자의 유책성이 혼인제도가 추구하는 목적과 민법의 지도이념인 신의성실의 원칙에 비추어 이혼 청구를 배척할 정도로 중하지 않다면 민법 제840조 제6호의 이혼원인(기타 혼인을 계속하기 어려운 중대한 사유가 있을 때)을 긍정할 수도 있다. 김 씨로서는 비교적 어린 나이에 임신으로 급하게 혼인을 결정하다 보니 혼인과 출산의 중대함을 제대로 깨닫지 못한 것으로 보이는 점, 장기간의 별거로 파탄이 고착된 상태에 이른 점, 형식적 혼인생활을 강제하는 것이 원고에게뿐 아니라 피고에게도 참을 수 없는 고통이 될 것으로 보이는 점, 상당한 위자료 및 양육비 지급을 통해 혼인관계를 해소하는 것이 보다 적절해 보이는 점을 감안하면 이혼 사유에 해당된다. (2014년 서울가정)

하급심에서 이 같은 파탄주의 입장을 담은 판결이 자주 나왔지만 상급심에서 상당수 뒤집혔다. 어쨌든 대법원의 원칙은 유책주의이기 때문이다. 최 모 씨 사례가 그렇다. 최 씨는 박 모 씨와 오랫동안 사귀었다. 장래까지 약속했지만 박 씨가 아이를 낳지 못한다는 사실을 알게 된 부모의 반대로 헤어져야 했다. 이후 지금의 아내와 만나 결혼했다. 결혼생활은 행복하지 않았다. 술을 자주 마셨으며 몰래 박 씨를 만나다 아내에게 들키기도 했다. 슬하에 1남 2녀를 뒀지만 결혼 11년 만에 최 씨는 집을 나가 박 씨와 따로 살림을 차렸다. 혼자 3남매를 키우게 된 아내는 보험설계사로 근무했고 극진히 시부모를 봉양했다. 종갓집 맏며느리로서 시증조부, 시조부모 제사를 모두 챙겼다. 그러는 사이 최 씨는 아내와 자녀들에 대한 경제적 지원을 모두 끊었다. 최 씨는 결혼 40년 만에 이혼 소송을 냈다.

1심 재판부는 이혼 청구를 받아들였다. 두 사람 사이에 결혼을 유지할 실익이 없다는 판단에서다. 하지만 항소심 법원은 1심 판결을 취소했다. 재판부는 "30년간 별거해왔고 최 씨가 박 씨와 부부로 행세하며 20년 이상 사실혼 관계로 지낸 점을 감안하면 부부관계는 파탄 났다. 하지만 혼인생활 파탄의 주된 책임은 결혼 초기부터 잦은 외박과 외도를 하며 가정에 소홀하다 결국 집을 나가 아내와 아이들을 악의적으로 유기한 최 씨에게 있다. 혼인생활 파탄에 주된 책임이 있는 배우자는 파탄을 사유로 이혼을 청구할 수 없다. 1심 판결은 이와 결론을 달리하므로 취소한다"라고 밝혔다. (2014년

부산가정)

이렇게 이혼법정에서 유책주의와 파탄주의가 피 튀기는 전면전을 벌이며 판결이 오락가락하는 상황이 계속 발생하자 파탄주의 도입을 검토해야 한다는 의견이 가정법원 법관들 사이에서 커졌다. 2015년 2월 헌법재판소의 간통죄 위헌결정은 이 같은 논쟁에 불을 붙였다. 불륜에 대한 형사적 처벌마저 사라진 마당에 굳이 이혼 소송에서 잘잘못을 가리는 게 필요하냐는 주장에 힘이 실린 것이다. 대법원은 같은 해 유책주의냐 파탄주의냐가 쟁점이 된 이혼 사건을 전원합의체(대법원장과 대법관 13명으로 구성된 재판부)에 올려 심리하기 시작했다. 전원합의체에서 심리한다는 것은 대법원이 판례 변경을 검토한다는 의미다. 사안의 중대성을 감안해 공개변론까지 열었다.

원고는 1976년 결혼해 슬하에 세 명의 자녀를 뒀지만 1998년 혼외자를 낳고 2000년 무렵부터 15년간 다른 여성과 동거하고 있는 남성이다. 같이 살지는 않았어도 본처가 낳은 아이들의 학비를 내고 생활비를 꾸준히 보냈다. 2011년 병을 얻은 원고는 본처 소생 자녀들에게 도움을 요청했지만 거절당하자 "이참에 관계를 끊겠다"라며 법원에 이혼 소송을 냈다. 1·2심은 원고가 유책배우자라는 이유로 이혼 청구를 기각했다. 공개변론에서 원고 측은 이미 끝난 혼인관계를 법률적으로 묶어놓아 봤자 소용이 없다는 현실론을 꺼내 들었다.

▪ 유책주의와 파탄주의

쟁점	유책주의 옹호 입장	파탄주의 옹호 입장
축출이혼	유책배우자의 이혼 강요로 고통받는 사람들이 여전히 많으며 대부분이 여성이다.	현실적으로 요즘 시대에 축출이혼으로 피해 보는 사람은 거의 없다.
도입 효과	파탄주의를 도입해도 파탄 정도에 따라 위자료 금액이 정해지므로 지금보다 더 치열한 진흙탕 싸움이 전개될 것이다.	상대가 유책배우자임을 입증하기 위해 벌이는 진흙탕 싸움이 사라질 것이다.
부작용	쉬운 이혼으로 상대 배우자와 미성년 자녀의 심각한 경제적 곤란 및 고통을 야기할 것이다.	이혼 후 부양을 보장하는 법을 개정하고 위자료를 상향 조정해 약자를 보호하는 장치를 마련하면 부작용이 크지 않다.
제도적 여건	위자료가 비현실적인 데다 재산분할을 받아도 장래 부양료 개념이 포함돼 있지 않아 부족하다.	재산분할 때 가사노동 기여도를 최고 50%까지 인정하고 퇴직연금도 대상에 포함시키는 등 제도적 여건이 성숙했다.
세계적 추세	파탄주의를 택하는 나라는 재판상 이혼제도만을 갖고 있어 협의이혼 제도가 있는 우리와 다르다.	미국, 영국, 독일, 프랑스 등 세계 각국도 파탄주의를 채택하고 있다.

이혼을 막기 위해 아무리 강력한 정책을 시행한다 해도 양 당사자 모두에게 고통만 줄 뿐입니다. 지금은 유책주의 판례가 막으려는 축출이혼이 더 이상 사회적 문제가 되는 시대가 아니란 얘기죠. 예외적으로 유책배우자의 이혼 청구가 인정됐다고는 하지만 법원에서 확정판결로 실제 인정된 건 지난 10년간 세 건에 불과했습니다. 파탄주의를 채택하면, 서로 잘못을 들춰 갈등이 커지는 현행 이혼 재판의 문제점을 한 번에 해결할 수 있을 것입니다.

피고 측은 아직 시기상조라며 반박했다.

혼인이라는 계약을 깬 쪽의 주장을 받아들이는 것은 권리 남용입니다. 지난 2년간 배우자에게 이혼을 강요당한 159명의 상담 사례를 분석한 결과 여성이 86.8%로 압도적으로 많았습니다. 이들 중 절반 이상이 소득과 재산이 없는 경제적 약자예요. 결혼할 때 부정한 행위를 한 배우자가 지급해야 하는 위자료를 올리고 이혼 후 부양제도를 도입하는 등 약자를 보호하는 방안이 마련되지 않는 한 파탄주의를 도입해선 안 됩니다.

당시 대법원 출입기자로 현장에서 본 법정 분위기는 정말 뜨거웠다. 180석 규모인 대법원 대법정 방청석이 가득 찼고 네티즌들은 공개변론을 실시간으로 보며 댓글을 쏟아냈다. 그만큼 국민생활에 밀접하게 영향을 미치는 사안이었기 때문이다.

유책주의 판례 공개변론 장면

공개변론이 끝나고 3개월 뒤인 2015년 9월. 대법원은 이 사건에 대한 선고공판을 열었다. "유책배우자의 이혼 청구를 폭넓게 받아들이는 것은 시기상조"라는 유책주의와 "결혼 관계가 회복 불가능할 정도로 파탄 났다면 실질적인 이혼 상태를 법적으로 인정해야 한다"라는 파탄주의가 동수로 팽팽히 맞선 가운데 최종적으로 캐스팅보트를 쥔 대법원장이 유책주의 입장을 지지하면서 원고의 이혼 청구는 기각됐다. 다수의견 요지는 다음과 같다.

> 우리나라에서는 유책배우자라 하더라도 상대방 배우자와 협의를 통하여 이혼을 할 수 있는 길이 열려 있다. 이는 유책배우자도 진솔한 마음과 충분한 보상으로 상대방을 설득하여 이혼할 수 있는 방도가 있음을 뜻하므로, 유책배우자의 행복추구권을 위하여 재판상 이혼 원인에 있어서까지 파탄주의를 도입하여야 할 필연적인 이유가 있는 것은 아니다.
> 우리나라에는 파탄주의의 한계나 기준, 그리고 이혼 후 상대방에 대한 부양적 책임 등에 관해 아무런 법률 조항을 두고 있지 아니하다. 따라서 유책배우자의 상대방을 보호할 입법적인 조치가 마련되어 있지 아니한 현 단계에서 파탄주의를 취하여 유책배우자의 이혼 청구를 널리 인정하는 경우 유책배우자의 행복을 위해 상대방이 일방적으로 희생되는 결과가 될 위험이 크다.
> 유책배우자의 이혼 청구를 허용하지 아니하고 있는 데에는 중혼관계에 처하게 된 법률상 배우자의 축출이혼을 방지하려는 의도도 있는데, 여

러 나라에서 간통죄를 폐지하는 대신 중혼에 대한 처벌규정을 두고 있는 것에 비추어 보면 이에 대한 아무런 대책 없이 파탄주의를 도입한다면 법률이 금지하는 중혼을 결과적으로 인정하게 될 위험이 있다.
가족과 혼인생활에 관한 우리 사회의 가치관이 크게 변화하였고 여성의 사회 진출이 대폭 증가하였더라도 우리 사회가 취업, 임금, 자녀 양육 등 사회경제의 모든 영역에서 양성평등이 실현되었다고 보기에는 아직 미흡한 것이 현실이다. 그리고 우리나라에서 이혼율이 급증하고 이혼에 대한 국민의 인식이 크게 변화한 것이 사실이더라도 이는 역설적으로 혼인과 가정생활에 대한 보호의 필요성이 그만큼 커졌다는 방증이고, 유책배우자의 이혼 청구로 극심한 정신적 고통을 받거나 생계 유지가 곤란한 경우가 엄연히 존재하는 현실을 외면해서도 아니 될 것이다. (대법원 2013므568)

다만 다수의견은 유책배우자의 이혼 청구를 예외적으로 인정할 수 있는 여지를 확장했다. 기존의 예외 사유인 '이혼 청구를 당한 상대방이 혼인관계를 계속할 의사가 없음이 객관적으로 명백한데도 오기나 보복 감정에서 이혼에 응하지 않는 경우'와 함께 '유책배우자의 책임이 반드시 이혼 청구를 배척할 정도로 남아 있지 않은 경우'도 추가했다. 유책배우자라도 상대 배우자와 자녀를 충분히 보호하고 배려했거나 세월이 많이 흘러 상대 배우자의 정신적 고통이 약화됐다면 예외로 인정할 수 있다는 취지다.

사실 유책주의나 파탄주의나 어느 쪽이 정답이라고 단정적으로 얘기하기는 힘들다. 앞서 언급한 것처럼 부부가 헤어지는 데에는 다양한 측면이 존재하기 때문이다. 문제는 경제적으로 약자인 배우자와 미성년 자녀를 보호하는 데 유책주의 입장만으로는 한계가 있다는 점이다. 기본적으로 유책주의는 배우자를 적으로 상정해 마치 승패를 겨루듯 재판을 끌고 가는 속성이 있다. 누가 더 잘못했냐가 중요 쟁점이기 때문이다. 잘잘못을 가리는 데 재판 절차의 초점이 맞춰지다 보니 헤어진 뒤 자녀 양육에서 문제가 생길 수밖에 없다. 감정싸움의 강도가 다른 재판과는 차원이 다르기 때문에 이혼 후에는 두 사람이 그야말로 철천지원수가 돼 한쪽 당사에게 자녀 양육을 떠넘기게 된다. 반면 파탄주의는 잘잘못을 가리기보다는 이미 파탄 난 상태를 인정하고 비교적 쉽게 이혼을 허용하자는 입장이다. 대신 남은 에너지를 경제적으로 취약한 배우자와 미성년 자녀의 복리를 챙겨주는 데 더 신경을 쓰게 해주는 측면이 있다. 아무래도 요즘같이 이혼율이 높은 시대에는 이혼으로 인한 개인적·사회적 비용을 더 줄여주지 않을까. 섣부른 예측이지만 세월이 좀 더 지나고 사람이 변하고 사회가 바뀐다면 유책주의 판례도 간통죄처럼 언젠가는 역사 속으로 사라지지 않을까 생각한다.

간통죄 위헌 이후의 한국사회

2015년 2월 간통죄가 역사 속으로 사라진 다음 한국사회와 부부관계는 어떻게 변했을까? 가족법 분야에 애착을 가지고 장기간 취재해온 기자 입장에서도 매우 궁금한 부분이다. 위헌 결정 당시 언론보도를 보면 이혼을 망설였던 이들이 소송을 내는 일이 많아지고 부정행위도 늘어날 것이란 전망이 주를 이뤘다. 헌재 결정 이후 콘돔을 파는 회사 주가가 강세를 보이는 희극도 벌어졌다. 실제 일반인을 대상으로 한 설문조사에서도 이 같은 변화에 대한 인식은 잘 드러난다. 관련 취재를 하는 과정에서 확보한, 기혼 성인남녀 1,000명을 대상으로 한 여론조사(2017년 11월)에서 간통죄 폐지 이후 외도가 실제 증가했냐는 질문에 67.8%(매우 그렇다 15.8%, 어느 정도 그렇다 52.0%)가 그렇다고 답했다. 우리 사회에 성도덕에 영향을 미친 부분을 묻기 위해 '부정행위 당사자들이 더 뻔뻔해졌냐'라는 질문에도 긍정 답변이 84.3%가 됐다. '부정행위 문턱이 낮아졌냐'라는 질문에는 76.1%가 동의했다. 외도 경험이 있냐는 질문엔 18.3%가 그렇다고 답했다.

하지만 2018년 현재 정말 그런 변화가 있었냐고 물어본다면 사실 그렇다고 자신 있게 말하긴 어렵다. 2017년 한 해 전체 이혼 건수는 10만 6,032건이다. 간통죄가 살아 있던 2013년의 11만 5,292건과 비교하면 오히려 줄었다. 인구감소와 결혼하는 사람이 줄어든 영향이라고는 하지만 간통죄 폐지로 이혼법정에 사람들이 몰릴 것이라는 예측 자체는 어쨌든 들어맞지 않은 셈이다. 불륜이 늘었는지도 공식 통계상으로는 명확하지 않다. 배우자 부정을 이유로

▪ 간통죄 폐지 이후 외도가 증가했나

＊자료: 2017년 11월 기혼자 1,000명 설문조사

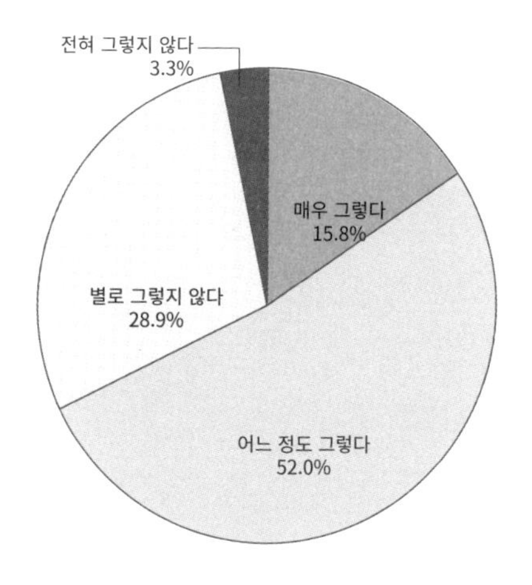

▪ 간통죄 폐지로 어떤 변화가 생겼나

＊자료: 2017년 11월 기혼자 1,000명 설문조사

답변	동의 비율(%)
부정행위 당사자들이 더 당당해졌다	84.3
부정행위 문턱이 더 낮아졌다	76.1
부부문제를 형사처벌하는 병폐가 사라졌다	68.7
우리 사회가 성적으로 더 문란해졌다	60.9
사회·경제적 약자인 여성의 피해가 늘었다	60.6

한 이혼은 2013년 8,702건에서 2017년 7,528건으로 역시 줄었다. 전체 이혼 사유에서 비율로 따져봐도 2013년 7.54%에서 2017년 7.09%로 감소했다.

법 제도적 측면에서도 비슷하다. 간통죄 위헌 직후 상당수 가족법 전문가들은 이번 헌재 결정이 법 해석 기관들 사이에서 성 자유

▪ 줄어드는 이혼 건수(단위: 건)

※자료: 통계청 인구동향조사

연도	협의이혼	재판이혼	미상	합계
2013년	88,628	26,642	22	115,292
2014년	89,745	25,750	15	115,510
2015년	84,645	24,491	17	109,153
2016년	84,008	23,295	25	107,328
2017년	83,038	22,973	21	106,032

▪ 이혼 사유(단위: 건)

※자료: 통계청, 인구동향조사

연도	배우자 부정	정신적·육체적 학대	가족 간 불화	경제 문제	성격 차이	건강 문제	기타	미상
2013년	8,702	4,784	7,961	14,519	53,894	745	23,494	1,193
2014년	8,573	4,545	7,967	13,060	51,538	682	26,175	2,970
2015년	8,016	4,172	8,017	12,126	50,406	639	22,766	3,011
2016년	7,564	3,812	7,927	10,928	48,560	605	21,308	6,624
2017년	7,528	3,837	7,523	10,742	45,676	594	21,195	8,937

화 도미노 현상에 불을 붙일 것이라 예측했다. 성적자기결정권을 중시하는 경향이 법률 해석에 적용되면서 줄줄이 규제가 풀리지 않을까 하는 생각에서다. 당시 헌재는 성매매 알선 등 행위의 처벌에 관한 법률 21조(성매매를 한 사람은 1년 이하의 징역이나 300만 원 이하의 벌금·구류 또는 과료에 처한다)에 대한 위헌성을 심리 중이었다. 서울북부지법이 "개인 간 자유의사에 의한 성매매를 국가가 형벌로 처벌하는 것은 성적자기결정권을 침해한다"라는 취지로 위헌법률심판을 제청한 데 따른 것이었다. 대법원도 앞선 장에서 언

급했듯이 이혼 소송에서 유책주의 입장 판례를 폐기하고 파탄주의 입장을 채택하기 위한 전원합의체 심리에 들어갔다. 하지만 대법원은 2015년 9월 유책주의 판례를 유지하는 방향으로 결론 내렸다. 헌재도 이듬해 3월 성매매처벌법에 대해 재판관 6 대 3 의견으로 합헌 결정했다.

결과적으로 종합해보면 간통죄 폐지로 눈에 띌 만한 변화는 별로 없었다. 1주년이 되고 2주년이 되고 3주년이 될 때마다 흥신소가 성업 중이라는 둥 불륜이 늘었다는 둥 각 언론의 맞춤형 기사들이 쏟아졌지만 대체로 일부의 사례에 과도한 의미 부여를 한 경우가 많았다. 그렇다면 부정행위 사건 실무를 담당하는 전문가들은 어떤 생각을 가지고 있을까? 가사사건을 주로 다루는 법관들은 사건 수가 늘어나는 등 명시적 효과는 잘 모르겠지만 질적 측면에서 이혼을 포함한 관련 사건들이 변했다고 설명했다.

> 간통죄는 현장을 덮치는 등 둘이 간통한 결정적 증거를 잡아야 처벌할 수 있었기 때문에 법원까지 오기가 힘들었다. 하지만 민사와 가사로 불륜에 대한 단죄 방식이 변하면서 증거 인정 범위가 넓어졌고 그 결과 소송이 확대되는 느낌은 있다. 물론 절대 건수 자체는 그리 늘지 않았겠지만, 예전이라면 뭐 이런 걸로 소송까지 내나 싶은 증거들로 소송을 내는 경우가 많아졌단 얘기다. 이를 테면 카카오톡 메시지 몇 개 등을 근거로 부정행위를 주장하는 것 말이다.

> 이혼 사건만 놓고 보면 유책배우자들이 이혼 청구하는 게 늘어난 느낌은 있다. 유책주의 판례로 인정이 잘 안 되기는 하지만, 예전에는 형사처벌 문제가 걸려 있어서 대놓고 못했는데 이제는 좀 더 당당해진 느낌이다. 특히 유명인들의 대응 방식도 과거와는 많이 달라진 것 같다. 예전보다 많이 당당해졌다.

이혼 사건 전문 변호사들도 비슷한 답변을 내놨다.

> 간통죄 폐지가 간통을 할 생각이 없는 사람으로 하여금 간통을 하도록 마음먹게 하지는 않았을 것이라고 본다. 다만 간통을 하기로 마음먹은 사람이 실제 간통을 하는 데 머뭇거림을 제외한 정도의 효과는 있다고 본다. 상담을 하다 보면 실제 정말로 뻔뻔한 사람들도 많이 온다. 배우자에게 발각됐는데 적반하장으로 부정행위 상대방을 두둔하고 오히려 배우자에게 화를 내는 경우가 종종 있다. 통상 부정행위는 혼인관계 파탄의 원인이라고 생각하기 쉬운데 실무를 보면 그렇지 않다. 오히려 다른 이유 등으로 이미 혼인관계가 파탄 난 상태에서 불륜에 이르는 경우가 더 많다.

사실 간통죄 폐지가 사회를 어떻게 변화시켰는지 지난 3년만으로는 측정하기 어렵다. 물론 부정행위 당사자라면 간통죄가 없는 게 당연히 좋을 것이요, 피해자라면 형사처벌까지 해서 끝까지 괴롭히는 게 정신건강에 이로우니 아쉬울 수 있다. 그래도 최소한 부부가 헤어질 때 헤어지더라도 감정다툼은 가능한 한 줄이자는 차원에서 격렬한 분쟁을 야기하는 간통죄의 폐지는 분명 긍정적 측면이 더 크다고 생각한다. 도덕적으로 지탄을 받을지언정 이를 국가가 나서서 형사적으로 처벌하는 것은 요즘 시대 사회 관념에 맞지 않는 측면이 크다. 더구나 이혼하는 부부 사이를 불구대천의 원수로 만들어놓으면 피해 보는 것은 미성년 자녀들이니 말이다.

5

같이 살아도 부부는 아닌 그들

결혼과 비혼 사이 제3의 길

개인적인 얘기를 해보면, 나는 신혼여행을 다녀온 뒤 곧바로 혼인신고를 했다. 결혼식을 올린 지 열흘 만이었다. 더 빨리하고 싶었지만 증인 섭외해서 도장 받고 부모님 도장도 받느라 시간이 좀 걸렸다. 구청에 혼인신고서를 낸 뒤 '본인-배우자' 사이라 적힌 주민등록등본을 받아 든 순간 굉장히 뿌듯했다. 단순히 법적 부부로 인정받았다는 표면적 이유 때문이 아니었다. 지난 30여 년간 살아온 인생과는 다른 새로운 출발선에 섰다는 기분이었다.

남들도 다 나와 같은 줄 알았다. 실제로 대다수가 그렇다. 통계청이 한국 보건사회연구원 조사 자료를 집계한 결과에 따르면 결혼식을 올리고 함께 살다 혼인신고를 올리는 경우가 75.1%에 달했다. 그다음은 동거하다가 결혼식을 올리고 혼인신고에 이르게 되는 부부(7.2%), 함께 살다 혼인신고를 하고 결혼식을 올리는 부부(6.0%) 순이다.

하지만 혼인신고를 당연하다고 생각하지 않는 이들도 의외로 많다. 다음의 표에서 통계상 기타로 분류해놓은 부부 중 일부는 같이 살지만 혼인신고는 하지 않은 부부다. 계산해보면 전체 기준 약 0.9%가 혼인신고를 하지 않았다고 응답했다. 각 기간별로 보면 1994년 이전에는 0%였고 이후에도 0.1% 안팎이었는데 가장 최근 통계인 2010~2015년 사이 조사에서는 2.7%로 늘었다. 갈수록 줄어드는 혼인건수를 감안해보면 혼인신고를 하지 않는 부부는 최근

▪ 기혼여성(15~49세)의 동거, 결혼식, 혼인신고 간 순서(단위: %)

＊자료: 통계청, 한국보건사회연구원 전국 출산력 및 가족보건복지 실태조사

분류	동거-결혼식-혼인신고	동거-혼인신고-결혼식	결혼식-동거-혼인신고	결혼식-혼인신고-동거	혼인신고-동거-결혼식	혼인신고-결혼식-동거	기타
합계	7.2	6.0	75.1	3.8	1.6	4.0	2.3
~1994년	6.2	6.3	80.1	3.7	0.8	2.5	0.4
1995~1999년	6.1	5.6	81.3	3.0	0.9	2.6	0.5
2000~2004년	6.9	5.9	78.3	3.9	1.1	3.0	0.9
2005~2009년	8.0	5.2	73.5	4.6	2.0	4.6	2.1
2010~2015년	9.2	7.2	61.2	3.7	3.4	7.7	7.6

에 더 늘어난 것으로 추정된다. 아무리 오랫동안 같은 집에 살고 애를 낳아 키우고 부모를 모시는 등 생계를 함께한다 해도 이들은 법률상 부부가 아니다. 구청에서 가족관계등록부를 떼면 동거인일 뿐이지 어떤 연결고리도 찾아볼 수 없는 '사실혼 부부'다. 이들은 왜 국가가 인정하는 법률혼 테두리 내에 들어오지 않고 여러모로 지위가 불안정하고 불이익도 많은 사실혼을 택했을까. 지금이야 일부 분야(유족연금, 재산분할 등)에서는 법률혼에 준하는 보호를 받긴 하지만 사실혼 부부는 자녀 교육, 세금, 상속, 복지 등에 있어서 법률혼 부부에게 당연히 주어지는 권리와 혜택을 제대로 받지 못한다. 그럼에도 이들은 자발적으로 불이익을 감수하고 사실혼 관계를 택한다. 도대체 왜, 무슨 이유에서일까.

이번 장은 이 같은 의문에 대한 긴 대답을 담으려고 한다. 2007~2014년 사이 전국 법원에서 선고된 사실혼 관계 부당해소에 따른 재산분할 및 위자료 청구 관련 판결문 141건 속 사실관계와 사연에 기초했다. 판결문 속 원피고 부부들은 때로는 피치 못할 사정으로, 때로는 실질적 이득을 이유로 결혼과 비혼 사이 제3의 길을 간 이들이다.

현대판 선녀와 나무꾼, '반혼부부'의 등장

30대 직장인 여성 김 모 씨는 동갑내기 남자친구와 캠퍼스 커플로 만나 10년 넘게 사귀었다. 잠시 위기도 있었지만 우여곡절 끝에 2013년 말 프러포즈를 받았고 결혼식을 올렸다. 남자친구는 결혼식이 끝날 무렵 달콤한 목소리로 축가를 직접 불러주기도 했다. 하지만 신혼여행 후 혼인신고를 하자는 얘기에 남편은 뜨뜻미지근한 반응을 보였다. 바쁘다는 핑계로 차일피일 미뤘으며 얘기를 꺼내면 화제를 돌렸다. 결국 기다리다 지친 김 씨는 결혼 5개월 만에 남편의 도장을 몰래 찍어 구청에 혼인신고서를 제출했다. 이를 알게 된 남편은 노발대발 화를 내며 집을 나갔고 변호사를 선임해 혼인무효 소송을 냈다. 소송을 대리한 변호사는 "남자 쪽은 연애를 오래하다 보니 책임감도 들고 의무감도 생겨 결국 떠밀리다시피 결혼식장까지 가게 된 것이라고 주장한다"라며 "결국에는 공식적으로 결혼했다는 증명을 남길 만큼 결혼에 대한 확신이 없었던 탓에 소송까지 낸 것"이라고 설명했다.

사실혼을 택한 이들 중에는 김 씨와 같은 신혼커플이 의외로 많았다. 판결문을 분석하기 전에는 황혼재혼 때문에 사실혼 관계를 택하는 사람들이 대다수일 것이라 생각했지만, 결혼한 지 1년이 채 안 된 부부가 40.4%였다. 3년 이하로 범위를 넓히면 58.2%에 달했다. 연령대도 남녀 모두 30대가 가장 많았다. 40대 비율이 가장 높은 법률혼과 비교하면 차이가 나는 결과다. 혼인 형태도 남녀 모두 초혼인 커플이 54.6%로 가장 많았다.

즉, 소송을 낸 사실혼 부부 중 주류는 30대면서 결혼식을 올린 지 1년 만에 파경을 맞고 헤어지게 된 초혼부부였다고 볼 수 있다. 왜 이들은 인생에서 가장 중요한 결정 중 하나인 결혼의 방식으로

▪ 사실혼 부부의 혼인유지 기간

＊자료: 2007년~2014년 사실혼 관련 판결 141건 분석

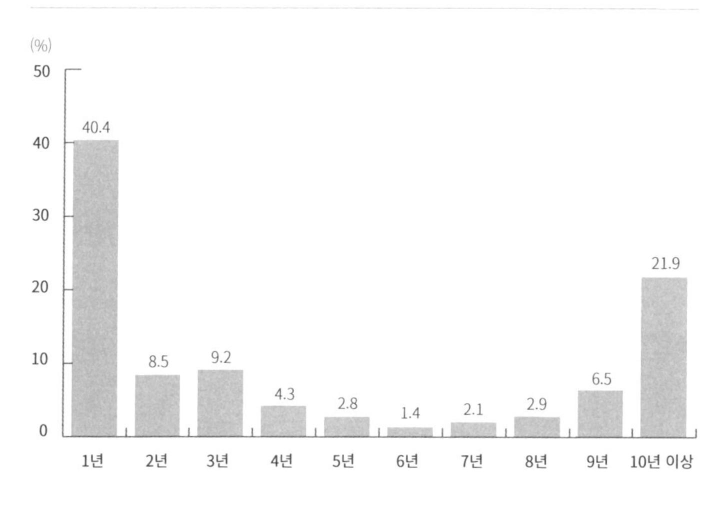

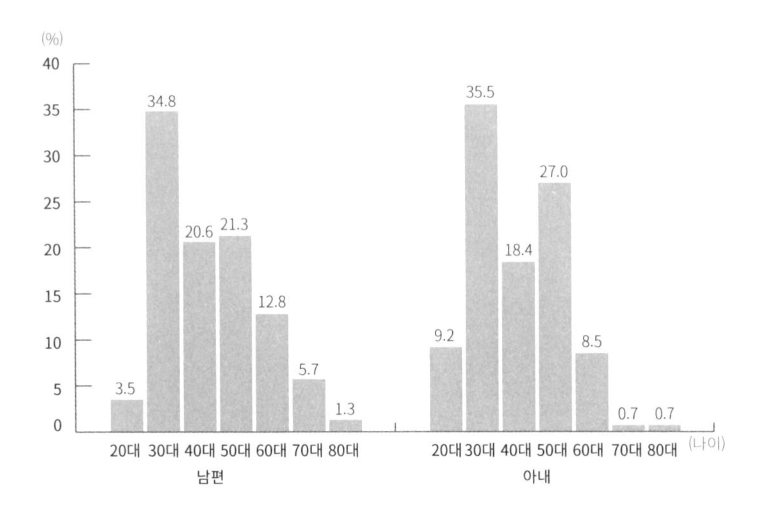

사실혼을 택했을까. 판결문에 나온 인정사실을 바탕으로 분석한 결과 서로에 대해 믿지 못해서라는 이유가 46.1%로 가장 많았다. 우여곡절 끝에 결혼식은 했어도 법률혼이라는 결정적인 신분상의 변화를 주기에는 미덥지 않아 혼인신고를 미룬 채 생활하다 헤어지게 된 이들이다.

이러한 분석 결과는 결혼적령기 남녀를 대상으로 진행한 설문조사에서도 비슷하게 나온다. 2015년 상반기 《중앙일보》와 결혼정보업체 듀오가 공동으로 진행한 미혼 남녀 865명 대상 설문조사에서 34.1%가 결혼식 후 일정 기간 혼인신고를 하지 않겠다고 답했다. 이유로는 확신이 들지 않아서란 답이 51.3%로 가장 많았다.

▪ 사실혼 부부 혼인 형태

※자료: 2007년~2014년 사실혼 관련 판결 141건 분석

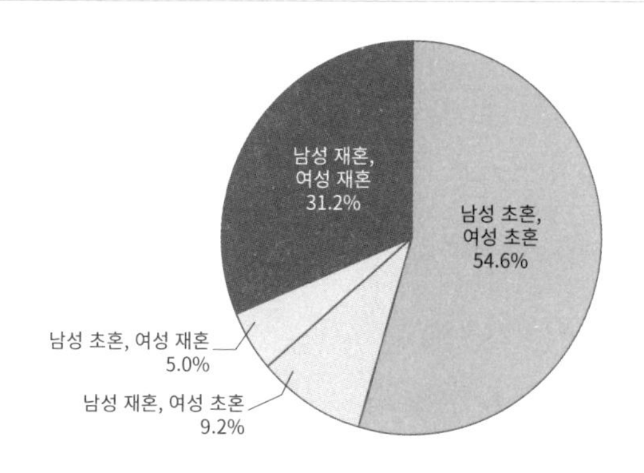

▪ 혼인신고를 안 한 이유

※자료: 2007년~2014년 사실혼 관련 판결 141건 분석

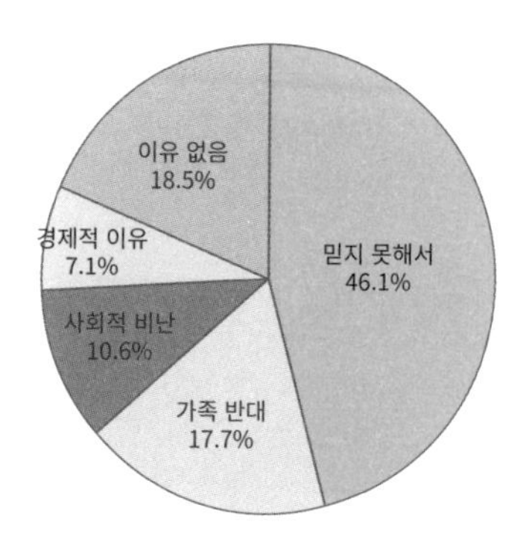

이 같은 조사를 종합해보면 사실혼 부부 중 상당수는 일단 살아 보고 혼인신고를 하는 '반혼커플'인 셈이다. 이혼 사건 전문 변호사들 사이에서 이들은 일명 '선녀와 나무꾼' 커플로 통한다. 아이 셋을 낳을 때까지 날개옷을 돌려주지 않아야 선녀와 나무꾼이 완벽한 부부가 되듯이, 결혼식은 올려도 더 큰 확신이 들 때까지 법률

적 확정 절차인 혼인신고를 미루는 방식이 비슷하다는 차원에서다. 2010년 약 34만 건이었던 혼인건수가 2017년 약 26만 건으로 줄어든 이면엔 이 같은 선녀와 나무꾼 커플이 증가하는 추세가 상당수 잠재해 있을 가능성이 높다. 과거에는 사실혼이 축첩이나 중혼 금지 등으로 법률상 어쩔 수 없이 혼인신고를 못 했던 이들의 전유물이었으나 최근 들어 젊은층 위주로 확산되고 있는 것이다. 그렇다면 왜 결혼식까지 올린 뒤에도 확신이 들지 않는 것일까? 다음 사례들을 보자.

회사 동료 사이인 김 모 씨와 박 모 씨는 2011년 말 교제를 시작했다. 급속도로 가까워진 두 사람은 이듬해 양가 부모의 결혼 승낙을 받았다. 이후 김 씨가 임신해 그해 여름으로 결혼식 날짜를 잡고 한 달 전에 미리 신혼여행을 다녀왔다. 돌아온 뒤에는 신혼집에서 동거를 시작했다. 달달한 신혼을 꿈꿨지만 결혼은 현실이었다. 결혼식을 준비하다 보니 하루가 멀다 하고 의견이 맞지 않아 다퉜다. 결혼식 일주일 전에는 서로 주먹질을 하기도 했다. 김 씨는 친정에 돌아가 부모에게 헤어지겠다 말하고 변호사 사무실을 찾아 상담을 받았다. 주위에서 달랜 끝에 결혼식을 3일 앞두고 극적으로 화해했고 예정대로 결혼식을 올렸다.

결혼해도 상황은 나아지지 않았다. 결혼식 당일부터 다시 맹렬히 다퉜다. 이후 박 씨가 "서로 노력해서 1년간 살아보고 혼인신고를 하겠다. 사랑을 바라지 않겠다. 화를 내지 않겠다. 폭력을 행사하지 않겠다. 욕설을 하지 않겠다. 술을 마시지 않겠다"라는 내용의 각서를 작성했지만 소용없었다. 결국 장인, 장모가 와서 김 씨를 데려갔고 두 사람은 별거에 들어갔다. 결혼 1년 만에 김 씨는 부당한 사실혼 파기로 받은 정신적 손해를 배상하라며 박 씨를 상대로 소송을 냈다. 박 씨도 피해를 입었다며 반소를 제기했다. 법원은 "사실혼 관계가 파탄 났으나 원피고가 대등하게 잘못했으므로 손해배상 책임은 발생하지 않으며 위자료 청구도 기각한다"라고 판결했다. (2014년 의정부지법)

30대 여성 이 모 씨는 2012년 지인 소개로 김 모 씨를 만나 3개월 만에 동거를 시작했다. 동거 후 1년 정도가 지나 결혼식을 올렸으나 혼인신고는 하지 않았다. 동거하는 기간 내내 시어머니와 갈등이 컸기 때문이다. 결혼식을 며칠 앞두고도 "정말 이 사람과 결혼해야 하나"라는 망설임까지 들었다. 딸의 걱정을 알아챈 친정어머니가 예비 사위에게 "시어머니와 갈등을 잘 중재해 결혼생활을 원만히 이끌어달라"라는 문자메시지를 보내기도 했다. 결혼식 한 달 뒤 이 씨는 배로 이동해야 하는 지역으로 출장을 가느라 시어머니의 전화를 받지 못했다. 출장을 마무리하고 집에 도착했는데 남편이 "왜 어머니 전화를 받지 않았냐. 어머니가 무시당한 것 같다고 하시더라"라며 이 씨를 나무랐다. 이튿날 남편이 없는 사이 시어머니가 직접 집을 찾아와 나무랐고 이 씨도 발끈해 "어머니께 번번이 전화를 드려서 보고해야 할 의무가 있는지 모르겠다"라는 취지의 답을 했다. 격분한 시어머니는 이 씨를 밀치면서 욕설을 했다. 이 씨는 이에 신혼집을 떠나 멀리 떨어져 있는 친정집으로 돌아갔다. 며칠 뒤 남편에게 전화가 왔다. 내심 재결합을 기대했지만 목소리는 싸늘했다. "우리는 어른들에게 어디를 가면 어디에 간다고 말씀드릴 의무가 있다. 네가 우리 어머니에게 전화를 하지 않아 이런 일들이 빚어졌다. 네가 우리 어머니께 사과한다 해도 나는 너를 용서할 수 없다. 우리가 살던 집은 이미 내가 부동산에 내놨으니 네 짐을 가져가라." 이에 놀란 이 씨는 부랴부랴 신혼집에 돌아왔지만 자신의 짐 대부분을 시어머니가 버린 상태였다. 결혼생활을 계속 유지하고 싶다고 말했지만 남편은 거절했다. 시어머니까지 신혼집에 찾아와 이 씨에게 나갈 것을 종용했다. 이 씨가 응하지 않자 남편은 이 씨를 상대로 사실혼 관계 부당파기에 대한 위자료 청구 소송을 냈다. 아내가 자신의 어머니를 부당하게 대해 입은 피해를 배상하라는 취지였다.

하지만 법원은 이 씨의 손을 들어줬다. 김 씨의 어머니가 장성한 자녀의 결혼생활에 과도하게 간섭하는 태도를 보였고 김 씨가 이를 적절히 제지하지 않은 데 더 문제가 있다고 본 것이다. 법원은 남편이 아내에게 500만 원을 배상하라 판결했다.

수시로 며느리에게 전화할 것을 요구하는 원고 어머니의 태도에도 문제가 있음에도 불구하고 원고는 결혼식을 올린 지 불과 한 달 정도 밖에 지나지 않았음에도 피고와의 갈등을 해결하려는 별다른 노력도 하지 않은 채 일방적·지속적으로 혼인생활을 끝낼 것만 고집했다. 또 원고의 어머니가 피고의 짐을 버리고, 결혼식 때 피고에게 준 목걸이를 돌려달라고 요구하고, 피고의 짐을 친정으로 강제로 보내려고 하는 등으로 자녀의 혼인생활에 과도하게 간섭하는데도 이를 방치한 채 피고를 외면했다. 종합해보면 이 사건 사실혼 관계가 파탄에 이르게 된 데에는 원고에게 주된 책임이 있다고 봄이 상당하다. (2015년 광주가정)

30대 후반 직장인 한 모 씨는 2013년 결혼했다. 아내는 신혼여행지에서부터 이상했다. 성관계를 자꾸 피하고 거부한 것이다. 신혼여행을 마치고 돌아와서도 자주 심야에 귀가하면서 계속 성관계를 거부했다. 두어 달 뒤 한 씨는 뭔가 미심쩍은 마음에 아내의 스마트폰을 몰래 봤다. 사진첩을 뒤적거리던 한 씨는 큰 충격을 받았다. 결혼 이후에 다른 남자와 입맞춤을 하거나 다정한 모습으로 찍은 사진이 나와서다. 아내를 추궁했으나 별다른 설명 없이 "기다려달라"라는 말만 반복했다. 참다못한 한 씨는 아내 휴대전화를 위치추적까지 했다. 이에 아내는 자신의 짐을 챙겨 신혼집에서 나갔고 두 사람은 별거에 들어갔다. 한 씨가 법원에 손해배상 청구 소송을 내면서 재판이 시작됐다. 아내는 모든 것이 오해라고 항변했다. "휴대전화에 저장된 사진들과 카카오톡 대화는 결혼 전의 것이거나 결혼 후 친구들과 술자리에서 게임을 하면서 촬영한 것일 뿐이다.

그런데 남편은 나를 부당하게 의심하면서 몰래 위치추적까지 했고 욕설을 퍼붓고 때리기도 했다. 관계파탄의 원인은 남편에게 있다."

그러나 재판부는 아내의 잘못이 더 크다고 봤다. 사진과 영상에 나온 행위가 단순히 술자리 게임으로 찍은 장면이라 믿기 어려운 데다 결혼식 이후에 촬영된 사진이 대부분인 것으로 나왔기 때문이다. 법원은 아내가 남편에게 1,500만 원을 배상하라 판결했다. (2015년 인천지법)

30대 여성 직장인 정 모 씨는 연하인 이 모 씨와 만난 지 두 달 만에 결혼했다. 하지만 결혼식을 올린 뒤 관계는 계속 삐거덕댔다. 남편이 마련한 신혼집이 마음에 안 든다는 이유로 친정에서 신혼생활을 시작한 것부터가 문제였다. 남편은 끊임없이 정 씨의 음주와 늦은 귀가를 나무랐다. 결혼 한 달 만에 정 씨는 친정엄마에게 "같이 못 살겠다"라고 하소연을 했다. 살얼음판을 걷는 듯 아슬아슬하던 부부 사이는 결혼식 후 6개월 만에 깨졌다. 늦은 귀가와 경제적 문제로 두 사람은 또다시 크게 다투었고 정 씨가 홧김에 남편에게 "나가라"라고 소리를 질렀다. 이에 남편 이 씨가 집을 나오면서 별거가 시작됐다. 이 씨는 집을 나간 뒤에도 정 씨에게 같이 살자며 계속 설득했으나 아내는 거절했다. 하지만 어느 날 아내가 집 앞에서 다른 남자와 함께 있는 모습을 본 뒤 이 씨의 마음도 돌아섰고 분노를 참지 못한 이 씨는 아내를 찾아가 폭행까지 했다. 이에 정 씨는 이 씨를 상대로 소송을 냈다. 재판부는 "이 씨가 아내에게

위자료 500만 원을 지급하라"라고 판결했다. (2015년 울산지법)

엇비슷해 보이는 사례들을 이렇게 나열한 데는 이유가 있다. 이들 선녀와 나무꾼 커플이 결혼식 이후 1년 이내 법률혼에 이르지 못하고 파국을 맞게 된 데에는 상당 부분 결혼 전부터 내재된 갈등 요소가 있었다는 점을 말하고 싶어서다. 두 성인 간 신중한 정서적 결합이어야 할 결혼이 필요에 의해 확신 없이 급하게 추진됐고, 이미 되돌릴 수 없는 상황에서 결혼을 강행했지만 끝내 갈등을 봉합하지 못하고 비극적인 결말을 맞게 된 경우가 대다수였다. 각각의 파탄 이유야 부모님의 간섭, 경제적 불평등, 음주 습관, 연애 이력 등 다양하겠지만 근본적으로는 두 사람이 서로를 잘 모르는 상태에서 결혼을 밀어붙이면서 잠재해 있는 갈등을 효율적으로 해소하지 못한 측면이 크다고 생각한다.

어찌 됐든 선녀와 나무꾼 커플은 결혼식은 올렸지만 혼인신고 전 브레이크를 걸었고 불행 중 다행으로 법률상 초혼인 상태에서 다시 새로운 인생을 시작할 기회를 얻었다. 인생의 한 시기 섣부른 결정으로 경제적·심리적·시간적·사회적 피해를 입었겠지만 재혼, 삼혼도 흔해진 요즘 같은 시대에 그리 큰 흠이 될 것도 없지 않을까. 매사에 신중해야 한다는 교훈을 얻었다면 말이다.

선녀와 나무꾼도 헤어지려면 돈이 든다

사실혼 부부는 법률상 남남이다. 한쪽이 헤어지자고 말하고 짐

싸면 그걸로 끝이다. 길게는 수년간 소송을 거쳐야 하는 법률혼 부부와 달리 말 한마디로 혼인관계를 끝낼 수 있으니 이보다 더 간편할 수 없다. 하지만 세상사가 모두 그렇게 호락호락하지는 않다. 혼인신고는 안 했더라도 어찌 됐든 두 사람이 결혼식을 올리고 함께 살기까지 준비하는 과정에는 필연적으로 많은 돈이 들기 마련이다. 결혼하고 잘 살았다면 문제가 없었을 것이다. 하지만 헤어진다면 이를 정산하는 과정에서 법률혼 부부 버금가는 소송전이 벌어지기도 한다. 특히 결혼 후 얼마 되지 않아 헤어진 선녀와 나무꾼 커플 분쟁은 결혼식과 예물·예단 비용을 부담한 부모들까지 가세하는 경우가 많아 더 극렬해지기 일쑤다. 부산에서 있었던 소송을 보자.

학원을 운영하는 30대 김 모 씨와 결혼한 이 모 씨는 결혼 전부터 재력가로 알려진 김 씨 집안에 잘 보이기 위해 온갖 노력을 다했다. 결혼 예물로 시어머니에게 모피코트와 악어가방을 선물했다. 예단비로 2,000만 원을 주면서 은수저 열 세트도 함께 선물했다. 남편이 될 김 씨에게는 명품시계 두 개를 선물했으며 턱시도와 명품코트를 선물했다. 김 씨도 이 씨에게 모피값 등으로 1,900만 원을 주고 1캐럿짜리 다이아 반지를 줬다. 그러나 주기로 약속했던 3,400만 원 상당의 명품시계는 결혼 후에 준다며 함 속에 시계 사진만 넣어서 보냈다. 뭔가 이상했지만 원래 부잣집은 그러려니 했다. 신혼집인 시어머니 명의의 아파트 인테리어 비용도 이 씨가 냈다. 그 안에 들어갈 가구, 가전제품 등도 모두 이 씨가 부담했다. 결혼식은 성대하게 치러졌다. 특급호텔에서 대규모 하객을 부른 결혼식이었다.

신혼생활은 간단치 않았다. 남편 김 씨는 자주 난폭한 모습을 보였고 결혼 전 이 씨의 남자 관계를 추궁했으며 원치 않는 성관계를 강요했다. 급기야 김 씨가 과거에 마약으로 처벌받은 전과가 있다는 사실도 드러났다. 주기로 했던 명품시계는 차일피일 미뤄졌다. 이 씨는 수차례 헤어지자 말하려 했으나 시어머니 만류로 주저앉았다. 하지만 아내를 의심하는 김 씨의 태도는 변하지 않았다. 운영하던 학원은 방만한 경영으로 실적이 악화됐다. 스트레스를 호소하던 김 씨는 마약에 다시 손댔다. 이를 알게 된 이 씨는 결혼 10개월 만에 함께 살던 집을 나왔고 김 씨 모자를 상대로 손해배상 소송을 냈다. 재판부는 이 씨를 폭력적으로 대하고 신뢰를 저버린 점, 이 씨가 수천만 원에 달하는 재산상 손해를 입었고 약속받은 예물시계를 받지 못한 점 등을 고려해 김 씨 모자가 각각 4,000만 원씩을 이 씨에게 배상하도록 했다. 흥미로운 점은 이 씨가 김 씨의 턱시도값과 웨딩 촬영비, 시어머니에게 준 예물 및 예단비, 전자제품 구입비, 신혼집 인테리어 비용, 가구 및 주방용품 구입비 등 총 3억 원의 재산상 손해를 배상하라고 청구했지만 기각된 점이다. 재판부의 설명은 다음과 같다.

대법원 판례상 혼인에 관해 수수되는 예물 또는 예단은 혼인의 성립을 증명하고 당사자 내지 양가의 정리를 두텁게 할 목적으로 수수되는 것으로 혼인 또는 사실혼의 불성립을 해제 조건으로 하는 증여와 유사한 성질을 가진다. 일단 혼인 또는 사실혼이 성립하고 상당한 기간 지속된 이상 그 목적을 달성했기 때문에 그 후 혼인 또는 사실혼 관계가 해소되어도 그 반환 내지 그 가액 상당의 손해배상 청구를 할 수 없다.

이 씨는 김 씨와 혼인 의사로 결혼식을 올린 후 10개월 남짓 동거하면서 사회 통념상 가족질서의 면에서 부부공동생활을 인정할 만한 실체가 있는 사실혼 관계를 형성하고 상당한 기간 이를 지속하였다고 할 것이고, 김 씨가 원래부터 성실히 혼인을 계속할 의사가 없고 그로 인해 사실혼 관계의 파탄을 초래했다고 할 만한 특별한 사정이 있다고 볼 수 없다.

그렇다면 원고가 피고들에게 교부한 예단, 예물은 두 사람 사이 사실혼이 성립하고 상당 기간 지속됨으로써 피고들 소유로 귀속되었다 할 것이어서 손해배상을 구할 수 없다. 혼수품 등 결혼 준비 비용도 결혼식이 무의미하게 된 경우가 아니라면 배상을 구할 수 없다.

요약하자면 예단, 예물, 결혼식 준비 비용, 혼수에 대해서는 결혼할 의사가 없는데도 결혼했거나 정말 단기간에 파국이 나지 않는 한 돌려받기 어렵다는 얘기다. (2015년 부산가정)

많지는 않지만 결혼 준비에 들어간 돈을 배상하도록 한 경우도 일부 있다. 아주 짧은 기간 결혼생활을 하고 헤어진 커플들이다. 서울에서 공무원으로 일하던 20대 여성 박 모 씨는 지방에서 의사로 일하던 한 모 씨와 장거리 연애 끝에 결혼했다. 그러나 결혼식을 올리기까지 어려움이 많았다. 상견례 자리에서 신혼집과 예단비에 대한 견해 차이로 양측 부모가 대판 싸우는 일이 벌어졌기 때문이다. 한 씨는 결혼을 반대하는 아버지와 몸싸움을 벌이기도 했다. 우여곡절 끝에 양쪽 부모에게 허락을 받은 뒤 두 사람은 결혼식을 올렸다.

사달은 두 사람이 신혼여행을 다녀온 뒤 벌어졌다. 한 씨는 결혼 전처럼 아버지에게 생활비 100만 원을 매달 자동이체로 보내려 했다. 하지만 박 씨는 현금으로 직접 줘야 한다고 주장하면서 논쟁이 생겼다. 박 씨 뜻대로 현금으로 생활비를 주자 시아버지는 불쾌해했다. 이로 인해 한 씨도 아내에 대한 불만과 실망감이 커지면서 연락을 끊고 신혼집을 나왔다. 결혼식 한 달 만이었다. 주말부부로 지내던 박 씨는 연차휴가를 내고 부랴부랴 지방에 있는 신혼집으로 내려왔으나 남편을 만날 수 없었다. 병원으로 찾아가도 남편은 만나주지 않았다. 남편은 대신 장문의 문자를 남겼다. "결혼 준비하면서 우리 친척들에게 인색하게 굴었잖아. 폐백 때 절값도 모두 당신이 챙겼고. 신혼여행에서 교수님 선물 사는 것도 탐탁지 않게 생각했고. 나는 빚을 지면서 결혼했는데 당신은 결혼 준비하고 남은 돈을 모두 부모님께 드리고 왔잖아. 나는 이해할 수 없어. 마음이 정리되면 연락할게." 박 씨는 문자메시지로 "앞으로 남편과 시댁 가족을 배려하며 노력하겠다"라는 답을 보냈으나 남편의 마음은 풀리지 않았다. 남편이 다니는 교회 지인들에게 도움을 청해도 효과가 없었다. 이런 상황에서 시아버지는 신혼집에 있던 박 씨의 짐을 직장으로 보내겠다는 협박도 했다. 남편의 마음을 돌릴 수 없다고 판단한 박 씨는 결혼식을 올린 지 두 달 만에 소송을 냈다. 법원은 "결혼 초기 생활방식 등의 차이로 인한 갈등을 대화와 설득을 통해 해결할 노력을 충분히 하지 않은 한 씨 때문에 관계가 파탄 났다"라며 박 씨에게 위자료 3,000만 원을 주도록 했다. 법원은 이와 함께 박 씨가 결혼식을 준비하는 데 쓴 비용 약 6,000만 원도 배상하도록 했다. 두 사람 사이에 사실혼 기간이 2주에 불과해 결혼식 자체가 무의미하게 됐고 이는 한 씨 때문에 생긴 일이라는 판단에서다. 박 씨는 예단비 4,000만 원과 예단이불 비용 등을 돌려받을 수 있었다. (2014년 광주가정)

명품브랜드 업체에서 일하던 30대 여성 최 모 씨는 신혼여행 비용까지 돌려받았다. 최 씨는 교제한 지 6개월 만에 정 모 씨와 결혼식을 올렸다. 결혼 전부터 정 씨는 이상한 기미를 보였다. 결혼식 두 달 전에는 말다툼을 한 뒤 휴대전화를 꺼놓았다는 이유로 집으로 찾아와 "야, 너 나이도 많잖아. 내가 널 거둬준 거야. 너 나랑 끝내려면 끝내. 내가 네 인생 지구 끝까지 쫓아가서 조져버릴 거야"라며 고래고래 소리를 질렀다. 몇 시간 뒤에는 다시 "제발 내 곁을 떠나지 마. 너무 외롭다"라며 사과했다. 며칠 뒤에는 업무가 바빠서 점심 약속을 취소했더니 최 씨 집에 찾아와 뺨을 때리는 등 폭행했고 다시 사과하는 등 종잡을 수 없는 행태를 보였다. 정 씨의 이상행동은 결혼식 이후 신혼여행지에서 더욱 심해졌다. "나도 남편에게 명품 척척 사주는 아내를 만나고 싶다. 내 친구 마누라들은 2억~3억 원 상당의 혼수를 해 왔다는데 넌 왜 1억 원밖에 안 해 왔냐. 우리 부모님은 고생해서 집도 사줬는데…" 등의 폭언을 퍼부었다. 차를 타고 가다 말싸움이 붙자 최 씨를 길에 버려둔 채 가버리고는 3일 만에 숙소로 찾아와 "다시는 그런 일 없을 것"이라며 용서를 빌었다.

신혼여행지에서 돌아온 뒤 한 달이 지나도 정 씨의 태도가 나아지지 않자 최 씨는 결국 신혼집을 나와 별거에 들어갔다. 그러자 정 씨는 최 씨를 상대로 손해배상 소송을 냈다. "사소한 언쟁을 하고 다음 날 가출해 일방적으로 결혼생활을 거부한 피해를 배상하라"라는 취지였다. 재판부는 남편 정 씨가 잘못했다며 위자료로 4,000만 원을 배상하도록 했다. 또 결혼식 예식비, 폐백음식 구입비, 신혼여행 항공권 구입비, 호텔 숙박료, 택시비, 정 씨 가족 선물 구입비 등 약 1,700만 원도 물어내도록 했다. (2012년 서울가정)

판결문 141건을 종합해보면 위자료 액수 평균은 약 2,695만 원이었다. 남편이 잘못한 경우는 47.5%, 아내가 잘못한 경우는 7.1%였으며 둘 다 책임이 있다는 판결은 31.2%였다. 주택 마련 비용을 제외하고 결혼식 준비 등에 쓴 돈은 남편이 평균 5,541만 원이었으며 아내는 5,432만 원으로 집계됐다. 혼인신고 전 비록 브레이크를 걸었다고 해도 기회비용과 위자료, 거기에 시간과 감정 소비까지 합친다면 선녀와 나무꾼 커플들이 부담한 섣부른 결혼의 대가는 그리 가볍지 않다.

성관계 없었더라도 사실혼 성립

사실혼이란 당사자 사이에 혼인 의사가 있고 사회적으로 정당시되는 실질적인 혼인생활을 공공연하게 영위하고 있으면서도 그 형식적 요건인 혼인신고를 하지 않았기 때문에 법률상 부부로 인정되지 아니하는 남녀의 결합관계를 말한다. 따라서 사실혼에 해당하여 법률혼에 준하는 보호를 받기 위해서는 단순한 동거 또는 간헐적인 정교관계를 맺고 있다는 사정만으로는 부족하고, 그 당사자 사이에 주관적으로 혼인의 의사가 있고 객관적으로도 사회 관념상 가족질서적인 면에서 부부공동생활을 인정할 만한 혼인생활의 실체가 존재하여야 한다. (대법원 2000다52943)

대법원 판례가 말하는 사실혼의 정의다. 혼인신고를 통해 객관적으로 부부인지 아닌지 구분할 수 있는 법률혼과는 달리 사실혼이 성립하는지 판단하기는 쉽지 않다. 하지만 소송이 걸리면 재판부는 어떻게 됐든 판단을 해야 한다. 그래서 나온 게 이 대법원의 판례에 나온 '주관적 혼인의 의사'와 '객관적 혼인생활의 실체'다. 요는 두 사람이 정말 서로를 부부로 인식했는지, 주변에서 보기에도 정말 부부처럼 생활했는지가 판단 기준이란 얘기다.

총 141건의 판결문 중 121건에서 사실혼이 인정됐다. 인정된 121건에서 객관적 혼인생활의 실체라 볼 만한 공통점을 추려보니 일정 기간 이상의 동거, 결혼 사실을 주변에 공개, 결혼식 개최 등이 주요 요소로 꼽혔다. 사실혼이 인정된 판결 121건 중 단 한 건을 제외하고는 모두 동거했으며 결혼 사실을 주변에 알린 경우도 95.1%였다. 결혼식을 올린 경우도 59.5%로 과반이 넘었다.

다만 흔히들 생각하는 것처럼 성관계 여부는 사실혼 인정 여부를 판단하는 데 결정적 요소는 아니다. 성관계를 갖지 않은 커플이지만 사실혼 부부로 인정받는 경우도 있다. 다음 사례를 보자.

30대 여성 이 모 씨는 펜팔로 알게 된 박 모 씨와 2012년 결혼식을 올렸다. 박 씨는 결혼 전 아내에게 신체접촉을 시도했다가 몇 차례 거절당하자 심리적으로 몹시 위축됐다. 한 차례 결혼 후 이혼 경험이 있었던 터라 이번에도 실패하면 안 된다는 걱정이 컸다. 결혼식 후 함께 살게 된 뒤에도 집에 오면 책에 몰입하며 아내와의 대면을 피했다. 신혼집의 작은 방에 머물며 아내가 그 방에 들어오는

▪ 법원에서 사실혼을 인정받은 커플 특징

※자료: 2007년~2014년 사실혼 관련 판결 141건 중 사실혼 인정된 121건 분석

구분	비율(%)
결혼식 개최	59.5
혼인 사실 가족과 지인에게 공개	95.1
동거	99.2

것조차 탐탁지 않게 여겼다. 1년간 동거했지만 손잡는 것 이상의 신체접촉은 없었고 성관계는 단 한 번도 하지 않았다. 결국 박 씨는 아내에게 관계 정리를 요구했고 아내는 박 씨를 상대로 사실혼 관계 해소에 따른 위자료 소송을 냈다. 법원은 두 사람을 사실혼 부부로 인정하고 자신의 주관적 경험에 의해 아내와의 관계를 멀리한 박 씨에게 파탄 책임이 있다고 판결했다. 위자료는 1,000만 원이었다. (2014년 창원지법)

신혼여행을 다녀온 뒤 곧바로 헤어져도 사실혼으로 인정된 경우도 있다. 이 모 씨 사례가 그렇다. 이 씨는 아버지 소개로 만난 최 모 씨와 두 달간 동거하다 결혼식을 올렸다. 이후 유럽으로 14박 15일 신혼여행을 떠났다. 하지만 신혼여행지에서 두 사람은 끊임없이 다퉜다. 이 씨는 고가의 명품을 사달라고 하는 최 씨를 이해할 수 없었다. 최 씨는 이 씨가 비상식적인 부부관계를 요구하고 시댁 식구들 앞에서 자신을 무시하며 모욕적 행동을 한 게 불만이었다. 결국 여행을 마치고 돌아온 당일 두 사람은 공항에서 결별을 선언하고 헤어졌다. 이 씨가 낸 소송에서 법원은 두 사람의 사실혼 관계를 인정했으나 양측 모두 잘못이 있다고 판단해 위자료 청구는 받아들이지 않았다. (2014년 대구가정)

동거 기간이 극히 짧아도 사실혼에 준하는 관계가 인정되기도 한다. 30대 여성 정 모 씨는 2012년 최 모 씨와 만난 지 넉 달 만에 결혼식을 올렸다. 해외 유명 휴양지 호텔에서 열린 영화 같은 결혼식이었다. 하지만 함께 여행을 하게 된 양가 가족들 간 분쟁이 결혼식을 비극으로 만들었다. 시어머니는 호텔 엘리베이터에서 마주친 정 씨의 남동생이 인사를 하지 않았다는 이유로 화가 나 정 씨에게 불만을 털어놨다. 남동생이 사과했지만 계속 면박을 줬다. 최 씨도 "앞으로 친정 식구들과 왕래하면 안 된다. 나와 같이 살려면 귀국한 후 너 혼자 친정에 가서 앞으로 왕래하지 않겠다는 이야기를 하고 신혼집으로 와라"라고 했다. 실제로 정 씨는 귀국 후 친정을 방문해 앞으로 오기 힘들다는 얘기를 가족들에게 한 뒤 신혼집으로 갔다. 하지만 시어머니의 분노는 풀리지 않았다. 아들에게 그날 밤 사돈이 마련한 피로연에 참석하지 말라고 지시한 것이다. 최 씨는 그대로 따랐다. 이튿날 아침, 반찬거리가 없어 정 씨는 부득이하게 친정에 다녀왔다. 그러자 최 씨는 정 씨에게 전화해 "친정과 왕래하지 않기로 해놓고 하루가 지나지 않아 또 친정에 갔냐"라며 힐난했다. 이후 아래와 같은 문자 메시지를 보냈다. "나와 함께 살려거든 평생 친정식구들과 인연을 끊겠다는 각서를 써 오세요. 나를 처음 만났을 때의 마음가짐, 결혼 준비 과정에서 있었던 일들을 다른 사람들이 읽어도 다 이해할 수 있게 써야 합니다."

정 씨는 이를 거절하고 신혼집을 나와 친정으로 돌아갔다. 이튿날 임신한 사실을 확인하고 최 씨에게 화해의 메시지를 보냈지만 최 씨는 낙태를 권유했다. 결국 두 사람은 신혼여행에서 돌아온 이후 단 하루만 동거하고 결별했다. 정 씨가 낸 소송에서 재판부는 두 사람이 사실혼은 아니더라도 사실혼에 준하는 관계가 성립한다고 인정하고 위자료 2,000만 원을 주도록 했다. 재판부의 설명이다.

> 일반적으로 결혼식이라 함은 특별한 사정이 없는 한 혼인할 것을 전제로 한 남녀의 결합이 결혼으로서 사회적으로 공인되기 위하여 거치는 관습적인 의식이라고 할 것이므로 당사자가 결혼식을 올린 후 신혼여행까지 다녀온 경우라면 단순히 장래에 결혼할 것을 약속한 정도인 약혼의 단계는 이미 지났다고 할 수 있으나, 이어 부부공동생활을 하기에까지 이르지 못했다면 사실혼으로서도 아직 완성되지 않았다고 할 것이다. 그러나 이와 같이 사실혼으로 완성되지 못한 경우라고 하더라도 통상적으로 부부공동생활로 이어지는 것이 보통이고 또 그 단계에서 남녀 간 결합의 정도는 약혼 단계와는 확연히 구별되는 것으로서 사실혼에 이른 남녀 간의 결합과 크게 다를 바가 없다고 할 것이므로, 이러한 단계에서 일방 당사자에게 책임 있는 사유로 파탄에 이른 경우라면 다른 당사자는 사실혼 부당파기에 있어서와 마찬가지로 책임 있는 일방 당사자에 대하여 그로 인한 정신적인 손해의 배상을 구할 수 있다 할 것이다. (2013년 대구가정)

그렇다면 어떤 경우에 사실혼 판단이 기각됐을까. 기각된 20건의 판결문에서 절반은 주위 사람들에게 결혼 여부를 알리지 않았고 65%는 동거를 하지 않았다. 결혼식을 올린 경우는 단 한 건도 없었다. 기각 사례를 보자.

유흥주점 직원이었던 40대 여성 정 모 씨는 손님으로 가게에 자주 오는 50대 박 모 씨를 상대로 2010년 사실혼 관계 부당파기에 따른 위자료 소송을 냈다. 두 사람은 2002년 처음 만난 뒤 사귀었다. 박 씨는 수시로 정 씨의 집에 놀러 왔으며 때로는 수개월씩 머물다 갔다. 정 씨는 박 씨의 사업 운영에 보태라며 돈을 투자했으며 해외출장에 동행하기도 했다. 교제하는 사이 2년간 박 씨는 정 씨에게 생활비 명목으로 매달 450만 원을 보내줬다. 서로를 부를 때는 여보, 자기, 당신 등의 호칭을 사용했으며 정 씨의 고향 동생이 박 씨를 매형이라 부르기도 했다. 하지만 재판부는 두 사람을 부부로 인정하지 않았다. 재판부가 든 근거는 다음과 같다.

① 결혼식을 올리지 않았다.
② 정 씨가 박 씨의 부모 등 가족이나 친척을 만난 적이 없다.
③ 양가 부모들은 서로 만난 적이 없다.
④ 동거했다고 주장하는 주소지에서 정 씨 지인들이 여러 차례 같이 살았다.
⑤ 박 씨가 정 씨와 함께 살던 여 조카에게 입을 맞추고 껴안았다.
⑥ 정 씨 아버지가 사망했을 때 박 씨는 장례식장에 1시간가량 머물다 떠났다.
⑦ 박 씨가 아파트를 산다며 정 씨에게 3억 원을 빌렸다가 갚았다.

재판부는 "사실혼에 해당하기 위해서는 동거하거나 성관계를 가진 것만으로는 부족하다"라며 "두 사람이 부부로서 공동생활을 영위할 의사가 있었거나 부부공동생활을 인정할 만한 혼인생활의 실체가 있었다고 보기 부족하다"라고 판결했다. (2011년 서울가정)

김 모 씨와 정 모 씨도 상당 기간 동거했으나 사실혼 부부로 인정받지 못했다. 초등학교 동창지간으로 지인 모임에서 만나게 된 두 사람은 곧 연인관계로 발전했다. 미국에 머물던 김 씨가 국내에 입국한 뒤부터 1년 반 동안 함께 살기도 했다. 중간에 잠깐 결별했으나 다시 사귀었고 2013년 말부터 동거했다. 하지만 정 씨는 석 달 뒤 수년간 준비한 공무원 시험에 최종적으로 합격하자 결별을 선언했다. 이에 김 씨는 위자료 소송을 냈다.

재판 과정에서 김 씨는 두 사람이 상당 기간 동거했으며 자신이 정 씨를 남편이라고 부르거나 정 씨가 자신을 김 씨의 남편으로 얘기한 영상자료를 증거로 제출했다. 또 자신이 정 씨를 위해 학원비나 생활비를 부담한 점도 사실혼 관계의 증거라 주장했다. 하지만 재판부의 판단은 달랐다. 우선 두 사람은 결혼식을 올리지 않고 각자 가족들에게도 배우자로 소개하지 않았다. 동거도 오래했지만 서로 연락하지 않은 기간도 상당히 길었다. 또 김 씨가 정 씨에게 돈을 빌렸을 때 차용증을 썼으며 전부 다 갚았다. 김 씨는 정 씨의 형에게 "결정된 미래가 없어 불안하다"라는 취지의 문자 메시지를 보냈고 시아주버니가 아닌 오빠라고 지칭했다. 헤어진 뒤 김 씨는 정 씨에게 이메일을 보냈는데 "전화하지 말라고 했지? 난 여자친구인데 왜 전화하면 안 되는 걸까"라는 내용이 담겨 있었다. 재판부는 "김 씨 스스로도 자신이 정 씨의 여자친구라고 생각하고 있었던 점 등을 종합하면 남녀 동거관계를 넘어 혼인생활의 실체가 있었다고 보기 부족하다"라고 판단했다. (2014년 수원지법)

두 사람 사이에 아이까지 태어났더라도 사실혼이 인정되지 않은 경우도 있다. 50대 여성 임 모 씨가 일본에 거주하는 80대 사업가 박 모 씨를 상대로 낸 소송에서다. 일본에 있는 술집 종업원이었던 임 씨는 손님으로 온 박 씨와 교제했다. 1남 3녀를 둔 유부남이라는 사실도 알고 있었지만 관계를 이어나가다 딸도 낳았다. 이후 임 씨는 한국으로 귀국했고 일본에서 사업을 계속했던 박 씨는 생활비와 교육비 등을 지속적으로 보냈다. 당시 60세가 넘었던 박 씨는 자신의 가족들에게 임 씨와 혼외자의 존재를 숨겼다. 본처는 2009년 사망했다. 이후 2010년 딸의 유학비 문제로 다투다 화가 난 임 씨는 박 씨를 상대로 손해배상 소송을 냈다.

법원은 비록 박 씨가 사업상 한국을 자주 방문하며 임 씨와 딸과 지속적으로 만난 것은 맞지만, 그렇다고 사실혼 관계라 볼 수는 없다고 판단했다. 본처가 사망하기 전까지 일본에서 계속 동거했고 다른 가족들에게 임 씨와 딸의 존재를 알리지 않은 점을 감안하면 부부 사이라고 보기 어렵다는 판단이었다. 재판부는 위자료 청구는 기각하고 부양료 200만 원을 매달 송금하라고 판결했다. (2012년 서울가정)

종합해보면 사실혼 관계를 인정받기 위해서는 객관적 요소뿐만 아니라 주관적 근거도 필요하다는 점을 알 수 있다. 여기에서 동거와 혼인 사실의 공개 등은 서로 결혼할 의사가 있고 실제 했는지를 판단할 수 있는 외견상의 중요 잣대로 보인다.

한 번 더와 또 한 번, 그것이 문제

재혼커플은 사실혼 관련 소송에서 선녀와 나무꾼 커플에 이어 두드러지는 또 하나의 특징이다. 판결문 141건 중 45.4%에서 양 당사자 중 적어도 한 명이 이혼 경험이 있던 것으로 나타났다. 법률혼에선 21.8%가• 이혼 경험이 있었던 것과 비교해보면 사실혼에 있어서 돌싱 비율이 상당히 높다는 것을 알 수 있다. 사실혼에서 양쪽 모두 재혼 이상인 경우는 31.2%였으며 '남자 재혼, 여자 초혼'은 9.2%, 반대는 5%였다. 재혼커플 비율이 높은 것은 한 차례 이상의 이혼을 통해 결별의 어려움을 맛본 이들이 다시 법률적으로 타인과 묶이는 것을 꺼렸기 때문이다. 또 한 번 실패할지 모른다는 두려움과 이혼할 때의 재산분할 등 복잡한 분쟁을 경험하면서 느낀 어려움이 혼인신고를 망설이게 만들었단 얘기다. 취재 과정에서 만난 한 결혼정보업체 커플매니저의 설명이다.

• 통계청, 「2017년 혼인이혼 통계」

재혼 때문에 오는 이들이 특히 조심스러워합니다. 자칫 삐끗하면 삼혼, 사혼으로 이어지는 것은 금방이기 때문이죠. 상담을 하다 보면 호적상 미혼이지만 실제로 재혼인 사람도 많아요. 신혼여행을 다녀온 뒤 헤어지거나 결혼식만 하고 결별한 경우지요. 삼혼, 사혼까지 하면 아무래도 남들 보는 눈도 있고 해서 힘들어지니 재혼부터는 혼인신고를 더욱 조심스러워하는 것 같습니다.

50대 남성 손 모 씨도 그랬다. 전처와의 결혼에서 아들 둘을 둔 그는 비슷한 시기에 역시 전 남편과의 결혼에서 딸 둘을 둔 동년배 여성 전 모 씨를 만났다. 만난 지 두 달 만에 두 사람은 별도로 결혼식은 올리지 않은 채 결혼을 전제로 동거를 시작했다. 손 씨는 전 씨의 둘째 딸 결혼식에 부부로 참석하기도 했으며 교회 교인들을 대상으로 하는 부부관계 개선 프로그램에도 함께 참여했다. 하지만 혼인신고는 하지 않았다. 동거한 지 1년이 채 지나지 않을 무렵부터 두 사람 사이는 금이 가기 시작했다. 손 씨는 "전 씨가 밥을 제대로 챙겨주지 않고 청소도 깔끔하게 하지 않는다. 월급을 맡겨놨더니 사용 내역도 알려주지 않는다"라며 불만을 털어놓기 시작했다. 말다툼으로 시작된 부부싸움은 손 씨의 손찌검으로까지 이어졌다. 손 씨는 전 씨에게 헤어지자며 자신이 동거를 시작할 무렵 준 돈과 사실혼 기간에 준 돈을 돌려줄 것을 요구했다. 전 씨가 거부하자 손 씨는 소송을 냈다.

법원은 파탄의 근본 원인이 손 씨에게 있다고 봤다. 전 씨가 가사를 소홀히 하고 남편을 무시한 잘못이 있지만 툭하면 아내에게 욕설을 하고 싸움을 건 점, 수시로 폭행한 점, 일방적으로 사실혼 해소를 요구하면서 자신이 준 돈을 돌려달라고 괴롭힌 점을 감안할 때 손 씨의 잘못이 더 크다는 판단이었다. 재판부는 손 씨가 전 씨에게 2,000만 원을 지급하라 판결했다. (2009년 서울가정)

재혼커플은 자신이 망설이는 것 외에도 가족 또는 주변 지인들의 만류로 혼인신고를 하지 않는 경우도 많다. 혼인신고를 하지 않는 이유 중 가장 많은 것은 신뢰 부족(46.1%)이지만 가족의 반대도 두 번째로 많은 17.7%나 됐다. 특히 노년기에 인연을 만난 황혼재혼의 경우 상속에서 피해 볼 것을 우려하는 자녀들이 적극적으로 만류하는 경우가 많다. 사실혼 배우자는 상대방이 살아 있을 때는 부당파기를 이유로 재산분할 청구는 할 수 있지만 사망한 뒤의 상속권은 인정받지 못한다. 하지만 혼인신고를 하면 상속권이 인정된다. 배우자와 자녀의 상속지분이 1.5 대 1인 것을 감안하면 자녀 입장에서는 홀로 된 부모의 황혼로맨스가 마냥 기쁜 일만은 아닐 수도 있다.

60대 여성 이 모 씨 사례부터 보자. 이 씨는 노인복지회관에서 주관한 재혼커플 행사에서 동년배 남성 김 모 씨를 만나 사귀게 됐다. 동거를 시작할 무렵 이 씨는 김 씨에게 혼인신고를 요구했으나 김 씨는 아들들의 반대로 혼인신고를 할 수 없다고 거절했다. 이 씨의 딸 결혼식에 김 씨가 축하하기 위해 참석하거나 김 씨의 칠순 잔치에 이 씨가 참석해 아들들과 며느리를 만난 것 외에는 상대방 자녀들과 왕래는 없었다. 김 씨의 둘째 아들은 두 사람과 함께 살면서도 이 씨가 차려준 밥을 먹지 않았고 대화도 나누지 않았다. 두 사람은 수입과 재산도 각자 관리했다. 그러던 어느 날 김 씨가 자기 소유 오피스텔에 6,000만 원의 보증금을 받고 이 씨를 임차인으로 들이는 가짜 계약서를 만들면서 문제가 시작됐다. 세금을 감면받으려는 목적이었다. 하지만 이 씨는 실제 자신의 철학관을 정말로 영업하게 해달라고 요청했고, 김 씨는 이를 거절했다. 갈등이 커지면서 두 사람은 별거에 들어갔다. 이후 이 씨는 "김 씨의 혼인신고 거부와 부당한 대우, 김 씨 아들들과 며느리의 무시로 사실혼 관계가 파탄 났다"라며 소송을 냈다. 법원은 "두 사람이 동거한 사실은 인정되나 결혼식을 하지 않았고 상대방 자녀들과 교류가 없었던 점, 각자 재산과 수입을 관리한 점 등에 비춰보면 혼인의 실체가 없다"라며 이를 기각했다. (2014년 대전가정)

자녀들과의 갈등이 전면전에 이른 경우도 있다. 남편과 사별하고 1남 1녀를 혼자 키우던 60대 여성 전 모 씨는 역시 아내와 사별해 3형제를 혼자 키우던 60대 남성 임 모씨와 직장에서 만나 연인 관계로 발전했다. 임 씨가 다쳐 거동이 불편하게 되자 전 씨는 임 씨 집에 들러 식사를 준비해주었고 이후 수년간 임 씨의 빨래를 대신하는 등 집안일을 도왔다. 임 씨 아들들의 결혼식에 혼주로 참석하기도 했다. 2003년에는 임 씨 주소지에 전입신고까지 마쳤고 임 씨도 자신의 족보에 전 씨를 배우자로 등재했다. 하지만 성인이 된 양가 아들들은 두 사람의 달달한 행보가 달갑지 않았다. 전 씨의 아들은 어머니가 임 씨랑 동거하자 집 문 앞에 "자식도 손자도 모르는 이 아줌마야. 이 집에 다시는 오지 마라. 두고 보자"라는 쪽지를 붙여놨다. 임 씨가 치매 진단을 받은 2012년 이후에는 임 씨 측 자녀들과 갈등이 불거졌다. 임 씨의 병원 진료비를 마련하기 위해 임 씨 소유 주택을 팔려고 하자 전 씨가 자신의 몫을 요구했기 때문이다. 전 씨는 임 씨에게 혼인신고를 하거나 재산분할을 요구했으나 의견 일치에 이르지 못했고, 자신 몫의 재산을 확보하는 문제로 갈등이 커졌다. 결국 임 씨의 아들에게 나가달라는 요구까지 받자, 임 씨 계좌에서 500여 만 원을 찾아 집을 나갔다. 이후 한 차례 집에 들렀으나 현관 출입문 비밀번호가 바뀌어 있었다. 그러는 사이 임 씨 아들들은 아버지가 거주하고 있던 빌라를 아들들에게 증여하는 계약서를 작성하고 소유권 이전등기를 마쳤다. 이에 전 씨는 "임 씨의 아들들이 나를 어머니로 대하지 않고 냉대한 탓에 사실혼 관계가 파탄 났다"라며 임 씨를 상대로 소송을 냈다. 반면 임 씨 측은 "전 씨와는 단순 연인관계지 사실혼 관계는 아니다"라고 주장했다.

재판부는 사실혼 관계는 인정하면서 양측 모두 잘못이 있다고 판단해 위자료는 인정하지 않았다. 다만 재산분할을 하는 과정에서 임 씨 측 아들들이 빌라를 자기들 명의로 돌려놓은 부분은 사해

행위(해당 재산에 권리가 있는 사람에게 손해를 입히는 행위, 주로 채무나 조세징수를 피하려고 재산을 감추는 행위 등을 말한다)로 판단해 취소하도록 했다. 재산분할 비율은 전 씨와 임 씨가 각각 40 대 60이었다. 빌라까지 재산분할 대상 재산에 포함해 계산한 결과 임 씨가 전 씨에게 줄 돈은 약 2,000만 원으로 확정됐다. (2014년 부산가정)

사실혼에서 재혼 배우자, 특히 경제력이 없는 쪽에서는 혼인신고를 하지 않는 것에 대한 두려움이 클 수밖에 없다. 지금은 배우자가 살아 있으니 괜찮겠지만 상대방이 사망한 뒤 전혼 자녀들과 빚어질 갈등 상황은 예측할 수 없기 때문이다. 70대 여성 배 모 씨도 그런 경우다. 배우자 사망 후 배 씨는 지인 소개로 심 모 씨를 만나 동거하며 사실혼 관계를 유지했다. 10년간 같이 살았지만 심 씨는 혼인신고를 거부했다. 어느 날 배 씨가 "당신이 나보다 먼저 세상을 떠나면 난 어떻게 살아야 하냐"라고 물었다. 이에 심 씨는 사위 명의로 돼 있고 현재 자신들이 살고 있는 아파트에 대해 "내가 세상을 하직하더라도 이 아파트는 자식의 집이 아니고 배 씨의 집으로 생각할 것임을 인정합니다"라는 내용의 각서를 써줬다. 그래도 불안했던 배 씨는 2011년 아파트 명의를 자신 앞으로 이전해달라 요구했다. 하지만 심 씨는 이를 거절했다. 두 사람은 이 문제로 크게 다투었고 배 씨는 집을 나갔다. 이후 배 씨는 "혼인신고를 하거나 내게 증여하기로 약속한 아파트를 명의이전 해줄 것을 수차례 요청했으나 심 씨가 이를 모두 거부하는 바람에 사실혼 관계가 파탄에 이르렀다"라며 소송을 냈다.

재판부는 위자료 청구를 기각했다. 10여 년간 혼인신고 없이 같이 산 상황에서 혼인신고 거부만으로 관계가 파탄 났다고 보기 어렵다는 이유에서였다. 아파트 이전 문제도 해당 각서는 심 씨가 사망한 뒤에도 배 씨가 계속 머물 수 있게 해주겠다는 취지이지 사위 소유 아파트를 증여한다고까지는 볼 수 없다고 판단했다. 다만 재판부는 심 씨가 모든 경제활동을 해왔고 배 씨가 집안 살림을 책임져온 점을 고려해 재산분할 비율을 배 씨 30%, 심 씨 70%로 정해 심 씨가 배 씨에게 약 3,000만 원을 지급하도록 했다. (2012년 대전가정)

실제 여러 연구 결과에서도 고령자 재혼에 있어서 사실혼 관계가 많다는 점은 언급되고 있다. 재혼노인의 실태를 조사한 자료에 따르면 28.7%만이 법률혼 관계이고 나머지 70% 이상이 사실혼 관계로 결혼을 유지한다.• 재산을 둘러싼 가족 간 이해관계 대립이 얼마나 첨예하게 엇갈리는지 알 수 있는 대목이다. 따지고 보면 양측 주장 모두 이해가 간다. 당사자 입장에서는 배우자 사망 후 지위가 불안할 수밖에 없다. 한창 나이에는 함께 사는 것만으로 좋았겠지만 나이가 들수록 믿을 구석을 만들고 싶을 수밖에 없다. 특히 경제활동과 가사를 서로 분담한 경우에는 가사를 분담한 쪽은 억울한 측면도 있다. 수십 년을 같이 살았는데 배우자 사망 후 단 한 푼

• 송효진. 2014. 「고령자의 혼인과 이혼」 가족법연구.

의 재산도 자신에게 돌아오지 않고 자녀들에게 간다면 말이다. 반대로 자녀들의 반대도 일리 있다. 성인이 된 이후 경제력 있는 부모가 재혼을 한다면 자신이 기대했던 유산의 총량에 직격탄이 될 수밖에 없다. 앞서 언급했듯이 배우자의 상속지분은 자녀의 1.5배다. 자녀 입장에서는 가급적 혼인신고를 막아서 자신의 경제적 이득을 극대화할 유인이 내재돼 있는 셈이다.

상황이 이렇다 보니 사실혼 배우자가 상대방이 사망하기 전 급하게 혼인신고를 하는 경우도 생긴다. 60대 여성 이 모 씨는 2013년 사망한 남성 김 모 씨와 10여 년간 자신의 집에서 동거했다. 김 씨에게 자녀가 있어 혼인신고를 하지는 않았다. 함께 호프집을 운영하던 중 김 씨는 건강이 갑자기 나빠졌고 심근경색으로 쓰러졌다. 병원에서는 김 씨에게 수술에 앞서 자녀들에게 연락을 하라고 했다. 김 씨가 "전화번호도 모르고 왕래가 없다"라는 취지로 대답하자 대기 중이던 이 씨에게 수술동의서 사인을 받았다. 이후 김 씨는 수술을 받다 혼수상태에 빠졌다. 그러자 이 씨는 구청에 찾아가 김 씨와 자신의 혼인신고서를 제출했다. 이를 뒤늦게 알게 된 자녀들은 이 씨를 상대로 소송을 냈다. 아버지의 재산을 처분하려는 목적으로 낸 혼인신고라는 취지에서다. 하지만 법원은 이를 기각했다. 무엇보다 두 사람은 10년 넘게 함께 생활했다. 김 씨는 또 평상시 이 씨를 집사람으로 이 씨의 동생을 막내 처제로 지칭했다. 자신의 일기장에는 "2009년을 보내며 처 이○○과 함께 지낸 지도 5년

이 넘어 새해를 맞는구나. 당신한테 고맙고 미안합니다.", "집사람과 전화. 나 때문에 힘들 텐데 잠도 못 자고. 아이고, 사랑해요" 등의 글이 다수 나왔다. 더구나 김 씨의 간호는 이 씨가 도맡아 했으며 전처 소생 자녀들은 등한시했다. 결정적으로 죽음을 목전에 둔 김 씨가 자기 친구에게 이 씨를 데리고 가 혼인신고를 하도록 도와 달라고 말했다. 법원은 이 같은 주변 정황을 종합적으로 고려해 이 씨의 혼인신고가 유효하다고 판단했다. 재판부는 "사실혼 관계인 두 사람 사이에 혼인신고가 이뤄질 때 김 씨가 의사무능력 상태에 있었다 하더라도 김 씨가 이 씨와 결혼하겠다는 의사는 추정된다"라고 밝혔다. (2014년 인천지법)

일부는 뒤늦게 자신의 몫을 챙기기도 한다. 60대 여성 김 모 씨는 강 모 씨와 결혼식을 올리고 10여 년간 동거하며 사실혼 관계를 유지했다. 하지만 2006년 강 씨가 입원해 수술을 받은 뒤 그동안 밀린 생활비를 달라 요구했다가 다퉜고, 강 씨는 김 씨를 쫓아냈다. 이후 김 씨는 따로 살다 강 씨가 2008년 사망하자 강 씨 자녀들을 상대로 "인색한 강 씨 때문에 공과금 등은 직접 부담하고, 한 달에 20만 원에서 30만 원의 생활비를 받으며 살림을 했다. 사실혼 관계가 해소된 후 강 씨가 죽었으니 당시 시점에 받을 수 있었던 재산분할금 20억 원과 축출혼으로 인한 위자료를 달라"라며 소송을 냈다. 재판부는 재산분할금은 기각했다. 법률혼 부부도 사망한 뒤에는 재산분할 청구권이 사라지는 만큼 사실혼 부부에게도 마찬가지로 본 것이다. 다만 축출혼으로 인한 위자료 750만 원은 인정했다.

(2009년 서울가정)

트럼프 대통령도 강조한 혼전계약

황혼이혼 상담이 급증하면서 지난해 남성 이혼 상담자 중 60대 이상의 비율이 가장 높았던 것으로 나타났다.

한국가정법률상담소는 2017년 면접상담 통계를 분석한 결과, 이혼상담이 26.3%(5,215건)로 가장 많았다. … (중략) … 이혼상담을 보면 여성이 신청한 경우가 74.2%를 차지해 남성(25.8%)보다 훨씬 많았다. 여성 중에서는 50대가 27.8%로 가장 많았고, 남성은 60대 이상의 비율이 30.4%로 가장 높았다. 60대 이상이 차지하는 비율을 보면 조사 첫해인 1995년에는 여성 1.2%, 남성 2.8%에 불과했으나 이후 꾸준히 증가해 작년에는 여성 21.1%(60대 630명, 70대 169명, 80대 이상 19명), 남성 30.4%(60대 232명, 70대 150명, 80대 이상 27명)를 각각 기록했다._2018년 4월 11일, 《연합뉴스》, “황혼이혼 상담 급증…女 50대·男 60대 이상이 최다” 기사 중

황혼이혼이 늘어나는 것은 어제 오늘의 일이 아니다. 황혼이혼은 2000년대 이후 꾸준히 늘었다. 통계부터 보자. 65세 이상 고령자 남성의 이혼 건수는 2000년 1,321건에서 2016년 6,101건으로 여성은 423건에서 2,910건으로 급증했다. 전체 이혼 건수가 같은

■ 고령자 이혼 및 재혼 건수

※자료: 통계청, 인구동태통계연보(혼인, 이혼편) 각년도.

	이혼			재혼							
				남자				여자			
	전체	65세 이상		전체	65세 이상	사별 후	이혼 후	전체	65세 이상	사별 후	이혼 후
		남자	여자								
2000년	119,455	1,321	423	43,370	971	607	364	48,132	202	109	93
2005년	128,035	2,589	916	59,662	1,566	687	879	66,587	413	171	242
2010년	116,858	4,346	1,734	53,043	2,099	624	1,475	57,451	702	186	516
2015년	109,153	5,852	2,655	46,388	2,672	501	2,171	52,747	1,069	184	885
2016년	107,328	6,101	2,910	43,286	2,568	436	2,132	48,899	1,109	184	925
전년대비	-1.7	4.3	9.6	-6.7	-3.9	-13.0	-1.8	-7.3	3.7	0.0	4.5

기간 11만 9,455건에서 10만 7,328건으로 줄어든 것과 비교하면 큰 차이다. 흥미로운 것은 황혼이혼 증가의 여파로 65세 이상의 황혼재혼도 증가한다는 점이다. 같은 기간 남성 65세 이상의 재혼 건수는 971건에서 2,568건, 여성은 202건에서 1,109건으로 늘었다.[●]

황혼재혼 증가는 우리 사회 가족구조 변화와 맞물려 의도치 않게 파열음을 내고 있다. 앞 장에서 보았듯이 재산 문제가 대표적이다. 부모 재산에 대한 자녀들의 권리의식이 낮았고 장남이 물려받는다는 불문율이 지배적이었던 과거에는 별로 문제될 게 없었다. 하지만 산업화 시기를 거치면서 부모 재산의 중요성은 질적으로나 양적으로나 커졌고, 이를 분배하는 과정의 공정성에 대해서도 관

● 통계청, 「2017년 고령자 주요통계」

▪ 전체 이혼 건수

*자료: 통계청, 인구동태통계연보(혼인, 이혼편) 각년도

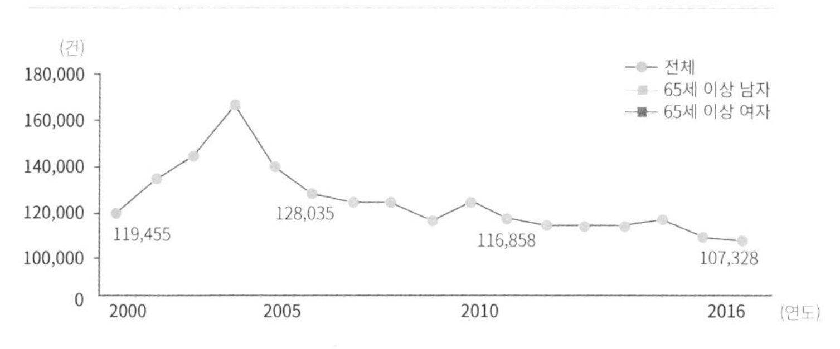

▪ 고령자 이혼 건수

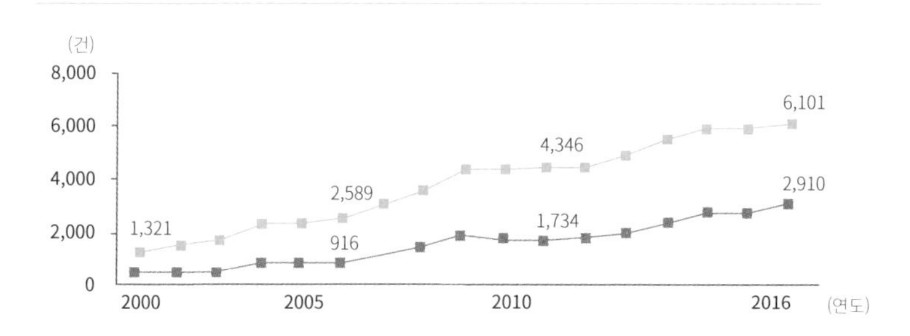

▪ 재혼 건수

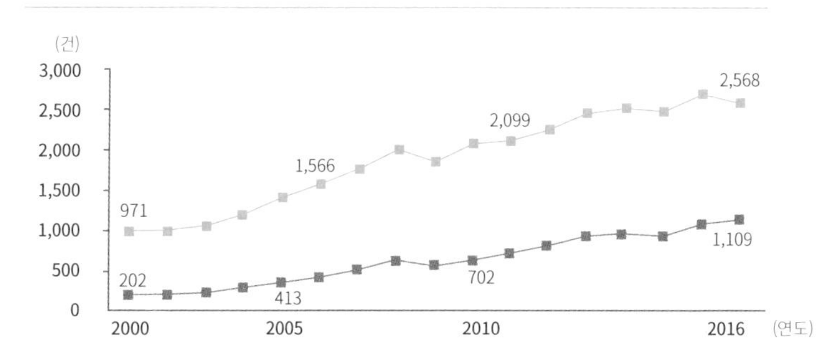

심이 많아졌다. 그 와중에 내 부모도 아닌 이가 노년에 새롭게 등장해 혼인신고를 하고 이후 몇 년 살다 자기보다 재산을 많이 받아가는 상황이 생기니 자식 입장에서 이를 받아들이기 어려워 갈등이 커지는 것이다.

가장 극단적 사례는 치매 노인과 혼인신고를 하는 경우다. 김모 씨의 사연을 보자. 2015년 어느 날 김 씨는 아버지 회사에서 근무하고 있는 직원에게서 한 통의 전화를 받았다. 80대 후반이신 아버지가 결혼상담소에서 여성을 소개받았는데 얼마 전부터 '사랑하는 아내'라고 저장된 번호로 전화가 계속 걸려 온다는 것이다. 30년 전 어머니와 이혼한 뒤 줄곧 홀로 생활해 온 아버지였다. 이상하다 싶어 아버지에게 직접 물어봤지만 "무슨 소리냐"라며 혼만 났다. 그로부터 두 달 뒤 부동산중개업자가 전화를 걸어 왔다. 손 모 씨라는 50대 여성이 190억 원가량의 아버지 소유 토지에 대한 권한을 전부 위임받았고 이를 팔려고 한다는 것이다. 게다가 주변 시세보다 가격을 낮춰 급매물로 내놨다는 것이다. 큰일 났다 싶어 가족관계등록부를 확인하니 몇 달 전 아버지가 손 씨와 혼인신고를 한 것으로 나타났다. 더욱 황당했던 것은 손 씨를 만난 지 채 한 달도 지나지 않아 둘은 결혼했으며 증인은 손 씨가 직전 결혼에서 얻은 딸과 손 씨의 아버지였다. 이에 김 씨는 법원에 아버지를 돌보고 법률적 판단을 대신할 성년후견인을 선임해달라고 청구하는 한편 "10여 년 전부터 치매 증세를 보인 아버지의 판단력이 흐려진 틈을 타 혼인신고를 했다"라며 손 씨를 상대로 혼인무효소송을 냈다. 손 씨는 "김 씨 아버지가 결혼하면 안정적으로 생활하게 해주고 향후 70억 원을 주겠다고 해 혼인신고까지 했다"라며 반박했다.

심리 끝에 법원은 손 씨와의 혼인신고를 무효로 판단했다. 재판부는 "치매로 인한 정신적 제약으로 혼인의 의미와 결과를 정상적으로 판단할 수 없는 상황에서 혼인신고가 이뤄졌다"라고 밝혔다. 법원은 이와 함께 한정후견 개시 결정을 내리면서 변호사인 전문가 후견인도 선임했다. 부동산을 매매하거나 예금을 해약할 때에 한해 후견인의 도움을 받도록 한 것이다. 사건 관계자는 "자칫하면 수십억 원대 재산이 엉뚱한 사람 손에 넘어갈 뻔한 사건이었다. 홀로 사는 부유층 노인의 경우 간병인이나 가정부처럼 자주 접하는 이와 혼인신고를 하는 사례도 종종 나온다"라고 설명했다. (2016년 서울가정)

김 씨와 같은 극단적 경우는 아니더라도 황혼재혼을 둘러싼 재산분쟁은 우리 주변 수많은 가족 사이에 내재돼 있다. 전문가들은 이런 가족 간 재산분쟁을 줄이는 해결책으로 혼전계약(Prenuptial agreement) 활성화를 얘기한다. 혼전계약은 결혼 전에 각자 평생에 걸쳐 일군 재산에 대한 권리관계와 혹시 이혼하게 됐을 때의 재산분할 비율 등을 미리 정하는 계약을 말한다. 해외토픽에 나오는 세계적 자산가, 유명 연예인에게는 일상적으로 활용되는 제도이지만 국내에서는 아직 생소하다. 국내 대형로펌 가족·상속팀 변호사에게 들은 강 모 씨 상담사례를 보자.

> 어느 날 60대 돌싱 자산가가 사무실로 찾아왔다. 한참을 자기가 어렵게 살아온 얘기를 하더니 요즘 만나는 여성 얘기를 어렵게 꺼냈다. 잊고 지내던 연애감정이 다시 살아나 너무 행복한데 결혼 문제가 마음에 걸린다고 하더라. 10여 년 전 전처와 이혼하는 과정에서 재산분할 문제로 긴 소송전을 거친 경험이 있는 분이었다. 그때 다시는 혼인신고를 안 하겠다고 굳게 다짐했는데 지금 만나는 여성과는 한 번 더 결혼을 하고 싶다는 생각이 든다는 것이다. 문제는 재산을 어떻게 정리하고 갈지였다. 사랑하긴 하지만 내 재산과 그 사람 재산이 섞이지 않고 만약 갈라선다 해도 서로의 재산을 넘보지 않게 할 수 있는 방법을 상세히 물어봤다. 혼전계약을 통해 법률적으로 가능한 선에 대해 자문을 해줬다.

해외에서 혼전계약은 일반적이다. 대통령이 되기 전 부동산, 카지노 재벌로 명성을 떨친 도널드 트럼프(Donald Trump) 미국 대통령은 그의 저서 『도널드 트럼프 억만장자 마인드』에서 성공의 법칙 중 하나로 혼전계약을 꼽았다. 미국 사회에서 남성이 이혼과 함께 재산분할로 파산하는 경우가 종종 있는데, 이를 막기 위해서는 아무리 사랑한다 해도 결혼 전 반드시 혼전계약서를 써야 한다는 내용이다. 자신이 평생을 거쳐 일군 경제적 성취를 날려버리는 상황을 막자는 현실적 조언이다. 그는 책에서 "누구나 결혼생활을 오래하겠다고 하지만 현실은 이를 방해한다. (혼전계약) 얘기를 꺼내기 어렵겠지만 단지 몇 년을 함께 산 사람에게 전 재산을 줄 가능성에 비하면 아무것도 아니다"라고 강조했다. 실제 트럼프 대통령은 세 번의 결혼과 두 번의 이혼을 거치는 과정에서 혼전계약을 맺어 경제적 손실을 줄인 것으로 알려져 있다.

2006년 배우 케이티 홈스(Katie Holmes)와 결혼한 톰 크루즈(Tom Cruise)도 결혼 전 각자 수입은 개인이 관리하되 매년 크루즈가 홈스에게 300만 달러를 준다는 내용의 혼전계약서를 작성했다. 이혼할 때는 캘리포니아의 호화 저택을 주는 내용도 포함됐다. 크루즈는 홈스가 딸을 낳자 2,500만 달러를 추가로 지급하기도 했다. 둘은 소문난 잉꼬부부였지만 6년 만에 파경을 맞았고 홈스는 계약에 따라 캘리포니아주에 있는 호화 주택을 받은 것으로 알려졌다. 톱모델 출신 영화배우와 팝가수의 결합으로 관심을 모았던 킴 카다시안(Kim Kardashian)과 카니예 웨스트(Kanye West)도 2014년 결혼하면서 2,000만 달러의 보험 수령인을 이혼 후에도 킴 카다시안으로 유지하고, 매년 웨스트가 카다시안에게 100만 달러를 지급하는 내용 등을 담은 혼전계약을 체결했다. 이웃 나라 일본에서도 유명한 혼전계약 사례가 있다. 불치병에 걸린 소녀를 소재로 한 드라마 〈1리터의 눈물〉로 인기를 얻은 여배우 사와지리 에리카(沢尻エリカ)는 2009년 1월 영상작가 다카시로 쓰요시(高城剛)와 결혼하면서

다소 지나친 수위의 혼전계약을 맺어 화제가 됐다. 다카시로가 다른 여자와 데이트를 한 것이 발각되면 1,000만 엔, 성행위까지 하면 2,000만 엔을 추가로 지급하고, 부부관계는 월 5회를 기본으로 하되 그 이상은 1회당 50만 엔을 주는 조건이었다. 또 이혼할 경우 다카시로의 재산 중 90%가 사와지리의 몫이 되도록 하는 내용도 있었다. 현저하게 불공평하다며 세간의 빈축을 사기도 했다. 이들은 결국 22살이라는 나이 차를 극복하지 못하고 갈라섰다.

해외와는 달리 국내에서 혼전계약은 드라마나 영화에서만 나오지 실제 활용되는 경우는 미미하다. 일단 근거 조항부터 보자.

민법 제829조(부부재산의 약정과 그 변경)

① 부부가 혼인성립 전에 그 재산에 관하여 따로 약정을 하지 아니한 때에는 그 재산관계는 본관 중 다음 각조에 정하는 바에 의한다.

② 부부가 혼인성립 전에 그 재산에 관하여 약정한 때에는 혼인 중 이를 변경하지 못한다. 그러나 정당한 사유가 있는 때에는 법원의 허가를 얻어 변경할 수 있다.

③ 전항의 약정에 의하여 부부의 일방이 다른 일방의 재산을 관리하는 경우에 부적당한 관리로 인하여 그 재산을 위태하게 한 때에는 다른 일방은 자기가 관리할 것을 법원에 청구할 수 있고 그 재산이 부부의 공유인 때에는 그 분할을 청구할 수 있다.

④ 부부가 그 재산에 관하여 따로 약정을 한 때에는 혼인성립까지에

그 등기를 하지 아니하면 이로써 부부의 승계인 또는 제삼자에게 대항하지 못한다.

⑤ 제2항, 제3항의 규정이나 약정에 의하여 관리자를 변경하거나 공유재산을 분할하였을 때에는 그 등기를 하지 아니하면 이로써 부부의 승계인 또는 제삼자에게 대항하지 못한다.

이 조항은 1958년 민법이 제정될 때 도입됐다. 하지만 도입 후 43년 만인 2001년에야 인천 남동등기소에서 첫 이용자가 나왔다. 조항 자체를 잘 모르기도 했거니와 필요성도 그만큼 크지 않았고 재산에 대해 얘기하기 꺼리는 사회 분위기 등이 반영된 결과였다. 특히 미디어 등을 통해 혼전계약이 주로 악독한 부자 시어머니가 맘에 안 드는 가난한 집 딸을 며느리로 맞으면서 아들 재산을 넘보지 않게 하려 체결하는 것으로 다뤄진 영향도 있다.

극소수이지만 실제 활용되는 일도 종종 나온다. 2014년 기준 28건의 부부재산약정 등기가 법원에 접수됐다. 수년 전 결혼한 40대 남녀가 실제로 등기한 부부재산약정 내용을 보자. 이들은 자신들이 결혼 전 소유했던 재산 목록과 향후 공동재산의 관리 방향 및 채무 부담 등을 어떻게 할지를 정해 계약서를 꼼꼼하게 작성한 뒤 등기까지 마쳤다.

제1조 특유재산

1. 아래 표시 재산은 혼인 전부터 소유한 고유재산으로 부부 각자의 특유재산으로 한다.

<부의 재산>

가. 서울 ○○구...

나. …

<처의 재산>

가. 예금: 3억여 원

나. …

2. 혼인 중에 취득한 재산이라도 증여·상속·유증 받은 재산은 각자의 특유재산으로 한다.

3. 특유재산의 관리 및 사용, 그로 인한 손익은 부부 각자에 속한다.

제2조 공동재산

1. 특유재산을 제외한 혼인 중 취득재산은 부부의 공동재산으로 한다.

2. 부와 처는 특유재산을 제외한 각자의 수입과 재산을 공개한다.

3. 부와 처는 각자의 수입을 상호 협의하여 공동으로 관리하고 공동생활비용으로 사용하고 남은 잔여분은 저축하거나 투자해 공동재산을 형성한다.

4.…

제3조 채무부담

1. 부와 처는 상대방 동의 없이 채무를 부담하거나 공동재산을 담보로 제공할 수 없고, 상대방의 동의 없는 채무는 일방의 특유채무로 간주한다.

2.…

제4조. 이혼

1. 부와 처는 혼인 중 상호 동거, 부양, 협조 의무를 다하며 사소한 이유나 감정상의 문제로 이혼을 요구하지 아니한다.
2. 이혼 시 특유재산은 각자의 몫으로 하고 다른 일방은 그에 대한 권리를 주장하지 아니한다. 다만, 이혼의 주된 귀책 사유와 책임이 있는 당사자에게는 본문을 적용하지 아니한다.

이 외에도 등기 내용은 다양하다. 1호 혼전계약 등기에는 이혼 시 재산분할비율이 특약사항으로 들어가 있다. 아내가 70%, 남편이 30%의 재산을 가지며 자녀 양육은 아내가 하는 것으로 정했다. 또 아내의 이혼요구권도 규정해놨다. 남편의 외도 또는 늦은 귀가나 외박, 도박이나 노름 등이 발견됐을 경우다.

결혼 후 발생할 빚을 염두에 두고 정한 계약도 있다. 2001년 등기된 계약에는 "500만 원을 초과한 채무를 질 경우 상대방의 서면 동의를 얻어야 한다. 일방이 사전 서면 동의 없이 부부재산의 수익을 감소시켰을 경우 손해액의 100%를 일방의 채무로 본다"라는 내용이 담겨 있다.

안양등기소에 2005년 등기된 계약에는 이혼 사유와 그에 대한 벌칙 조항이 들어 있다. "배우자가 부정한 행위를 할 때, 이유 없이 3일 이상 외박할 때, 상습적으로 폭력을 행사할 때, 배우자 동의 없는 보증을 서 가정경제를 파탄으로 몰고 갔을 때에는 이혼 시 자산에 대한 지분권을 상실한다"라고 규정했다.•

이처럼 등기까지 한 계약이 상당수 존재하지만 외국과 달리 국내에서는 혼전계약의 효력이 법원에서 확정적으로 인정되지는 않는다. 대법원 판례상 이 조항은 혼인 중 재산관계에만 적용되기 때문이다. 이혼 또는 상속이 이뤄질 때는 동일한 효력을 인정받지 못한다. 성공한 여성 벤처사업가 이 모 씨와 장애를 극복한 한국계 미국 법조인 정 모 씨 간 이혼 소송이 대표적 사례다. 두 사람은 결혼 전인 2004년 "이혼할 경우 상대방에게 재산분할을 청구하지 않는다"라는 내용의 혼전계약서에 서명했다. 하지만 실제 이혼재판에서는 효력을 인정받지 못했다.

서울가정법원은 2011년 "재산분할 청구권을 포기하는 내용의 부부재산계약은 상속 개시 전의 유류분권 및 상속권의 포기가 인정되지 않는 점, 혼인 전에는 이혼 시 양쪽의 자산·수입을 예상하기

• 전혜정, 「등기례에 나타난 부부재산계약의 내용」 가족법연구 제20권 1호

■ 실제 혼전계약 어떻게 이뤄졌나

※자료: 등기례에 나타난 부부재산계약의 내용, 전혜정. 《가족법연구》 제20권 1호

등기소(등기 시점)	내용
서울 서대문 등기소 (2001년)	-혼인기간 중 취득한 재산은 동일지분을 갖는 공유재산으로 한다. -주택은 갑과 을이 6 대 4의 지분을 갖는다. -총 채무액 500만 원을 초과해 채무를 부담할 경우 상대방의 서면동의를 얻어야 한다.
서울 동대문 등기소 (2002년)	-이혼 시 보유하고 있는 재산을 부부가 5 대 5로 나누어 갖는다. -이혼 시에는 상대 채무나 보증에 대한 상호 책임이 없어진다. -사망 시 배우자가 생존해 있을 경우에는 배우자에게 우선 상속한다.
안양 등기소 (2005년)	-부정한 행위, 3일 이상 외박, 상습 폭력, 도박 중독 등 이혼 사유를 제공하면 공동자산에 대한 지분권을 모두 상실한다.
서울중앙지법 등기국 (2014년)	-부와 처는 혼인 중 상호 동거, 부양, 협조의무를 다하며 사소한 이유나 감정상의 문제로 이혼을 요구하지 않는다. -이혼 시 특유재산은 각자의 몫으로 하고 그에 대한 권리를 주장하지 않는다.

곤란하고 혼인 중 부부재산관계가 수시로 변동되는 점 등에 비춰 허용될 수 없다"라고 판결했다. 상급심인 서울고법은 물론 대법원에서도 이 판결을 확정됐다. 즉, 아직까지 법원의 기본 입장은 계약을 체결했다고 해도 이혼하는 시점에서 계약 내용 전부를 그대로 인정하지는 않는다는 것이다.

특히 이혼 후 재산분할을 완전 포기한다는 식의 내용은 쓰나마나다. 지방에서 미용사로 일한 여성 이 모 씨 사연을 보자. 그는 2001년 미용실 사장 박 모 씨와 결혼하면서 혼전계약을 맺었다. 재혼인 박 씨가 결혼 조건으로 원했기 때문이다. 핵심은 "이혼할 경

우 위자료와 재산분할 청구권을 모두 포기한다"라는 내용이었다. 하지만 결혼 후 남편의 외도로 다툼이 잦아졌고 이 씨는 5년 만에 이혼 소송을 냈다. 박 씨는 혼전계약서를 법원에 증거로 제출하면서 "위자료 및 재산분할금을 한 푼도 줄 수 없다"라고 주장했다. 하지만 울산지법은 "아내에게 위자료 1,500만 원과 재산분할금 9,800만 원을 지급하라"라며 원고 일부 승소 판결했다. 재판부는 "부부는 재산에 대해 자유롭게 계약을 체결할 수 있지만 그렇다고 혼인의 본질이나 부부 평등, 사회 질서에 반하는 내용은 허용되지 않는다. 혼인 전 장차 이혼할 경우를 대비해 체결한 재산분할 청구권 포기 계약은 부부 평등을 본질적으로 제한하는 행위다"라고 밝혔다. 이는 법원이 해당 계약이 공서양속에 반한다고 판단한 것이다. 즉, 계약서를 작성했다고 모두 법원에서 효력을 인정해주지 않는다. 특히 법률로 규정된 부분을 어겨서는 안 된다. 예컨대 "한쪽 배우자가 바람을 피워도 이혼 소송을 낼 수 없다"라는 계약 내용은 인정받기 어렵다. 민법 840조에 재판상 이혼 원인으로 "배우자가 부정한 행위를 할 때"라는 규정이 명백히 있기 때문이다. 다른 재판상 이혼 원인인 "배우자를 유기할 때", "배우자에게 심히 부당한 대우를 받을 때" 등도 마찬가지다.

아직 태어나지도 않은 아이의 양육권을 미리 정하는 것도 무의미하다. 법원은 양육권자와 친권자를 정할 때 부모의 의지보다 자녀의 이익을 우선적으로 따지기 때문이다. 이는 이혼 소송에서 등장하는 각종 각서의 효력이 제한적인 것과 같은 이치다. 일방적인 강요를 담았거나 상식에 어긋나면 무용지물이다. 어느 유명 아나운서의 이혼 소송에 "남편이 다시 외도하면 아내에게 모든 재산을 주겠다"라는 파격적인 재산 포기 조항이 있었다. 하지만 서울가정법원은 이 조항을 인정하지 않았고 재산분할은 기여도에 따라 이루어졌다.

또 헌법상 기본원칙인 부부 평등의 원칙을 어기는 약정도 무효다. 이를 테면 부부 중 한쪽이 재산을 처분하거나 경제적 행위를 할 때 전부 배우자에게 동의를 받아야 한다는 약정 등이다. 이혼 이후 부양료를 포기하게 하거나 자녀 양육을 한쪽에만 맡기는 행위도 마찬가지다.

계약 내용에 반드시 재산과 관련한 내용만 들어가는 것은 아니다. 기타 사항으로 자녀 교육 및 양육 방법, 종교 등에 관한 두 사람만의 약속을 포함할 수 있다. 하지만 이 경우에도 상대방의 종교를 일방적으로 강요하는 등 공서양속에 반하는 내용은 효력을 인정받기 힘들다. 또 계약 체결 과정이 공정했는지도 중요하다. 자유로운 의사 없이 한쪽이 특별히 불리한 상태에서 충분한 협상 기간 없이 계약을 했다면 인정받기 힘들다.

혼전계약을 둘러싼 일반의 인식은 과거와는 달리 필요하다는 방향으로 전환하고 있다. 결혼정보회사 듀오가 운영하는 듀오휴먼라이프연구소가 2018년 초 공개한 「미혼남녀의 혼인·이혼 인식」

보고서에 따르면 미혼남녀 응답자들은 보편적인 미래 결혼 형태로 사실혼(동거)(46.1%)을 1위로 꼽았다. 이어 기존 결혼 제도 유지(32.7%), 졸혼(10.6%), 혼전계약 결혼(7.8%), 이혼(1.8%) 순으로 나타났다. 앞으로 필요한 제도로는 사실혼(동거) 등록제(47%)와 혼전계약서 법적 효력 인정(45.5%) 등이 꼽혔다. 특히 혼전 계약과 관련해서는 '혼전 협의(약속)가 필요하다'(30.9%), '일정 부분 계약이 필요하다'(26.8%), '매우 필요하다'(23.8%) 등 81.5%가 필요하다고 답한 것으로 나타났다.● 2013년 한 인터넷 업체가 진행한 혼전계약서를 쓸 의향을 묻는 설문조사에 남성의 58.4%, 여성의 38.4%가 필요 없다고 한 것과 비교하면 상당한 변화다. 부부 사이에 무슨 계약이냐며 혀를 찼던 일반적인 인식이 바뀌고 있는 것이다.

이처럼 필요성이 커짐에 따라 혼전계약이 제대로 기능하게 만들기 위한 제도 정비가 시급하다. 지금처럼 개별 법관들의 판단에 따라 계약 내용을 참고할지 말지가 결정되는 방식이 아니라, 법령을 만들어 정한 요건을 따랐으면 이혼할 때에도 계약 내용을 법원에서도 그대로 인정하는 방향으로 가야 할 필요가 있다.

짧아도 너무 짧은 사실혼 유통기한

5.29년. 총 141건의 사실혼 관련 판결문에 나온 커플들의 평균

● 《동아일보》, "미혼남녀 2명 중 1명 '동거, 미래의 보편적 결혼 형태 될 것'"

사실혼 지속 기간이다. 2017년 이혼한 부부의 평균 결혼 기간이 15년인 것과 비교하면 3분의 1밖에 안 되는 짧은 시간이다.

상식적으로 생각해봐도 법률혼에 비해 사실혼은 결합력이 떨어질 수밖에 없다. 혼인신고를 한 부부는 서로 헤어지자고 합의했다 해도 짧게는 한 달에서 길게는 석 달까지 숙려기간을 거쳐야 한다. 재판상 이혼을 할 경우 1심에만 평균 186.3일● 이 걸린다. 여기에 재산분할 소송과 양육권 분쟁까지 겹치면 몇 년이 걸릴 수도 있다. 더구나 잘못을 저지른 배우자는 이혼을 청구할 수 없게 하는 유책주의 입장을 따르는 우리 대법원 판례까지 고려한다면 혼인신고를 한 부부는 헤어지기가 정말 어렵다.

반대로 말하자면 사실혼은 불안한 결혼 형태다. 누가 잘못을 저질렀든 누가 그간 생활비를 많이 부담했든, 자녀가 있든 없든 한쪽이 "헤어지자"라고 말하면 그대로 끝이다. 부부였다는 사실은 두 사람 또는 지인들의 기억 속에만 남을 뿐 그대로 남이 된다. 혼인신고를 하지 않은 상태의 자유는 누릴 수 있겠지만 법률이 제공하는 보호도 동시에 포기해야 한다.

법률혼과 사실혼의 차이는 이별 절차의 속도만이 아니다. 몇 가지만 보자. 사실혼 배우자는 동거인이 사망할 때 원칙적으로 상속을 받지 못한다. 즉, 남편 사망 후 전처 소생 자녀들이 나타나 재산

● 대법원, 「사법연감 2017」

▪ 법률혼 부부의 평균 혼인지속 기간

※자료: 통계청, 2017년 혼인·이혼통계

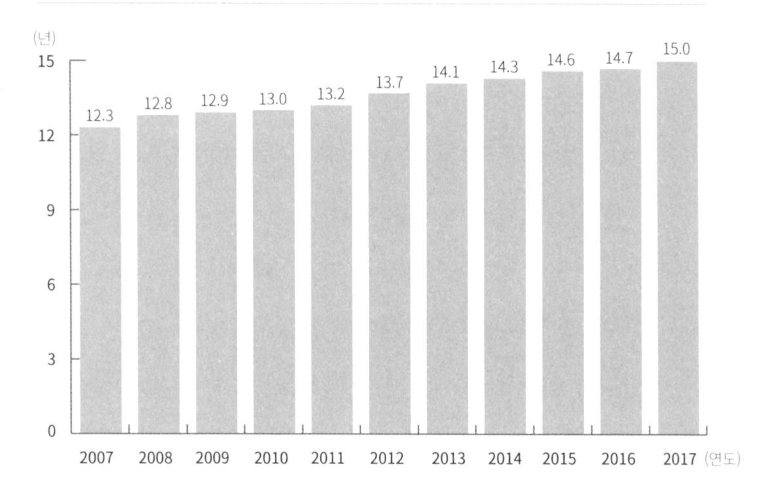

을 모두 가져가도 1원 한 푼 못 받을 수 있다. 자녀가 생전에 연락 한 번 없었고, 노후에 온갖 병수발은 자신이 도맡았어도 법률적으로는 그렇게 될 수밖에 없다.

자녀가 태어나는 경우에도 사실혼 커플은 어려움이 많다. 생모는 출산증명서가 있으므로 친생자 관계가 바로 성립하지만 남편이 자녀임을 부인하면 인지(認知) 소송을 별도로 내야 한다. 혼인 중 태어난 아이는 남편의 아들로 추정하는 법률혼과 다르게 사실혼 관계에서는 아이의 아버지가 누구인지를 법률적으로 확정 짓는 별도의 절차를 거친다. 만약 생모가 출생신고를 하지 않고 생부가 혼자 출생신고를 하려면 유전자검사 등 가정법원의 확인 절차를 거쳐야 한다. 또 연말정산을 할 때도 배우자 소득공제를 받지 못한다.

사실혼 커플이 많은 서구 국가들에서는 우리와는 다르게 다양한 법적 장치를 갖추고 있다. 1999년 동거계약법(PACS)을 제정한 프랑스는 계약동거 커플에게 자녀 양육수당을 주고, 동거 기간 3년이 지나면 유산 상속도 받도록 했다. 가족을 위해 진 빚은 연대책임도 진다. 네덜란드도 1998년부터 동반자등록법을 만들어 이성 커플뿐 아니라 동성 커플에 대해서도 법률혼 부부와 똑같은 법적 의무와 권리를 인정해준다. 독일에서는 사실혼 커플 중 한쪽이 자녀를 양육하는 경우 부양료를 주는 등 권리 의무 관계를 정리해놓은 상태다. 우리나라에서도 점점 사실혼 부부가 늘어나는 만큼 해외 각국처럼 관련 법제를 정비하자는 목소리도 나온다. 물론 사실혼 부당 파기 소송을 통해 위자료 및 재산분할을 받을 수 있고 유족연금을 받을 권리도 판례를 통해 인정받은 경우가 나오기도 했다. 하지만 아무래도 법률혼보다는 보호막이 더 얇고 깨지기 쉬운 것은 사실이다. 최근 수년간 몇몇 의원이 생활동반자법 등 관련 법률안을 만들어 발의했지만 다수의 동의를 얻지 못해 폐기처분됐다.

물론 왜 법률혼을 택하지 않느냐고, 남들 다 하는 혼인신고를 안 하고 법률혼만큼의 보호를 원하느냐고 반문할 수 있다. 또 마음의 결정만 내리면 기록에 남기지 않고 바로 남이 될 수 있는 자유의 대가치고 그 정도면 싼 거 아니냐는 얘기도 할 수 있다. 사실혼을 택한 경우 부부간 동거·부양·정조의 의무도 지지 않으며, 상대방의 친인척과 친족관계 또한 생기지 않으니 말이다. 하지만 세상 논리가 그렇게 단순하지는 않다. 각자에게는 각자가 처한 환경과 사정이 있는 법이니까. 그 상황에 처하지 않은 사람이 왜 나처럼 혼인신고를 하지 않느냐고 얘기하는 것은 어쩌면 또 다른 형태의 폭력이 될 수 있다.

법률혼과 완전히 동등한 형태로 사실혼의 권리를 보장해야 한다고 얘기하고 싶은 것은 아니다. 다만 사실혼 부부 사이에서 나온 자녀들을 보호하는 정도의 조치는 우리 사회가 함께 고민해 마련해야 하지 않겠냐는 것이다. 세상은 변했고, 가족의 형태는 우리가 제도를 처음 만들었던 시기에는 상상조차 하지 못했던 방식으로 빠르게 진화하고 있다. 법률혼 가족의 틀을 넘어선 새로운 형태의 가족이 곳곳에 생기고 있다. 이들 전부를 포용할 수는 없겠지만, 그래도 최소한의 안전장치는 마련해놔야 하지 않을까? 특히나 저출산 등으로 심각한 인구절벽 문제를 고민하고 있는 우리 사회라면 말이다.

참고문헌

- 가정준. 2017.「유언의 자유와 제한을 통해 본 유류분제도의 문제점과 그 개선방안」, 비교사법, 24(3), 1273-1309.
- 김남근. 2012.「기초생활수급자 부양의무자 요건의 법적 쟁점」, 사회보장법학.
- 김상용. 2015.「사망으로 혼인이 해소된 경우 생존 배우자의 재산권 보호」, 중앙법학.
- 김태환. 2017.「유책배우자의 이혼청구에 관한 실무상 검토」, 가족법 연구.
- 배진수. 2017.「부양의무자 기준 폐지를 위한 입법방안에 대한 소고」, 사회보장법연구.
- 소재선·양승욱. 2012.「유류분제도의 새로운 방향성 모색과 북한의 유류분」, 법학연구, 53(2), 131-161.
- 양현아. 2009.「한국 친족상속법의 변화에 관한 사회학적 해석」, 가족법연구.
- 양현아. 2015.「포스트 간통죄 폐지: 드러난 성적 자유주의 담론과 묻혀진 피해 배우자의 손해」, 서울대학교 법학 56(3).
- 윤진수. 2016.「유류분 반환청구권의 성질과 양수인에 대한 유류분반환청구」, 법학논총 제36권 2호.
- 전경근. 2010.「특별수익, 유류분 그리고 재혼」, 가족법연구.
- 전혜정. 2006.「등기례에 나타난 부부재산계약의 내용」, 가족법연구.
- 정상현. 2008. 「부부재산계약과 약정등기의 활용방안」, 성균관법학.
- 정현수. 2014.「상속분(相續分)의 선급(先給)으로서 특별수익에 관한 재론(再論)」, 홍익법학.
- 조인섭. 2016.「자필증서유언의 개선방안」, 가족법연구.
- 홍순기. 2014「배우자 상속권 강화에 관한 법무부 개정시안 검토」, 국민대학교 법학연구소 학술발표대회 논문집.
- 홍요셉. 2008.「유류분제도의 연혁 및 입법례에 대한 소고」, 법학연구, 26, 245-270.
- 홍춘의·송문호·태기정. 2017.「부부의 일방과 성적인 행위를 한 제3자의 손해배상책임」, 전북대학교 법학연구.

에필로그

법원은 내 기자생활 첫 출입처였다. 2007년 4월 서울중앙지법 기자실에 처음 들어섰을 때 마주친 낯선 아침 풍경은 아직도 기억 속에 생생하다. 다닥다닥 붙은 독서실 책상 앞에서 누군가는 12인치 노트북 화면에 코를 박고 있었고 누군가는 전날의 숙취를 견디지 못해 비좁은 공간에 팔을 늘어뜨린 채 엎드려 있었다. 소파에 앉은 선배가 신문을 보며 피우는 담배 연기의 여유와 전화기 너머까지 들리는 험악한 욕지거리를 겁에 질린 표정으로 감내하던 또 다른 선배의 긴장감이 묘하게 조화를 이루는 공간. 잔뜩 얼어붙은 초년병 기자인 나를 회사 부스에 앉혀놓고 전임자 선배가 휑하니 떠나버리자 옆자리 타사 선배가 혀를 찼다. "수습 갓 뗀 애가 뭘 안다고 저렇게 가버리냐…."

사실 내 심정도 똑같았다. 설명을 듣긴 했지만 뭐부터 해야 할지 막막했다. 일단 지푸라기라도 잡는 심정으로 타사 동기들 뒤를 따라다녔다. 조간신문을 읽고 물먹은 기사(다른 신문에 나왔지만 나는 몰랐던 기사) 내용이 맞는지 확인하고, 그날의 주요 재판 일정을 챙긴 다음 엠바고(보도유예)가 풀리는 판결문들을 적절히 야마(주제) 잡아 메모해 선배에게 보고했다. 그렇게 보고가 끝나면 법원에 접수된 소장과 진행 중인 공판을 확인하는 이른바 오전 마와리를 돌았다. 관심 가는 재판은 직접 법정에 들어가 앉아서 듣기도 했다. 무슨 얘기인지 맥락도 모르고 꾸벅꾸벅 졸면서 듣다 보면 어느덧 점심시간이었다. 식사 후에는 지면 계획에 잡힌 기사를 썼다. 아무 기사도 배당되지 않아 시간이 나면 판사실 앞을 기웃거리기도 했다.

잘하는 건지 알 순 없었지만 매뉴얼대로 꾸역꾸역 하기는 했다. 뭐라도 하지 않으면 불안한 마음을 억누를 수 없었기 때문이다. 그마저도 쉽지 않았다. 법률용어로 가득 찬 판결문은 처음 보는 외국어마냥 난해했으며 뭐라도 한마디 들어보려 찾아간 판사실에선 "지금은 시간이 없으니 다음에 오라"라는 '면전박대'를 당하는 게 일상이었다. 막상 운 좋게 판사실에 들어가 차를 마실 기회가 생겨도 무슨 얘기를 해야 할지 몰라 난감하기만 했다. 뭐라도 떠들어대긴 했지만 솔직히 말하면 그냥 빨리 나오고 싶었다. 그래도 오늘 누군가를 만나긴 했으니 밥값은 한 것 아니냐고 위안 삼으며.

매일 물먹고 매일 혼났다. 도대체 어떻게 취재했을까 싶은 기사가 타 신문 종합면과 사회면을 장식했다. 하루 종일 잠만 자던 타사 기자가 "요즘 기삿거리가 없다"라며 너털웃음을 짓고 퇴근하더니 이튿날 신문 1면에 대문짝만하게 톱기사를 쓴 걸 보고 쓴웃음 짓기도 했다. 더 절망적인 건 그렇게 당하고서도 다음 날 또 속수무책으로 당했다는 점이다. 어떻게든 만회해보려 밤이면 밤마다 온갖 취재원들과의 술자리를 따라다녔지만, 성과는 신통치 않았다. 변명 같지만 처음 만난 사람도 순식간에 친해져 형님 동생 사이가 되는 쟁쟁한 선후배 기자들에 비해 나는 너무 숫기가 없었다. 어렵게 낀 타사 기자들과 고위 법조인과의 저녁 식사 자리에서도 꿀 먹은 벙어리마냥 앉아서 밥만 먹다 집에 가는 일이 잦았다. 사람들은 내게 "왜 이렇게 말이 없냐"라고 물었지만 글쎄, 마땅한 답은 나도 찾기 어려웠다. 그냥 여러 사람 앞에서 말하는 게 익숙하지 않았고 조금은 수줍었을 뿐이다. 부푼 꿈을 안고 기자가 됐지만 재능이 없는 건가 한탄하며 자괴감에 빠졌던 시기였다.

그렇게 좌절하던 날 '구원'해준 것이 판결문이었다. 법원에선 매일 수백여 건의 판결문이 쏟아졌다. 당시 법원 출입기자들은 마감을 끝낸 저녁 무렵이면 그날 선고된 판결문을 체크하는 오후 마와리를 돌았다. 다들 처음 몇 번은 열심히 다니지만 조금 지나면 이런저런 핑계를 대며 빼먹었다. 판결문 양이 많은 데다 중요 판결은 대부분 공보관이 기자실에 공지하거나 통신매체에서 챙겨서 쓰는 경우가 많아서다. 검찰 수사 기사가 주류를 이루는 국내 언론사의 법조 취재 관행도 기자들의 판결문에 대한 관심도를 떨어뜨리는 요인이었다. 같은 단독 기사라도 검찰 수사 기사에 대한 대접이 훨씬 좋았기 때문이다. 출입기자 입장에서는 판결문을 찾는 것보단 검찰 취재원과 2차, 3차로 이어지는 술자리를 갖는 편이 가성비면에서 월등히 좋은 전략이었다. 어찌 됐건 법조 분야 최대 격전지는 검찰이고, 거기서 나온 수사 관련 기삿거리를 물어오는 기자가 유능한 기자 대접을 받았기 때문이다.

하지만 난 술자리보다는 판결문 읽는 게 좋았다(고 쓰지만 물론 술도 좋아한다). 판결문은 열심히 읽다 보면 열심히 한 만큼 바로 성과가 나온다는 점에서 블루오션으로 보였다. 수많은 판결문 더미 속에서 의미 있는 판결을 찾는 보물찾기 같은 취재 방식도 성격에 잘 맞았다. 누군가와 얘기하는 것보단 무언가를 읽는 것이 심정적으로 더 편했기 때문이다. 그래서 여기서 내 길을 찾아야지 싶었다.

같이 출입한 다른 어느 기자보다 성실하게 판결문을 읽어 나갔다. 물론 다 이해하진 못했다. 하지만 누구보다 우직하게 읽었다고는 자신한다. '독서백편의자현(讀書百遍義自見)'이라 했던가. 계속 읽다 보니 어렵고 외계어 같던 판결문도 어느 순간 눈에 쏙쏙 들어오기 시작했다. 기사 가치가 있는 판결과 없는 판결을 구별하는 나름의 감식안도 생겼다. 관심이 가는 판결문은 사건번호를 '족보'에 적어놓고 상급심 결과를 챙기기도 했다. 기사가 지면에 잡히지 않아 여유가 생긴 날이면 법원도서관 판결문 검색 컴퓨터 앞에 앉아 좋아하는 분야의 판례들을 날이 저물도록 몇 시간이고 앉아 읽는 것이 그 당시 내 일상이었다. 심지어 쉬는 날까지도.

그렇게 10여 년이 지났다. 그동안 나는 한 차례 회사를 옮겼고 수차례 부서 이동을 했지만, 판결문에 대한 애정의 끈은 놓지 않았다. 심층기획을 하는 탐사보도 부서에 배치된 2012년부터는 한 분야 판결문들을 대량으로 수집해 분석하는 기획기사를 쓰기 시작했다. 그해 9월에 게재한 "국민참여재판 5년, 배심원 평결과 법관 판결 비교해보니" 시리즈 기사가 처음이었다. 배심제도 도입 후 5년간 법원에서 선고된 판결문 546건을 전부 모아 분석한 기사였다. 판결문 수집에만 한 달이 넘게 걸렸고 이를 엑셀에 입력하는 데도 다시 한 달이 걸렸지만, 직업법관과 일반인 배심원의 양형감각 차이를 실증적으로 밝혀내는 과정은 정말이지 즐거웠다.

법조팀 기자로 인사 이동한 뒤에는 더 신나게 판결 기사를 썼다. 부양료 청구사건 판결문 226건을 분석해 쓴 "자식에게 퍼주고 노후에 버림받는 상속빈곤층 는다"(2014년 6월), 사실혼 부당파기 소송 판결 141건을 분석해 쓴 "일단 살아보고 결혼, 반혼 커플 는다"(2015년 6월), 지금은 사라진 간통죄 판결문 92건을 모아서 쓴 "간통죄 재판 92건 중 실형은 1건뿐… '식물형법' 기로에"(2015년 1월) 기사가 그 무렵 내가 쓴 기사들이었다. 2017년부터는 《중앙선데이》로 발령받아 그간의 노하우를 바탕으로 가족 간 소송 관련 판결 204건을 분석한 "혈연이 해체된다"(2017년 5월) 시리즈 등을 썼다.

그날 취재해 그날 기사 막기도 버거운 게 일간지 기자의 일상이다. 그래도 하루 단 30분이라도 여유시간을 투자해 판결문을 읽었고 그 결과를 엑셀에 틈틈이 기록하는 방식으로 장기 프로젝트를 병행해나갔다. 힘들고 알아주는 사람은 별로 없었지만 판결문이라는 분석 도구로 한국사회에 살고 있는 동시대인의 모습을 생생히 복원하는 작업은 정말 미치도록 재밌었다. 아무리 친한 사이라도 쉽게 얘기할 수 없는 비밀이 판결문에는 객관적 팩트로 적혀 있었으니까. 그건 나만이 알아볼 수 있는 기삿거리였으니까.

그중에서도 날 가장 사로잡았던 것은 것은 가족법 분야였다. 하늘이 내려준 인연이라는 부모 자식, 함께 유년기를 보낸 형제자매, 100년 가약을 맺고 결혼한 부부가 갈등을 자체적으로 해결하지 못해 법정까지 오고 원피고로 갈라져 싸우다 결국 남보다 못한 원수지간이 되는 드라마틱한 전개에 흥미를 느껴서다. 그 어느 드라마, 소설, 영화보다 생생한 실제 사례들이 판결문의 정제된 언어 이면에 살아 숨 쉬고 있었다. 판결문 안에서 나는 우리 사회 난공불락의 가치였던 가족주의와 혈연주의가 해체되는 생생한 현장을 목도할 수 있었다. 온갖 사회 분쟁의 종착지인 법원에서 만든 기초 사료는 그렇게 내가 세상의 변화를 역추적할 수 있게 도와주는 훌륭한 실마리가 되어줬다.

뭔가 거창하고 장황하게 말했지만 어찌 됐건 난 판결문 읽는 게 취미인 기자다. 출입기자가 아닌 요즘에도 시간을 내 법원도서관을 찾고 최신 판례들을 일별하는 것을 즐겨 하고 있다. 법원도서관에서 이메일로 보내주는 판결속보를 영화 주간지만큼 기다리며, 관심 있는 판례는 반드시 원문을 구해서 읽고, 각종 학회에서 발표하는 논문도 빼놓지 않고 챙겨보는 나름의 판결문 '마니아'라 하겠다.

이 책은 지난 10여 년간 법조인은 아니지만 법조인만큼 판결문을 읽었다고 자부할 수 있는 기자가 그렇게 집념(?)을 가지고 모아 온 가족분쟁 관련 판결문으로, 동시대 가족해체 풍속도를 엮은 일종의 미시사(史)라 이해해주면 좋겠다.

이제 책을 마무리하기에 앞서 짧게나마 감사의 마음을 전할까 한다. 무엇보다 이 책의 원천이 된 판결문을 제공해주신 수많은 판사님과 이를 이해하고 해석하는 데 도움을 주신 가사사건 전문 변호사님들께 감사의 말씀을 드린다. 또 이를 분석한 기사에 신문 지면을 허락해주신 《중앙일보》 선배들께도 깊은 감사의 말씀을 전하고 싶다. 전폭적으로 집필 작업을 지원해준 사랑하는 아내 지성과 웃는 얼굴만으로도 길고 긴 집필 기간을 견뎌내는 데 큰 힘이 되어 준 두 아들 래인, 래준에게도 더불어 고마움을 표한다.

가족끼리 왜 이래

판결문으로 본 우리 시대 혈연 해체와 가족 위기

초판 1쇄 찍은날 2018년 11월 5일
초판 1쇄 펴낸날 2018년 11월 14일
지은이 박민제
펴낸이 한성봉
편집 안상준 · 이동현 · 조유나 · 박민지 · 최창문
디자인 전혜진 · 김현중
마케팅 이한주 · 박신용 · 강은혜
기획홍보 박연준
경영지원 국지연
펴낸곳 도서출판 동아시아
등록 1998년 3월 5일 제1998-000243호
주소 서울시 중구 소파로 131 [남산동 3가 34-5]
페이스북 www.facebook.com/dongasiabooks
전자우편 dongasiabook@naver.com
블로그 blog.naver.com/dongasiabook
인스타그램 www.instagram.com/dongasiabook
전화 02) 757-9724, 5
팩스 02) 757-9726
ISBN 978-89-6262-252-2 03330

이 도서의 국립중앙도서관 출판예정도서목록(CIP)은
서지정보유통지원시스템 홈페이지(http://seoji.nl.go.kr)와
국가자료공동목록시스템(http://www.nl.go.kr/kolisnet)에서
이용하실 수 있습니다.(CIP제어번호: CIP2018034410)

만든 사람들

편집 이건진·하명성
크로스교열 안상준
디자인 전혜진
본문 조판 김경주